강은희 · 이지윤 · 김민지
김도열 · 강수미 · 김소미 공저

들어가는 말

한글을 읽기 위해서는 낱말의 소리를 인식하고 소리들을 표기할 수 있는 모음과 자음 글자를 익혀야 합니다. 자모의 습득은 자연스러운 발달 과정이 아니라 문자 학습을 통한 인지적 기억 과정이라고 할 수 있습니다. 따라서 한글 학습을 위해서는 문자 학습을 위한 인지적 전략 과정이 필요합니다. 미국국립읽기위원회에서는 낱말읽기 단계 아동의 읽기 학습에 필수적인 요소로 음운인식(Phonological awareness)과 자모 글자-소리 대응관계(Phonics)를 제안하였습니다(NICHD, 2000).

파닉스(Phonics)는 '발음중심 읽기교수법'으로, 자모 글자와 소리의 대응관계를 체계적으로 지도하는 교수법을 말합니다. 파닉스는 영어 학습에만 국한하여 생각되어 왔으나 소리문자(표음문자)인 모든 언어 학습에 적용되는 교수 방법입니다. 아동은 자모 글자와 소리 대응 지식을 바탕으로 글자에 해당하는 음운을 적용하여 해독하게 됩니다. 파닉스 지도는 자모 글자와 소리가 대응하는 원리를 이해하는 과정입니다. 이를 위해 소리를 인식하는 음운인식과 자모 글자의 이름과 소리(음가)를 기억하고 적용할 수 있어야 합니다. 따라서 파닉스 지도 과정에는 글자-소리 대응뿐만 아니라 기초 지식인 음운인식 및 자모 글자의 음가와 이름에 대한 지도가 함께 이루어져야 합니다. 아동의 읽기 발달 단계 중 초등학교 1~2학년 시기는 알파벳 단계로 파닉스를 이해하고 적용하는 것을 목표로 합니다(Chall, 1983). 알파벳 단계 도달 이후 2~3학년 시기에는 자동읽기를 목표로 하는 읽기 유창성 단계로 나아갈 수 있으며, 점차 배우기를 위한 읽기 단계(read to learn)로의 발전이 가능하다고 할 수 있습니다.

적절한 파닉스 접근법을 아동 수준에 맞추어 적용하기 위해서는 현재 언어발달 및 읽기 수준의 파악과 이에 따른 체계적이고 명시적인 학습 지도가 요구됩니다. 우선, 현재 아동의 한글 학습 수준을 평가하고 이에 따라 체계적인 목표와 계획적인 지도 단계, 학습 성취를 확인할 수 있는 형성 평가에 대한 계획 등이 필요합니다. 그리고 명시적인 학습 지도를 위해 글자에 대한 소리의 추상성을 보다 구체화할 수 있는 시각화와 다감각화 방법이 제시되어야 합니다. 시각화 및 다감각화 지도 전략으로 발음기관 그림(모형), 입술 모양 그림, 그림 카드, 글자 카드, 블록, 발음

위치에 대한 구강 자극, 운동 감각 등을 사용할 수 있습니다. 수고롭지만 반복적이고 체계적 학습 지도를 통해 아동들은 글자와 소리의 대응에 대해 명확하게 인식하고 바르게 읽어 낼 수 있게 될 것입니다.

이 교재는 총 5장으로 구성되어 있으며, 파닉스를 통한 한글 지도의 체계적인 절차와 지도 과정을 회기 계획서와 활동 내용으로 자세히 제시하였습니다. 교재 구성의 순서는 〈한글 파닉스 차례〉에 제시하였습니다. A. 한글 읽기 수준 평가는 한글 해독 수준 진단 도구(한국교육과정평가원, 2017)와 BSSA: EL(김동일, 2011)을 참고로 하여 수정 · 보완된 비공식 평가로, 아동의 현재 수준을 파악할 수 있도록 1. 자모 지식, 2. 음운인식, 3. 낱말 해독 평가를 제시하였습니다. B. 한글 파닉스 장 · 단기 목표 계획서는 한글의 구성에 따라 파닉스 절차를 고려하여 제시하였습니다. 이 장에서는 한글 파닉스 프로그램을 B. 한글 파닉스 장 · 단기 목표 계획서에 제시한 세부 목표를 통해 단계별로 나누어 제1장 음운인식, 제2장 자소-음소 일치 낱말 해독: 모음, 제3장 자소-음소 일치 낱말 해독: 자음, 제4장 자소-음소 일치 낱말 해독: 받침, 제5장 자소-음소 불일치 낱말 해독으로 순서화하였습니다. 각 장마다 수준에 따른 회기 계획서와 활동 내용을 제시하였습니다. 선생님들이 간편하게 아동의 회기 목표와 활동 내용을 이해하고 직접 활용할 수 있도록 활동 내용은 활동지로 제공하였습니다. 또한 활동 내용의 마지막 단계에서는 회기별 평가를 위한 목표 단어를 제시하여 매 회기의 성취를 확인할 수 있도록 하였습니다.

〈한글 파닉스 차례〉

순서	수준	구성
A. 한글 읽기 수준 평가	1. 자모 지식 2. 음운인식 3. 낱말 해독	• 평가 기록지 • 평가 내용
B. 한글 파닉스 장 · 단기 목표 계획서	1. 장기 목표 2. 단기 목표	• 단계별 세부 목표 • 유의점
제1장 음운인식	1. 음절인식 2. 음소인식	• 회기 계획서 • 활동 내용 • 목표 낱말
제2장 자소-음소 일치 낱말 해독: 모음	1. 단모음 2. 이중모음	• 회기 계획서 • 활동 내용 • 목표 낱말

제3장 자소-음소 일치 낱말 해독: 자음	1. 평음 2. 격음 3. 경음	• 회기 계획서 • 활동 내용 • 목표 낱말
제4장 자소-음소 일치 낱말 해독: 받침	1. 대표 받침 2. 가족 받침	• 회기 계획서 • 활동 내용 • 목표 낱말
제5장 자소-음소 불일치 낱말 해독	1. 연음화 2. ㅎ 탈락 3. 기식음화 4. 경음화 5. 구개음화 6. 비음화	• 회기 계획서 • 활동 내용 • 목표 낱말

선생님들은 아동의 현재 수준을 평가한 후 장 · 단기 목표 계획서를 확인하고 아동의 수준에 따라 제1장, 제2장, 제3장, 제4장, 제5장을 순차적으로 활용할 수 있습니다. 교재 활용 시, 특히 제1장 음운인식 단계는 읽기부진 및 난독증(dyslexia)의 주요 변인으로 다른 단계들보다 우선적으로 학습되어야 하며 다른 단계들과 지속적으로 병행될 수 있습니다. 파닉스 지도는 한글의 자소-음소 일치 낱말의 모음부터 시작하며, 자음, 받침, 자소-음소 불일치 낱말 읽기로 진행하면 됩니다. 이 책에서 읽기 유창성에 대한 부분은 다루고 있지 않으나, 읽기의 최종 목표는 읽기 유창성을 기반으로 하는 읽기 이해에 있습니다. 따라서 이 책을 통한 한글 읽기 지도 과정은 초기 읽기 과정이며 시작 단계임을 기억해 주길 바랍니다.

2025년 1월

저자 일동

차례

A. 한글 읽기 수준 평가

1. 자모 지식 평가

자모 이름 /소리 지식					
NO	지시문	정답	아동반응	점수	
1	'기역'은 어디 있지요?	ㄱ		0	1
2	/브/ 소리가 나는 글자는 어디 있지요?	ㅂ		0	1
3	'시옷'은 어디 있지요?	ㅅ		0	1
4	'니은'은 어디 있지요?	ㄴ		0	1
5	/아/는 어디 있지요?	ㅏ		0	1
6	/프/ 소리가 나는 글자는 어디 있지요?	ㅍ		0	1
7	/즈/ 소리가 나는 글자는 어디 있지요?	ㅈ		0	1
8	'리을'은 어디 있지요?	ㄹ		0	1
9	/츠/ 소리가 나는 글자는 어디 있지요?	ㅊ		0	1
10	/여/는 어디 있지요?	ㅕ		0	1
11	/우/는 어디 있지요?	ㅜ		0	1
12	'이응'은 어디 있지요?	ㅇ		0	1
13	/크/ 소리가 나는 글자는 어디 있지요?	ㅋ		0	1
14	'티읕'은 어디 있지요?	ㅌ		0	1
15	'미음'은 어디 있지요?	ㅁ		0	1
16	/으/는 어디 있지요?	ㅡ		0	1
17	/와/는 어디 있지요?	ㅘ		0	1
18	'키읔'은 어디 있지요?	ㅋ		0	1
19	/이/는 어디 있지요?	ㅣ		0	1
20	/트/ 소리가 나는 글자는 어디 있지요?	ㅌ		0	1

총 점 ______ / 20

<자모 지식 평가 제시어>

ㄱ	ㄴ	ㄹ
ㅂ	ㅅ	ㅊ
ㅁ	ㅌ	ㅇ
ㅍ	ㅏ	ㅣ
ㅡ	ㅜ	ㅕ
ㅘ	ㅋ	ㅈ

2. 음운인식 평가

음절탈락	/6	음절합성	/6	음절단위	/12	총점
음소탈락	/6	음소합성	/6	음소단위	/12	/24

1. 음절탈락 검사

❶

〈문항제시 예〉
'바지'에서 '바' 소리를 빼면 어떤 소리가 남을까요?

첫음절 탈락		반응	점수
연습문제	바지	지	
본문제	시소	소	0 1
	하마	마	0 1
	두더지	더지	0 1

❷

〈문항제시 예〉
'소리'에서 '리' 소리를 빼면 어떤 소리가 남을까요?

끝음절 탈락		반응	점수
연습문제	소리	소	
본문제	연필	연	0 1
	수박	수	0 1
	지하철	지하	0 1

2. 음절합성 검사

❶

〈문항제시 예〉
'나' 소리에 '무' 소리를 더하면 무슨 소리가 될까요?

두 음절 합성		반응	점수
연습문제	나, 무	나무	
본문제	구, 슬	구슬	0 1
	장, 갑	장갑	0 1
	수, 문	수문	0 1

❷

〈문항제시 예〉
'무'에 '지'에 '개' 소리를 더하면 무슨 소리가 될까요?

세 음절 합성		반응	점수
연습문제	무, 지, 개	무지개	
본문제	자, 미, 일	자미일	0 1
	고, 구, 마	고구마	0 1
	모, 지, 부	모지부	0 1

3. 음소탈락 검사

❶

〈문항제시 예〉

'수'에서 '스(/ㅅ/)' 소리를 빼면 어떤 소리가 남을까요?

초성 탈락		반응 (음가)	점수
연습문제	수(−ㅅ)	우	
본문제	가(−ㄱ)	아	0 1
	코(−ㅋ)	오	0 1
	개(−ㄱ)	애	0 1

❷

〈문항제시 예〉

'박'에서 '윽(ㄱ)' 소리를 빼면 어떤 소리가 남을까요?

종성 탈락		반응 (음가)	점수
연습문제	박(−ㄱ)	바	
본문제	갈(−ㄹ)	가	0 1
	송(−ㅇ)	소	0 1
	집(−ㅂ)	지	0 1

4. 음소합성 검사

❶

〈문항제시 예〉

'즈(/ㅈ/)'에 '애(/ㅐ/)' 소리를 더하면 무슨 소리가 될까요?

CV 음소 합성		반응	점수
연습문제	ㅈ, ㅐ	재	
본문제	ㅅ, ㅣ	시	0 1
	ㄱ, ㅐ	개	0 1
	ㅎ, ㅏ	하	0 1

❷

〈문항제시 예〉

'느(/ㄴ/)'에 '우(/ㅜ/)'에 '은(ㄴ)' 소리를 더하면 무슨 소리가 될까요?

CVC 음소 합성		반응	점수
연습문제	ㄴ, ㅜ, ㄴ	눈	
본문제	ㅅ, ㅗ, ㅇ	송	0 1
	ㄱ, ㅗ, ㅁ	곰	0 1
	ㅍ, ㅏ, ㅇ	팡	0 1

3. 낱말 해독 평가

기본모음	기본자음	다양한 자음	자모낱말	1음절 받침	대표받침	음운 규칙	총점
/10	/9	/8	/6	/7	/7	/8	/55

1. 기본 모음

어	유	이	오	야	아	우	에	애	으	/10

2. 기본 자음

바	고	더	재	라	모	니	수	흐	/9

3. 다양한 자음

타	까	짜	파	카	싸	따	빠	/8

4. 자모 낱말

더호	로개	니보	버주	두카	수머	/6

5. 1음절 대표 받침 낱말

간	갇	갑	감	강	갈	각	/7

6. 대표 받침 낱말

너론	하잠	드옥	조빌	사톱	기믿	바쿵	/7

7. 음운 규칙: 연음화, ㅎ 탈락 규칙

닿아	악어	좋아	넣은	길이	단어	쌓을	직업	/8

<낱말 해독 평가 제시어>

어	유	이	오	야
아	우	에	애	으
바	고	더	재	라
모	니	수	흐	
타	까	짜	파	카
싸	따	빠		
더호	로개	니보	버주	두카
수머				
간	갇	갑	감	강
갈	각			
너론	하잠	드옥	조빌	사톱
기민	바쿵			
닿아	악어	좋아	넣은	길이
단어	쌓을	직업		

B. 한글 파닉스 장 · 단기 목표 계획서

1. 현행수준을 근거로 한 목표

목표 1(음운인식). 아동은 음절 및 음소 수준에서 소리를 듣고 조작할 수 있다.	
세부 목표	1. 소리를 듣고 음절 수 세기
	2. 소리를 듣고 음절 확인하기
	3. 소리를 듣고 음절 변별하기
	4. 소리를 듣고 음절 탈락시키기
	5. 소리를 듣고 음절 합성하기
	6. 소리를 듣고 음소 수 세기
	7. 소리를 듣고 음소 확인하기
	8. 소리를 듣고 음소 변별하기
	9. 소리를 듣고 음소 탈락하기
	10. 소리를 듣고 음소 합성하기
	11. 소리를 듣고 종성 변별하기
	12. 소리를 듣고 음절체-종성에서 종성 탈락하기
	13. 소리를 듣고 음절체-종성 합성하기
	14. 소리를 듣고 음소 분절하기
	15. 소리를 듣고 다양한 위치에서 첫소리 혹은 끝소리를 탈락하기
	16. 다양한 길이의 소리를 합성하기
유의점	• 낱말의 소리를 듣거나, 낱말의 그림을 보며 활동한다. • 글자 자극은 최소한으로 제시한다. • 낱말을 구성하는 자음과 모음의 음절구조를 나타내기 위해 모음(vowel)을 'V', 자음(consonant)을 'C'로 표기한다(예: 모음(V): 아, 자음+모음(CV): 가, 모음+자음(VC): 안, 자음+모음+자음(CVC): 감 등). • //는 음성(말소리) 기호임(예: /ㅏ/는 '아'로, /ㅋ/는 '크'라고 소리를 낸다). • 자료: 그림 카드, 자석 글자, 바둑돌 등

<table>
<tr><th colspan="2">자소-음소 일치 낱말</th></tr>
<tr><th colspan="2">목표 2(모음).
아동은 모음 소리를 알고 모음이 포함된 낱말을 해독할 수 있다.</th></tr>
<tr><td>목표 음소</td><td>1. 단모음: ㅏ, ㅓ, ㅗ, ㅜ, ㅡ, ㅣ, ㅔ(ㅐ)
2. 이중모음: ㅑ, ㅠ, ㅕ, ㅛ, ㅘ, ㅝ, ㅟ, ㅢ, ㅖ(ㅒ), ㅙ(ㅞ, ㅚ)</td></tr>
<tr><td rowspan="6">세부 목표</td><td>1. 목표 단모음의 소리를 알고 글자-소리 연결하기</td></tr>
<tr><td>2. 목표 단모음이 포함된 1음절 낱말 해독하기</td></tr>
<tr><td>3. 목표 단모음이 포함된 2~3음절 이상의 낱말 해독하기</td></tr>
<tr><td>4. 목표 이중모음의 소리를 알고 글자-소리 연결하기</td></tr>
<tr><td>5. 목표 이중모음이 포함된 1음절 낱말 해독하기</td></tr>
<tr><td>6. 목표 이중모음이 포함된 2~3음절 이상의 의미/무의미 낱말 해독하기</td></tr>
<tr><td>유의점</td><td>• 모음 혼동이 있는 경우, 입모양, 신체 동작 등의 단서를 제공한다.
• 자료: 자석 글자, 모음 입모양 카드, 낱말카드 등</td></tr>
</table>

<table>
<tr><th colspan="2">자소-음소 일치 낱말</th></tr>
<tr><th colspan="2">목표 3(초성자음).
아동은 자음 소리를 알고, 받침 없는 자소-음소 일치 낱말과 문장을 정확하게 해독할 수 있다.</th></tr>
<tr><td>목표 음소</td><td>1. 평음: ㄱ, ㄴ, ㄷ, ㄹ, ㅁ, ㅂ, ㅅ, ㅈ
2. 격음: ㅋ, ㅌ, ㅍ, ㅊ, ㅎ
3. 경음: ㄲ, ㄸ, ㅃ, ㅆ, ㅉ</td></tr>
<tr><td rowspan="4">세부 목표</td><td>1. 목표 자음의 소리를 알고 글자-소리를 연결하기</td></tr>
<tr><td>2. 목표 자음과 모음을 합성하여 의미 낱말 해독하기</td></tr>
<tr><td>3. 목표 자음과 모음을 합성하여 무의미 낱말 해독하기</td></tr>
<tr><td>4. 목표 자음이 포함된 받침 없는 문장 해독하기</td></tr>
<tr><td>유의점</td><td>• 자음 혼동이 있는 경우, 입모양 및 발음 방법에 대한 단서를 제공한다.
• 초성자음 지도 순서는 평음, 격음, 경음 순으로 제시하였으며 대상 아동의 수준과 자음 소리 특징(지속, 기식 등)을 고려하여 순서를 변경할 수 있다.
• 'ㄱ'의 소리 /ㄱ/를 소리 낼 때, 모음 'ㅡ' 소리가 강조되지 않도록 짧게 소리 내도록 한다.
• 낱말을 구성하는 자음과 모음의 음절구조를 나타내기 위해 모음(vowel)을 'V', 자음(consonant)을 'C'로 표기한다(예: 모음(V): '아', 자음+모음(CV): '가', 모음+자음(VC): '안', 자음+모음+자음(CVC): '감' 등).
• 자료: 자석 글자, 자음 입모양 카드, 낱말카드 등</td></tr>
</table>

자소-음소 일치 낱말	
목표 4(종성). 아동은 받침이 포함된 자소-음소 일치 낱말을 정확하게 해독할 수 있다.	
목표 음소	1. 대표받침: ㅇ, ㅁ, ㄴ, ㄹ, ㅂ, ㄱ, ㄷ 2. 가족받침: ㅂ(ㅍ), ㄱ(ㅋ, ㄲ), ㄷ(ㅅ, ㅆ, ㅈ, ㅊ, ㅌ, ㅎ)
세부 목표	1. 목표 받침 소리를 알고 글자-소리 연결하기
	2. 목표 받침 소리를 알고 VC 음절 해독하기
	3. 목표 받침 소리를 알고 CVC 음절 해독하기
	4. 목표 받침 소리를 알고 자소-음소 일치 낱말(목표받침만) 해독하기
	5. 목표 받침 소리를 알고 자소-음소 일치 낱말 해독하기
	6. 목표 받침이 포함된 짧은 문장 해독하기
	7. 목표 받침의 끝소리 규칙을 이해하기
	8. 목표 받침 소리를 알고 VC 음절 해독하기
	9. 목표 받침 소리를 알고 CVC 음절 해독하기
	10. 목표 받침 소리를 알고 다음절 낱말 해독하기
	11. 목표 종성이 포함된 짧은 문장 해독하기
유의점	• '음절체+종성' 단위 음운인식 활동과 해독, 쓰기 활동을 함께 한다. • 입모양 카드를 사용하여 소리의 특성을 설명한다. • 낱말을 구성하는 자음과 모음의 음절구조를 나타내기 위해 모음(vowel)을 'V', 자음(consonant)을 'C'로 표기한다(예: 모음(V): '아', 자음+모음(CV): '가', 모음+자음(VC): '안', 자음+모음+자음(CVC): '감' 등). • 자료: 엘코닌 상자, 자석 글자, 목표 음소가 포함된 낱말카드 등

자소-음소 불일치 낱말	
목표 5. 아동은 자소-음소 불일치 낱말을 음운 규칙을 적용하여 정확하게 해독할 수 있다.	
목표 규칙	연음화, ㅎ탈락, 기식음화, 경음화, 구개음화, 비음화
세부 목표	1. 목표 음운 규칙을 이해하고 적용하여 낱말 해독하기
	2. 목표 음운 규칙을 적용하여 어절(낱말+조사, 어미) 해독하기
	3. 목표 음운 규칙을 적용하여 문장 해독하기
유의점	• 음운 규칙을 적용한 낱말/어절/문장 해독과 함께 쓰기를 실시한다. • 쓰기 활동 시 소리를 내면서 쓸 수 있도록 지도하며, 쓸 때와 소리가 날 때의 차이를 이해하도록 한다. • 자료: 엘코닌 상자, 자석 글자 등

제 1 장

음운인식

1. 음절 수 세기

1) 회기 계획서

목표

음절 수준에서 말소리를 듣고 조작하기

세부 목표

소리를 듣고 음절 수 세기

(1) 음절 수 세기 활동 소개하기

- 선생님은 아동에게 지금부터 "낱말의 소리를 듣고 몇 개의 소리인지를 세어 봐요."라고 말해 준다.
- 아동의 어휘 수준을 고려하여 1~4음절의 낱말 그림 카드를 활용한다.

(2) 음절 수 세기: 구체물 활용하기

- 소리는 추상적이므로 음운인식 교수 시 구체물을 활용하는 것이 아동의 음운인식 능력 향상에 효과적이다. 낱말을 구성하는 음절의 수와 구체물의 수는 1:1 비율이므로 음절의 수만큼 구체물을 준비한다. 아동은 선생님의 시범과 지시에 따라 하나의 음절에 하나의 구체물(예: 블록)을 대응하면서 구체물을 조작하는 음운인식 활동에 참여한다.

선생님 시범

목표: /바지/는 소리가 몇 개일까요?

① 바지 그림을 제시하고 아동에게 "이게 무슨 그림이지요?"라고 묻는다.

② 아동이 /바지/라고 바르게 말하면 선생님은 "그렇지, 바지예요."라고 말하고, 그림 다음에 두 개의 블록을 하나씩 놓으며 /바지/라고 천천히 말해 준다.

③ 선생님은 블록을 하나씩 짚으며 "바지는 소리가 2개예요."라고 말해 준다.

(3) 아동에게 연습 기회 제공하기

- 선생님의 명시적인 시범 후, 아동에게 2음절의 낱말을 5개 정도 제시하고 연습할 기회를 제공한다. 같은 2음절의 과제를 반복적으로 연습을 하여 수행이 익숙해지면 음절이 다양한 낱말을 제시하고 아동과 함께 그림 다음에 블록을 놓고 소리가 몇 개인지를 말하도록 한다.
- 아동이 그림 다음에 스스로 블록을 놓고 소리가 몇 개인지를 잘 말할 수 있으면 그림을 제시하고 블록을 놓지 않고 그 낱말을 이야기하면서 손뼉을 치고 소리가 몇 개인지를 말해 보도록 한다.
- 아동에게 그림을 제시하거나 주변 사물의 이름을 말할 기회를 주고, 이때 낱말의 수를 말해 보도록 한다.

2) 활동 내용

세부 목표

소리를 듣고 음절 수 세기

1단계

• 1~4음절 낱말의 그림 카드를 보여 주고 선생님이 그림 다음 음절 수에 해당하는 블록을 놓아 주고 손가락으로 짚으며 천천히 말해 준다.

– "눈사람은 소리가 3개예요."라고 하며 소리에 맞춰 손뼉을 치는 활동을 같이 반복해서 한다.

2단계

• 선생님이 1~4음절 낱말의 그림 카드를 보여 주며 아동에게 무엇인지 물어보고 아동이 말하는 낱말에 맞춰서 함께 손뼉을 친다. 아동에게 그림 다음에 음절 수에 해당하는 블록을 놓도록 하고 다시 한번 손가락으로 짚으며 천천히 낱말을 말해 보도록 한다.

• 그림을 보여 주고 아동이 낱말 이름을 소리 내면서 손뼉을 치며 소리가 몇 개인지 스스로 말해 보도록 한다.

평가낱말

	목표 낱말	중재 전	중재 후		목표 낱말	중재 전	중재 후
1	문 (1)			6	할머니 (3)		
2	공 (1)			7	눈사람 (3)		
3	바지 (2)			8	자동차 (3)		
4	안경 (2)			9	파인애플 (4)		
5	신발 (2)			10	미끄럼틀 (4)		

연습

- 아동이 좋아하는 동물의 이름을 말하면서 손뼉치기를 하고, 그 동물의 이름은 소리가 몇 개인지 말하도록 한다.

2. 음절 확인

1) 회기 계획서

목표

음절 수준에서 말소리를 듣고 조작하기

세부 목표

소리를 듣고 음절 확인하기

(1) 음절 확인 활동 소개하기

선생님은 아동에게 지금부터 "선생님이 들려주는 소리를 듣고 그 소리로 시작되는 낱말을 찾아봐요."라고 말해 준다.

처음에는 소리의 차이가 큰 낱말을 제시해 준다(예: 가방, 시소, 모자 등).

아동의 어휘 수준을 고려하여 2~3음절 낱말 그림 카드를 활용하여 지도한다.

(2) 음절 확인: 그림 카드 활용하기

그림 카드를 제시하고 아동에게 "이게 뭐지요?"라고 물어보고 습득된 낱말을 활용한다. 만일 아동이 발음의 오류를 보인다면 해당 발음을 사용하는 낱말은 초기 활동에서는 배제하도록 한다. 그림 다음에 앞서 실시한 활동과 같이 블록을 놓아두면서 활용하여도 좋다.

선생님 시범

목표: /바/로 시작되는 낱말은 무엇일까요?

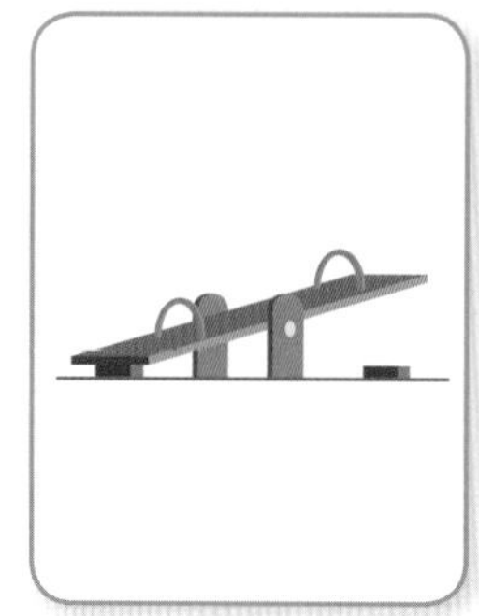

① 아동에게 '바지, 시소, 나무' 그림을 제시하고 아동에게 "이게 무슨 그림일까요?"라고 묻는다.

② 아동이 제시한 3개의 낱말의 이름을 다 말하면 선생님은 "그렇지, 선생님이 다시 한번 천천히 말해 볼게요."라고 말하고는 낱말의 첫소리를 강조하여 3개의 낱말을 천천히 말해 준다.

③ "자, 이제 선생님이 말하는 소리로 시작되는 낱말을 같이 찾아보세요."라고 말하고, /바/라고 입술을 강조해서 천천히 말해 준다.

④ 선생님은 "/바/로 시작되는 것은 바지예요."라고 말하며 바지 그림을 짚어 주고 아동과 함께 /바/를 강조하여 /바지/를 말해 본다.

(3) 아동에게 연습 기회 제공하기

- 선생님의 명시적인 시범 후, 3개의 그림 카드로 수행이 어려운 경우 2개의 그림 카드를 제시하여 실시할 수 있다. '나무, 코끼리' 그림 카드를 제시하고, 아동이 그림을 보고 낱말을 말하고 나면 선생님은 "/나/로 시작되는 것은?"이라고 물어보고 아동이 2개의 그림 카드 중에 나무 그림을 바르게 찾도록 한다. 제시된 2개 그림에서 첫소리를 찾는 활동을 90% 이상 바르게 수행할 수 있으면, 3개의 그림 카드 중에서 찾아보도록 한다. 충분히 연습할 기회를 제공한다.

2) 활동 내용

세부 목표

소리를 듣고 음절 확인하기

1단계

- 다음의 그림을 보여 주고 아동에게 "지금부터 선생님이 보여 주는 그림이 무엇인지 말해 봅시다."라고 말한다.

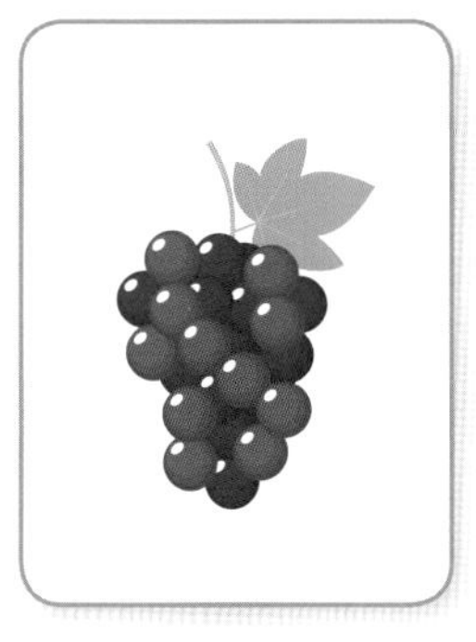

포, 포, 포도

자, 자, 자동차

신, 신, 신발

- 2~3음절의 그림 카드 3장을 보여 주고 선생님이 첫음절의 소리를 과장되게 말해 준다. "포, 포, 포도, 자, 자, 자동차, 신, 신, 신발, 3개의 그림 중에서 /포/로 시작되는 것은 어떤 그림일까요?"라고 하고 찾아보도록 한다.
- 아동이 그림의 이름을 천천히 말하도록 하여 그림의 어휘를 알고 있는지 확인한 후, 선생님이 말해 준 /포/로 시작되는 그림을 다시 한번 찾아보라고 말하고 아동이 3개의 그림 중에서 해당하는 그림을 찾을 수 있도록 한다.

2단계

- 2~3음절 낱말의 그림 카드 3장(나무, 치마, 바나나)을 보여 주고 선생님은 "바, 바, 바로 시작되는 그림을 찾아 주세요."라고 말한다.
- 아동은 스스로 그림 카드 3장의 이름을 말해 보고 선생님이 말한 /바/로 시작되는 낱말인 바나나를 찾을 수 있도록 한다.

평가내용

	평가문항		중재 전	중재 후
1	/바/로 시작하는 낱말을 고르세요. : 바지, 시소, 나무	–바지		
2	/나/ : 나무, 코끼리, 고기	–나무		
3	/가/ : 나비, 가방, 신발	–가방		
4	/시/ : 고기, 치마, 시계	–시계		
5	/다/ : 할머니, 다리, 모자	–다리		
6	/자/ : 포도, 자동차, 신발	–자동차		
7	/바/ : 나무, 치마, 바나나	–바나나		
8	/포/ : 포도, 가방, 치마	–포도		
9	/모/ : 모자, 책상, 자동차	–모자		
10	/토/ : 바지, 가방, 토끼	–토끼		

연습

- 아동의 반 친구의 이름을 이야기하고. 친구들의 이름 중에서 첫소리(성)를 제시하면 해당하는 친구의 이름을 답할 수 있다.

3. 음절 변별

1) 회기 계획서

목표

음절 수준에서 말소리를 듣고 조작하기

세부 목표

소리를 듣고 음절 변별하기

(1) 음절 변별 활동 소개하기

- 선생님은 아동에게 지금부터 "선생님이 보여 주는 그림을 소리 내어 말하고 첫소리가 다른 낱말을 찾아봐요."라고 말해 준다.
- 아동에게 그림 카드(예: 사과, 사자, 나무)를 제시할 수 있으며, 아동의 어휘 수준을 고려하여 2~3음절 낱말의 그림 카드를 활용하여 지도한다.

(2) 음절 변별: 그림 카드 활용하기

- 그림 카드를 제시하고 아동에게 "이게 뭐지요?"라고 물어보고 습득된 낱말로 활용한다. 만일 아동이 발음의 오류를 보인다면 해당 발음을 사용하는 낱말은 초기 활동에서는 배제하도록 한다. 그림 다음에 앞서 실시한 활동과 같이 블록을 놓아두면서 활용하여도 좋다.

선생님 시범

목표: 첫소리가 다른 낱말의 그림 카드 찾기

① 아동에게 '사과, 사자, 나무' 그림을 제시하고 아동에게 "이게 무슨 그림이에요?"라고 묻는다.

② 아동이 제시한 3개의 그림 카드의 낱말을 다 말하면 선생님은 "그렇지, 선생님이 다시 한번 천천히 말해 볼게요."라고 말하고 첫소리를 강조하여 3개의 낱말을 천천히 말해 준다.

③ "자, 사과와 사자는 같은 소리 /사/로 시작되는데 나무는 /나/로 시작되어서 나무만 첫소리가 달라요."라고 말하고, '나무' 그림을 다른 두 그림과 구분하여 놓는다.

④ 선생님은 "선생님과 같이 그림 카드를 보고 이름을 말해 볼까요?"라고 하고는 첫소리를 강조하여 같이 말한다.

선생님 시범

목표: 끝소리가 다른 낱말의 그림 카드 찾기

① 아동에게 '누나, 바나나, 가방' 그림을 제시하고 아동에게 "이게 무슨 그림이에요?"라고 묻는다.

② 아동이 제시한 3개의 그림 카드의 낱말을 다 말하면 선생님은 "그렇지, 선생님이 다시 한번 천천히 말해 볼게요."라고 말하고 끝소리를 강조하여 3개의 낱말을 천천히 말해 준다.

③ "자, 누나와 바나나는 /나/로 끝나는 소리가 같은데 가방은 /방/으로 소리가 끝나서 가방만 끝소리가 달라요."라고 말하고, '가방' 그림을 다른 두 그림과 구분하여 놓는다.

④ 선생님은 "선생님과 같이 그림 카드를 보고 이름을 말해 볼까요?"라고 하고는 끝소리를 강조하여 같이 말한다.

(3) 아동에게 연습 기회 제공하기

- 선생님의 명시적인 시범 후, 3개의 그림 카드로 수행이 어려운 경우 2개의 그림 카드를 제시하여 실시해 본다. '나무, 나비' 그림 카드를 제시하고, 아동이 그림을 보고 낱말을 말하고 나면 선생님은 "두 그림이 같은 소리로 시작해요? 다른 소리로 시작해요?"라고 묻고 아동이 '같다' 또는 '다르다'로 바르게 답하도록 한다. 제시된 2개 그림에서 첫소리를 찾는 활동을 90% 이상 바르게 수행할 수 있으면 3개의 그림 카드 중에서 찾아보도록 하고 충분히 연습할 기회를 제공한다.

2) 활동 내용

세부 목표

소리를 듣고 음절 변별하기

1단계

- 다음의 그림을 보여 주고 아동에게 "지금부터 선생님이 보여 주는 그림이 무엇인지 말해 봐요."라고 말해 준다. 아동이 그림을 보고 낱말을 말하면 선생님이 천천히 첫음절을 강조하여 다시 말해 준다.

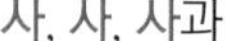

사, 사, 사과

사, 사, 사자

나, 나, 나무

- 2~3음절 낱말의 그림 카드 3장을 보여 주고 선생님이 첫음절의 소리를 과장되게 말해 준다. "사, 사, 사과, 사, 사, 사자, 나, 나, 나무 3개의 그림 중에서 첫소리가 다른 것은 어떤 그림일까요?"라고 하고 찾아보도록 한다.

2단계

- 다음의 그림을 보여 주고 아동에게 "지금부터 선생님이 보여 주는 그림이 무엇인지 말해 봐요."라고 말해 준다. 아동이 그림을 보고 낱말을 말하면 선생님이 천천히 끝음절을 강조하여 다시 말해 준다.

신 발

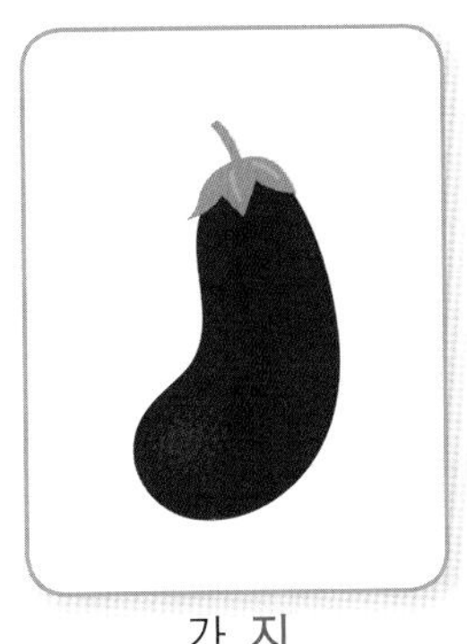
가 지

바 지

• 2~3음절 낱말의 그림 카드 3장을 보여 주고 선생님이 끝음절의 소리를 과장되게 말해 준다. “신발, 가지, 바지 3개의 그림 중에서 끝소리가 다른 것은 어떤 그림일까요?”라고 하고 찾아보도록 한다.

3단계

• 첫소리가 다른 낱말 찾기
 – 2–3음절 낱말의 그림 3장을 제시하고 아동이 천천히 낱말을 말하도록 한다.
 – 첫소리 음절이 같은지, 다른지 물어보고 3개의 그림 카드에서 다른 첫소리가 나는 그림 카드를 찾도록 한다.
 – 그림 없는 상황에서 낱말 3개를 듣고 첫소리가 다른 낱말이 무엇인지 말해 보도록 한다.

4단계

• 끝소리가 다른 낱말 찾기
 – 2~3음절 낱말의 그림 3장을 제시하고 아동이 천천히 낱말을 말하도록 한다.
 – 끝나는 소리 음절이 같은지, 다른지 물어보고 3개의 그림 카드에서 다른 끝소리가 나는 그림 카드를 찾도록 한다.
 – 그림 없는 상황에서 낱말 3개를 듣고 끝소리가 다른 낱말이 무엇인지 말해 보도록 한다.

평가낱말

• 첫소리가 다른 낱말 찾기

	평가문항		중재 전	중재 후
1	사과, 사자, 나무	–나무		
2	나비, 고기, 나무	–고기		
3	바지, 바나나, 가방	–가방		

4	고기, 시소, 시계 　　　　　　　　－고기		
5	자동차, 가방, 가지 　　　　　　　－자동차		
6	포도, 바나나, 바지 　　　　　　　－포도		
7	고래, 고기, 신발 　　　　　　　　－신발		
8	기린, 하마, 기차 　　　　　　　　－하마		
9	호박, 토끼, 호랑이 　　　　　　　－토끼		
10	치즈, 수건, 수박 　　　　　　　　－치즈		

• 끝소리가 다른 낱말 찾기

	평가문항	중재 전	중재 후
1	나무, 모자, 과자 　　　　　　　　－나무		
2	기차, 호박, 수박 　　　　　　　　－기차		
3	바나나, 누나, 가방 　　　　　　　－가방		
4	할아버지, 토끼, 바지 　　　　　　－토끼		
5	포도, 딸기, 고기 　　　　　　　　－포도		
6	신발, 바지, 가지 　　　　　　　　－신발		
7	비행기, 바지, 딸기 　　　　　　　－바지		
8	코끼리, 우산, 머리 　　　　　　　－우산		
9	치마, 하마, 수박 　　　　　　　　－수박		
10	안경, 기차, 소방차 　　　　　　　－안경		

연습

• 주변에 있는 사물의 이름에서 첫소리 또는 끝소리가 다른 낱말들을 이야기해 본다.

4. 음절 탈락

1) 회기 계획서

목표

음절 수준에서 말소리를 듣고 조작하기

세부 목표

소리를 듣고 음절 탈락하기

(1) 음절 탈락 활동 소개하기

- 선생님은 아동에게 지금부터 '글자 없이 말소리 듣고 소리 빼기' 활동을 할 것이라고 말해준다.
- 아동의 어휘 수준을 고려하여 음절 인식 중 탈락 과제를 지도한다.

(2) 음절 탈락: 구체물 활용하기

- 소리는 추상적이므로 음운인식 교수 시 구체물을 활용하는 것이 아동의 음운인식 능력 향상에 효과적이다. 낱말을 구성하는 음절의 수와 구체물의 수는 1:1 비율이므로 음절의 수만큼 구체물을 준비한다. 아동은 선생님의 시범과 지시에 따라 하나의 음절에 하나의 구체물(예: 블록)을 대응하면서 구체물을 조작하는 음운인식 활동에 참여한다.
- 2음절 수준에서 첫소리 탈락, 끝소리 탈락을 하고 3음절 수준에서 첫소리 탈락, 끝소리 탈락 과제를 실시하도록 한다.

(3) 음절 탈락: 구체물 소거

- 2~3음절 낱말 수준에서 첫소리 탈락, 끝소리 탈락 과제를 구체물이 없는 상황에서 실시하도록 한다.

선생님 시범

목표: 첫소리 탈락 "비누에서 /비/ 소리를 빼면 무슨 소리가 남을까요?"

① 두 개의 블록을 놓고 /비누/라고 가리키며 말해 준다.

② 첫 번째 블록을 손으로 짚으면서 /비/라고 한다.

③ 두 번째 블록을 손으로 짚으면서 /누/라고 한다.

④ 두 개의 블록 중 앞에 있는 블록을 빼고 남은 것을 가리키며 /누/라고 말해 준다.

선생님 시범

목표: 끝소리 탈락 "비누에서 /누/ 소리를 빼면 무슨 소리가 남을까요?"

① 두 개의 블록을 놓고 /비누/라고 가리키며 말해 준다.

② 첫 번째 블록을 손으로 짚으면서 /비/라고 한다.

③ 두 번째 블록을 손으로 짚으면서 /누/라고 한다.

④ 두 개의 블록 중 뒤에 있는 블록을 빼고 남은 것을 가리키며 /비/라고 말해 준다.

(4) 아동에게 연습 기회 제공하기

- 선생님의 명시적인 시범 후, 아동에게 같거나 유사한 과제를 반복적으로 연습할 기회를 제공한다. 단서 없이 아동 스스로 말소리를 조작할 때까지 활동을 반복한다.

2) 활동 내용

세부 목표

소리를 듣고 음절 탈락하기

1단계

• 선생님은 다음의 그림을 보여 주고 아동에게 무엇인지 물어본다. 아동에게 "글자 없이 말소리 듣고 소리 빼기 활동을 시작할 거예요."라고 말해 준다. 첫소리 탈락 활동부터 시작한다. 손으로 블록을 짚으며 시연을 해 준다.

"사자에서 /사/를 빼면 무슨 소리가 남을까?"
– "/자/가 남아요."

• 선생님이 나무 그림을 보여 주고 블록을 음절 수만큼 놓으면서 "나무에서 /나/ 소리를 빼면 무슨 소리가 남을까?"라고 묻고 아동이 바로 답하지 못하면 입모양(/무/)으로 힌트를 준다.

2단계

• 다음의 그림을 보여 주고 아동에게 무엇인지 물어본다. 아동에게 "글자 없이 말소리 듣고 소리 빼기 활동을 시작할 거예요."라고 말해 준다. 끝소리 탈락 활동부터 시작한다. 손으로 블록을 천천히 짚으며 시연을 해 준다.

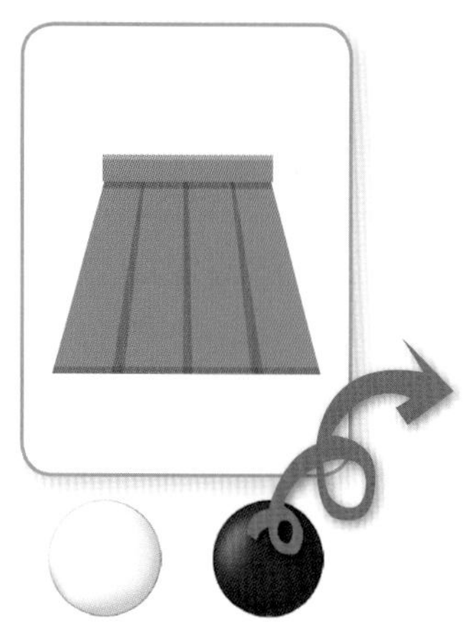

"치마에서 /마/를 빼면 무슨 소리가 남을까?"
– "/치/가 남아요."

- 선생님이 나무 그림을 보여 주고 블록을 음절 수만큼 놓으면서 "나무에서 /무/소리를 빼면 무슨 소리가 남을까?"라고 묻고 아동이 바로 답하지 못하면 입모양(/나/)으로 힌트를 준다.

3단계

- 첫소리 탈락
  - 2음절 낱말 '하마' 그림 카드를 보여 주고 아동에게 블록을 놓으면서 낱말을 말하도록 한다. 아동이 블록을 두 개 놓으면, "하마에서 /하/ 소리를 빼면 무슨 소리가 남을까요?"라고 질문한다. 아동이 블록을 조작하며 /마/라고 답하는 것을 확인하고 아동 스스로 수행할 수 있을 때까지 다양한 낱말로 실시한다.
  - 3음절 낱말 그림 카드를 보여 주고 아동에게 블록을 놓으면서 낱말을 말하라고 한 다음, "장난감에서 /장/ 소리를 빼면 무슨 소리가 남을까요?"라고 질문한다. 아동 스스로 첫소리 탈락을 수행할 수 있을 때까지 다양한 낱말로 실시한다.

4단계

- 끝소리 탈락
  - 2음절 낱말 '하마' 카드를 보여 주고 아동에게 블록을 놓으면서 낱말을 말하도록 한 다음, "하마에서 /마/ 소리를 빼면 무슨 소리가 남을까요?"라고 질문한다. 아동이 블록을 조작하며 '하'라고 답하는 것을 확인하고 아동 스스로 수행할 수 있을 때까지 다양한 낱말로 실시한다.
  - 3음절 낱말 그림 카드를 보여 주고 아동에게 블록을 놓으면서 낱말을 말하라고 한 다음, "장난감에서 /감/ 소리를 빼면 무슨 소리가 남을까요?"라고 질문한다. 아동 스스로 끝소리 탈락을 수행할 수 있을 때까지 다양한 낱말로 실시한다.

평가낱말

	목표 낱말		중재 전	중재 후		목표 낱말		중재 전	중재 후
1	나무	−첫소리			6	할머니	−첫소리		
		−끝소리					−끝소리		
2	교실	−첫소리			7	사다리	−첫소리		
		−끝소리					−끝소리		
3	하마	−첫소리			8	장난감	−첫소리		
		−끝소리					−끝소리		
4	치마	−첫소리			9	운동장	−첫소리		
		−끝소리					−끝소리		
5	친구	첫소리			10	놀이터	−첫소리		
		−끝소리					−끝소리		

연습

• 자신과 가족, 친구 이름의 첫음절과 끝음절을 탈락하여 말해 본다.

5. 음절 합성

1) 회기 계획서

목표

음절 수준에서 말소리를 듣고 조작하기

세부 목표

소리를 듣고 음절 합성하기

(1) 음절 합성 활동 소개하기

- 선생님은 아동에게 지금부터 '글자 없이 말소리 듣고 소리 더하기' 활동을 할 것이라고 말해 준다.
- 아동의 어휘 수준을 고려하여 음절 인식 중 합성 과제를 지도한다.

(2) 음절 합성: 구체물 활용하기

- 소리는 추상적이므로 음운인식 교수 시 구체물을 활용하는 것이 아동의 음운인식 능력 향상에 효과적이다. 낱말을 구성하는 음절의 수와 구체물의 수는 1:1 비율이므로 음절의 수만큼 구체물을 준비한다. 아동은 선생님의 시범과 지시에 따라 하나의 음절에 하나의 구체물(예: 블록)을 대응하면서 구체물을 조작하는 음운인식 활동에 참여한다.

선생님 시범

목표: "/비/와 /누/를 더하면 무슨 소리가 될까요?"

① 한 개의 블록을 놓고 /비/라고 가리키며 말해 준다.

② 두 번째 블록을 놓고 /누/라고 가리키며 말해 준다.

③ 블록을 차례대로 지적하며 /비/ 소리에 /누/ 소리를 더하면 /비누/가 된다고 말해 준다.

④ 아동과 같이 천천히 블록을 차례대로 가리키며 /비/ 소리에 /누/ 소리를 더하면 /비누/가 된다고 다시 한번 말해 준다.

- 2음절 수준에서 3~4음절 수준에서 낱말의 길이를 조절할 수 있으며, 음절 수가 늘어나면서 과제 수행이 어려워진다면 3음절 정도까지 합성 과제 실시하도록 한다.

(3) 음절 합성: 구체물 소거

- 2~4음절 낱말 수준에서 구체물 소거 상태로 합성 과제 실시하도록 한다.

(4) 아동에게 연습 기회 제공하기

- 선생님의 명시적인 시범 후, 아동에게 같거나 유사한 과제를 반복적으로 연습할 기회를 제공한다. 단서 없이 아동 스스로 말소리를 조작할 때까지 활동을 반복한다.

2) 활동 내용

세부 목표

소리를 듣고 음절 합성하기

1단계

• 선생님은 다음의 그림을 보여 주고 아동에게 무엇인지 물어본다. 아동에게 "글자 더하는 합성 활동을 시작할 거예요."라고 말해 준다. 2음절의 낱말에 블록을 천천히 놓으면서 시연을 해 준다.

"/신/에 /발/ 소리를 더하면 무슨 소리가 될까요?"

– "/신발/이 돼요."

• 선생님은 그림 없이 "/고/에 /래/ 소리를 더하면 무슨 소리가 되지요?"라고 블록만 조작하며 물어본다. 아동이 /고래/라고 말하면 그림 카드를 보여 주고 확인한다. 천천히 블록 하나하나 소리를 강조해서 천천히 들려주고 아동이 스스로 합성 과제를 반복적으로 성공하도록 제시한다.

2단계

/할/에 /머/에 /니/ 소리를 더하면 무슨 소리가 될까요?	/파/에 /인/에 /애/에 /플/ 소리를 더하면 무슨 소리가 될까요?

• 선생님이 아동에게 질문을 하고 블록을 놓으면서 아동이 답하도록 한다.

3단계

- 블록 없이 소리만 듣고 2~4음절 낱말을 합성하는 활동을 한다.
- 아동이 합성 과제를 내고 선생님이 맞추는 활동으로 역할을 바꾸어서 해 볼 수 있다.

*아동이 긴 낱말을 듣고 기억하는 것에 어려움이 있다면 낱말의 길이는 아동의 수행력에 따라 조절할 수 있다.

평가낱말

	목표 낱말	중재 전	중재 후		목표 낱말	중재 전	중재 후
1	고, 래			6	할, 머, 니		
2	교, 실			7	바, 나, 나		
3	신, 발			8	상, 난, 감		
4	치, 마			9	운, 동, 장		
5	친, 구			10	파, 인, 애, 플		

연습

- 주변에 보이는 사물로 음절 합성 게임 실시한다.

예) "/구/에 /급/에 /차/ 소리를 더하면 뭐가 될까요?"

서로 번갈아 가면서 문제를 내고 맞춰 본다.

6. 음소 수 세기

1) 회기 계획서

목표

음소 수준에서 말소리를 듣고 조작하기

세부 목표

소리를 듣고 음소 수 세기

(1) 음소 수 세기 활동 소개하기

- 선생님은 아동에게 지금부터 '글자 없이 말소리 듣고 소리가 몇 개인지 세는 음소 수세기' 활동을 할 것이라고 말해 준다.
- 아동의 어휘 수준을 고려하여 과제를 지도한다.

(2) 음소 수 세기: 구체물 활용하기

- 소리는 추상적이므로 음운인식 교수 시 구체물을 활용하는 것이 아동의 음운인식 능력 향상에 효과적이다. 엘코닌 상자에 낱말을 구성하는 음소의 수만큼 구체물을 준비한다. 아동은 선생님의 시범과 지시에 따라 하나의 음소(하나의 소리)에 하나의 구체물(예: 블록)을 대응하면서 구체물을 조작하는 음운인식 활동에 참여한다.

선생님 시범

목표: /소/, /말/, /사자/는 몇 개의 소리로 되어 있을까요?

① 엘코닌 상자에 블록을 하나 놓으며 /스/라고 말하고 옆에 하나를 더 놓으며 /오/라고 말해 준다.

② /스/와 /오/를 길게 천천히 말해 주고 "/스, 오, 스오, 소/가 된다."라고 손으로 블록을 짚으면서 말해 준다.

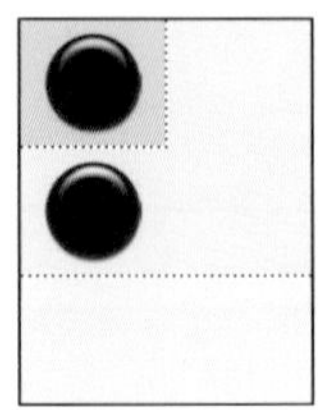

③ /소/는 /스/와 /오/의 소리가 두 개로 되었다고 말해 준다.

④ /말/은 /므/, /아/, /을/ 소리로 되어 있으며, 엘코닌 상자에 구체물을 대응하여 놓아주고 다시 한번 천천히 /므, 아, 을/, /말/은 소리가 3개로 되어 있다고 말해 준다.

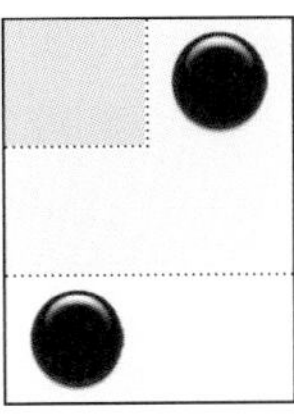

⑤ /사자/는 /스/, /아/, /즈/, /아/ 소리로 되어 있으며, 엘코닌 상자에 구체물을 대응하여 놓아주고 다시 한번 천천히 /스, 아, 즈, 아/, /사자/는 소리가 4개로 되어 있다고 말해 준다.

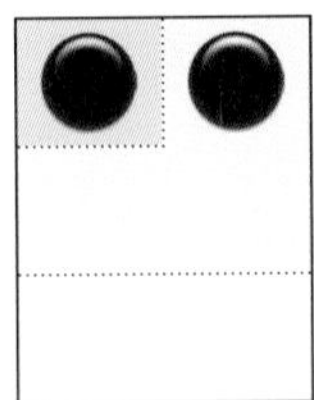

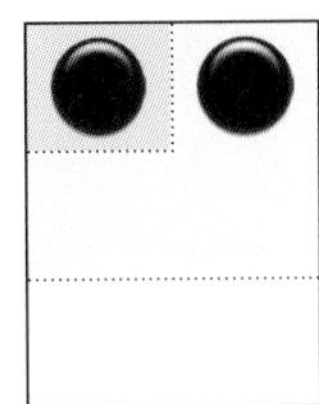

(3) 아동에게 연습 기회 제공하기

- 선생님의 명시적인 시범 후, 아동에게 같거나 유사한 과제를 반복적으로 연습할 기회를 제공한다. 낱말의 소리를 분리하여 끊어서 선생님이 말해 주고 아동이 구체물을 바르게 대응시킬 수 있도록 활동을 반복한다.

※ 아동에게 글자 이름(예: 기억, 디귿)이 아닌, 소리(예: 그, 드)로 들려준다.

2) 활동 내용

세부 목표

소리를 듣고 음소 수 세기

1단계

- 시연해 주기 '소'
  - 엘코닌 상자에 블록을 올리면서 "스 ~~~ 오"라고 말해 준다.
  - 블록을 손으로 집으며 천천히 "/스 ~ 오/, /스오/, /소/"라고 점차 빨리 말해 준다.

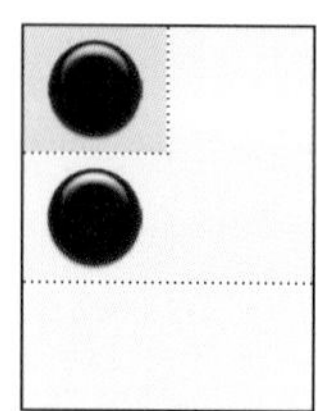

→ "'소'는 소리가 두 개예요."

- 시연해 주기 '손'
  - 엘코닌 상자에 블록을 올리면서 "스 ~~~ 오 ~~~ 온"이라고 말해 준다.
  - 블록을 손으로 집으며 천천히 "/스 ~ 오 ~ 은/, /스오은/, /손/"이라고 점차 빨리 말해 준다.

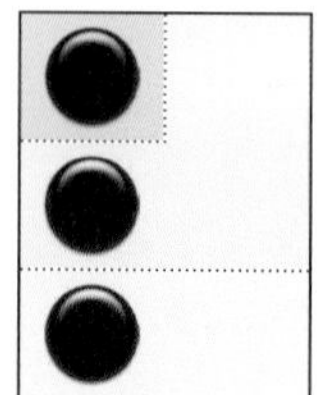

→ "'손'은 소리가 세 개예요."

  - 엘코닌 상자에 블록을 음소의 수만큼 올리고 몇 개의 소리가 있는지 여러 번 반복해 준다.

2단계

- 선생님이 엘코닌 상자에 블록을 올려 주고 아동이 음소 수 세기

'코'	–선생님이 "/코/는 소리가 몇 개일까요?"라고 말하고, 엘코닌 상자에 블록을 하나씩(크–1, 오–1) 올리면서 "크~~~~오."라고 말해 준다. –아동에게 "코는 소리가 몇 개일까요?"라고 묻고, 아동이 블록을 보면서 답하도록 한다.
'콩'	–선생님이 "/콩/은 소리가 몇 개일까요?"라고 말하고, 엘코닌 상자에 블록을 하나씩(크–1, 오–1, 응–1) 올리면서 "크~~~~오~~~~응."이라고 말해 준다. –아동에게 "콩은 소리가 몇 개일까요?"라고 묻고, 아동이 블록을 보면서 답하도록 한다.

'나비'	–선생님이 "/나비/는 소리가 몇 개일까요?"라고 말하고, 엘코닌 상자에 블록을 하나씩(느–1, 아–1, 브–1, 이–1) 올리면서 "느~~아~~브~~이."라고 말해 준다. –아동에게 "나비는 소리가 몇 개일까요?"라고 묻고, 아동이 블록을 보면서 답하도록 한다.

3단계

• 아동이 스스로 엘코닌 상자에 블록을 올리고 음소 수 세기

'차'	–선생님이 "/차/는 소리가 몇 개일까요?"라고 말하고 아동이 직접 엘코닌 상자에 블록을 올리도록 한다. 이때 선생님은 천천히 '츠~~아'라고 힌트를 줄 수 있다. –아동이 블록을 가리키며 /차/는 소리가 두 개라고 답할 수 있으며 같은 수준인 CV(예: 차, 코, 개, 서, 피 등)에서 아동이 스스로 블록을 놓으며 소리가 몇 개인지 말해 보도록 한다.
'산'	–선생님이 "/산/은 소리가 몇 개일까?"라고 말하고 아동이 직접 엘코닌 상자에 블록을 올리도록 한다. 이때 선생님은 /스~~~아~~~은/이라고 힌트를 줄 수 있다. –아동이 블록을 가리키며 /산/은 소리가 세 개라고 답할 수 있으면 같은 수준인 CVC(예: 손, 창, 선, 물, 김 등)에서 아동이 스스로 블록을 놓으며 소리가 몇 개인지 말해 보도록 한다.

–자음+모음으로 구성된 CV 수준, 자음+모음+자음으로 구성된 CVC 수준에서 음소 수 세기 수행이 가능하면 더 복잡한 음소로 이루어진 낱말을 활동에 제시할 수 있다(예: 차, 별, 보리, 마늘, 편지, 바나나, 자전거 등).

–엘코닌 상자에 블록을 음소의 수만큼 올리고 몇 개의 소리가 있는지 확인하는 활동을 반복적으로 실시한다.

평가낱말

	목표 낱말	중재 전	중재 후		목표 낱말	중재 전	중재 후
1	소 (2)			6	창 (3)		
2	코 (2)			7	산 (3)		
3	차 (2)			8	나비 (4)		
4	손 (3)			9	바지 (4)		
5	콩 (3)			10	기차 (4)		

연습

• 간단한 1음절 낱말 받침 없는 소리와 받침 없는 소리를 구체물 없이도 말하고 몇 개의 소리로 이루어졌는지 답해 보도록 한다.

7. 음소 확인

1) 회기 계획서

목표

음소 수준에서 말소리를 듣고 조작하기

세부 목표

소리를 듣고 음소 확인하기

(1) 음소 확인 활동 소개하기

- 선생님은 아동에게 지금부터 '글자 없이 말소리 듣고 같은 소리로 시작되는 낱말 찾기' 활동을 할 것이라고 말해 준다.
- 아동의 어휘 수준을 고려하여 과제를 지도한다.

(2) 음소 확인: 그림 카드 활용하기

- 그림 카드를 제시하고 아동에게 "이게 뭐예요?"라고 물어본다. 아동이 이미 알고 있는 낱말을 활용한다. 만일 아동이 발음의 오류를 보인다면 해당 발음을 사용하는 낱말은 배제하도록 한다. 그림 다음에 앞서 실시한 활동과 같이 엘코닌 상자에 블록을 놓아두면서 활용하여도 좋다.

선생님 시범

목표: "/스/로 시작하는 낱말은 무엇일까요?"

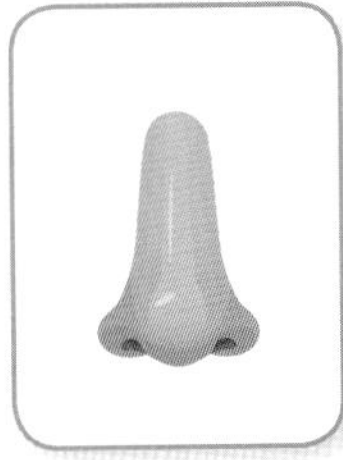

① 아동에게 '소, 코, 물' 그림을 제시하고 아동에게 "이게 무슨 그림이에요?"라고 묻는다.

② 아동이 제시한 3개의 그림 카드에 해당하는 낱말을 다 말하면 선생님은 "그렇지, 선생님이 다시 한번 천천히 말해 볼게요."라고 말하고 첫소리를 강조하여 3개의 낱말을 천천히 들려준다.

③ "자, 이제 선생님이 말하는 소리로 시작하는 그림의 카드를 찾아볼 거예요."라고 말하고 /스/ 강조해서 천천히 들려준다.

④ 선생님은 "/스/로 시작되는 것은 /소/예요."라고 말하며 '소' 그림을 짚어 준다. 첫 음소를 강조하며 /스오/를 들려주고, 아동과 함께 /소/를 말해 본다.

(3) 아동에게 연습 기회 제공하기

- 선생님의 명시적인 시범 후, 아동에게 같거나 유사한 과제를 반복적으로 연습할 기회를 제공한다.
- 그림 카드 단계에서 첫 음소를 천천히 강조하여 힌트를 주고 하다가 점차적으로 그림 카드만 제시하고 선생님이 제시하는 음소로 시작하는 낱말을 스스로 찾아보도록 한다.

※ 아동에게 글자 이름(예: 기역, 디귿)이 아닌 소리(예: 그, 드)로 들려준다.

2) 활동 내용

세부 목표

소리를 듣고 음소 확인하기

1단계

• 시연해 주기

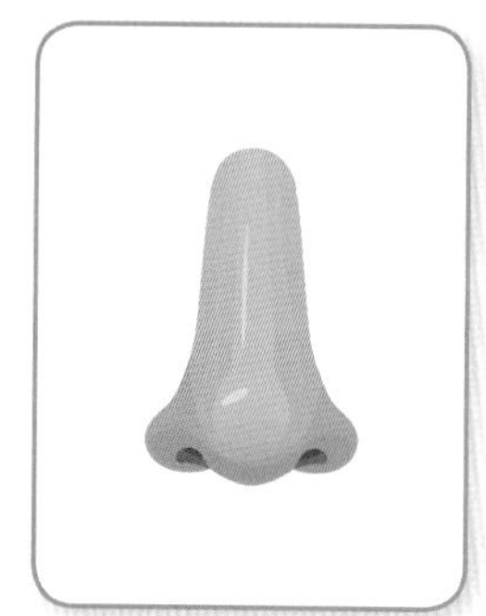

– 그림 카드를 제시하고 아동에게 이게 무슨 그림인지 물어보고 답을 하면 선생님이 천천히 /스~~오/, /크~~오/라고 들려준다.

– "이 두 그림 중에서 '크'로 시작하는 것을 찾아보세요."라고 한다.

– 아동이 찾기 어려워하는 경우, 다시 /스~~오/, /크~~오/라고 천천히 들려주고 '코' 그림을 찾도록 한다.

2단계

• 아동과 함께 첫소리 확인하기

– 그림 카드를 제시하고 아동에게 "이게 뭐예요?"라고 물어본다. 아동이 이미 알고 있는 낱말

을 활용한다. 만일 아동이 발음의 오류를 보인다면 해당 발음을 사용하는 낱말은 배제하도록 한다.

– 아동과 같이 천천히 /므~~우~~을/, /브~~아~~즈~~이/, /느~~아~~므~~우/라고 말하여 본다.

– "세 그림 중에서 /브~~/로 시작하는 것은 무엇일까요?"라고 물어보고 찾도록 한다.

3단계

• 아동 스스로 첫소리 확인하기

– 그림 카드 3장을 보여 주고 첫소리를 들려준 다음 해당 그림을 아동이 찾아보도록 한다. 첫소리를 강조하는 등의 힌트를 주지 않고 반복적으로 수행하도록 한다.

평가내용

선생님이 목표 음소(예: /브/)로 시작하는 낱말을 낱말 목록(예: 바지, 시소, 나무)에서 찾도록 한다.

	평가문항		중재 전	중재 후
1	/브/ : 바지, 시소, 나무	–바지		
2	/느/ : 나무, 코끼리, 고기	–나무		
3	/스/ : 나비, 가방, 신발	–신발		
4	/츠/ : 고기, 치마, 시계	–치마		
5	/흐/ : 할머니, 다리, 모자	–할머니		
6	/즈/ : 포도, 자동차, 신발	–자동차		
7	/크/ : 치마, 가방, 카드	–카드		
8	/프/ : 포도, 가방, 치마	–포도		
9	/므/ : 모자, 책상, 자동차	–모자		
10	/트/ : 바지, 가방, 토끼	–토끼		

연습

• 주변에 있는 사물에서 소리 확인 활동으로 목표 음소의 소리로 시작되는 것 찾아보기(예: /츠츠츠/, /츠/ 소리로 시작되는 것, /크크크/, /크/ 소리로 시작되는 것 찾아보기를 놀이처럼 해보기)

8. 음소 변별

1) 회기 계획서

목표

음소 수준에서 말소리를 듣고 조작하기

세부 목표

소리를 듣고 음소 변별하기

(1) 음소 변별 활동 소개하기

- 선생님은 아동에게 지금부터 '글자 없이 말소리 듣고 같은 소리인지 다른 소리인지 변별하기' 활동을 할 것이라고 말해 준다.
- 아동의 어휘 수준을 고려하여 과제를 지도한다.

(2) 음소 변별: 그림 카드 활용하기

- 그림 카드를 제시하고 아동에게 "이게 뭐예요?"라고 물어본다. 아동이 이미 알고 있는 낱말을 활용한다. 만일 아동이 발음의 오류를 보인다면 해당 발음을 사용하는 낱말은 배제하도록 한다. 그림 카드 다음에 앞서 실시한 활동과 같이 엘코닌 상자에 블록을 놓아두면서 활용하여도 좋다.

선생님 시범

목표: "첫소리가 같을까요, 다를까요?"

① 아동에게 '소, 새' 그림을 제시하고 아동에게 "이게 무슨 그림이에요?"라고 묻는다.

② 아동이 제시한 2개의 그림 카드의 이름을 다 말하면 선생님은 "그렇지, 선생님이 다시 한번 천천히 말해 볼게요."라고 말하고는 첫소리를 강조하여 2개의 낱말을 천천히 들려준다.

③ "/소/와 /새/는 둘 다 /스/로 처음 시작하는 소리가 같아요." 라고 말해 준다.

④ 아동에게 '소, 코' 그림을 제시하고 아동에게 "이게 무슨 그림이에요?"라고 묻는다.

⑤ 아동이 제시한 2개의 그림 카드의 이름을 다 말하면 첫소리를 강조하여 2개의 낱말을 천천히 들려준다.

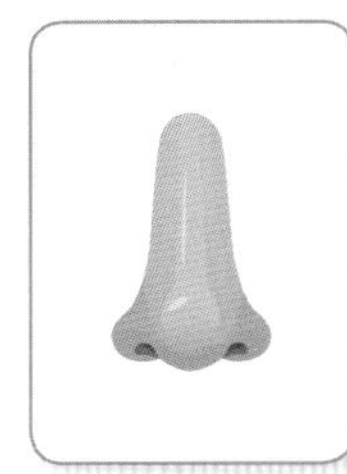

⑥ "/소/는 /스/로 시작하고 /코/는 /크/로 시작해서 소리가 달라요."라고 말해 준다.

⑦ 아동에게 '코, 소, 새' 그림을 보여 주고 "코, 소, 새 3개의 그림 카드에서 첫소리가 다른 것은 /코/야." 라고 말하고 '코' 그림을 따로 둔다.

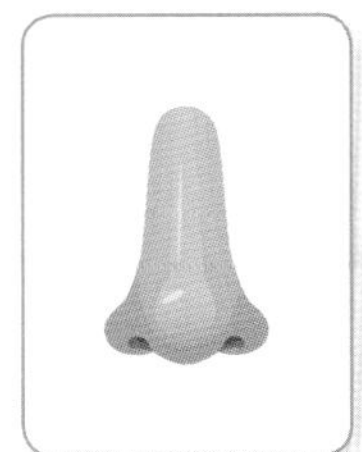

(3) 아동에게 연습 기회 제공하기

- 선생님의 명시적인 시범 후, 아동에게 같거나 유사한 과제를 반복적으로 연습할 기회를 제공한다. 그림 카드 단계에서 첫 음소를 천천히 강조하여 단서를 주다가 점차 그림 카드만 제시하고 아동 스스로 선생님이 제시하는 그림에서 다른 첫소리가 나는 그림 카드를 찾을 수 있도록 한다.

  ※ 아동에게 글자 이름(예: 기역, 디귿)이 아닌 소리(예: 그, 드)로 들려준다.

2) 활동 내용

세부 목표

소리를 듣고 음소 변별하기

1단계

• 시연해 주기

– 그림 카드를 제시하고 아동에게 이게 무슨 그림인지 물어보고 답을 하면 선생님이 천천히 /스~~오/, /스~~애/라고 들려준다.

– "/소/와 /새/는 둘 다 /스/로 처음 시작하는 소리가 같아요."라고 말해 준다.

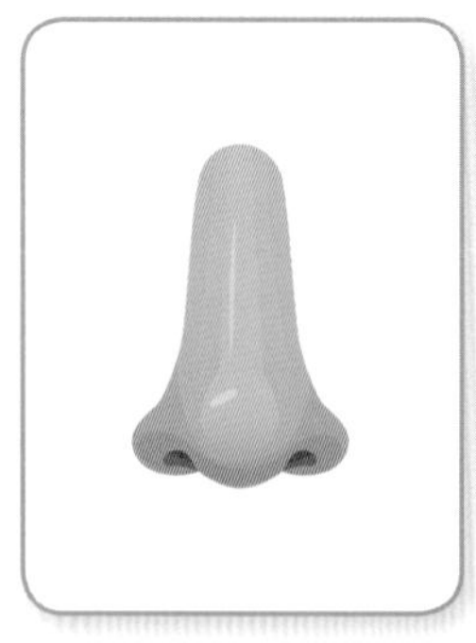

– 3개의 그림 카드를 보여 주고 "/스~~애, 새/, /크~~오, 코/, /스~~오, 소/, 여기에서 /소/와 /새/는 첫소리가 같고, /코/만 첫소리가 달라요."라고 말해 준다.

2단계

- 아동과 함께 첫소리 변별하기

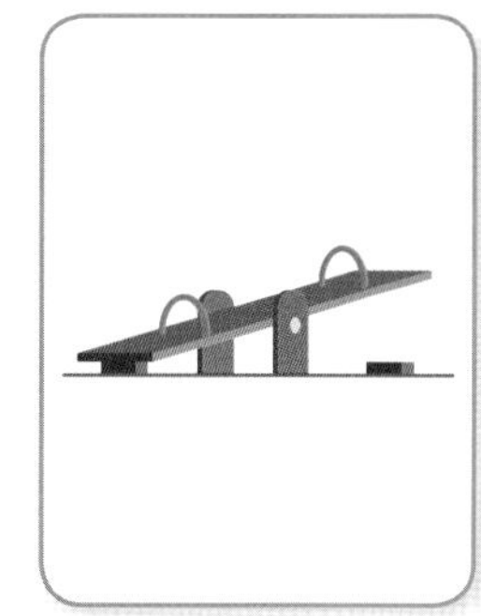

- 그림 카드를 제시하고 아동에게 "이게 뭐예요?"라고 물어본다. 아동이 이미 알고 있는 낱말을 활용한다. 만일 아동이 발음의 오류를 보인다면 해당 발음을 사용하는 낱말은 배제하도록 한다.
- 아동과 같이 천천히 /스~~애~~우/, /브~~아~~즈~~이/, /스~~이~~스~~오/라고 말해 본다.
- "그림 3개 중에서 다른 소리로 시작하는 것은 무엇일까요?"라고 물어보고 찾도록 한다.

3단계

- 아동 스스로 첫소리 변별하기
  - 그림 카드 3장을 보여 주고 아동이 스스로 낱말을 말하도록 한다. 선생님이 첫소리가 다른 낱말의 그림 카드를 아동에게 찾아보게 한다. 첫소리를 천천히 말하거나 강조하는 단서를 제공하지 않고 반복적으로 수행하도록 한다.

평가낱말

- 선생님이 평가 낱말을 들려주고 아동에게 첫소리가 다른 낱말을 찾도록 한다.

	목표 낱말		중재 전	중재 후
1	바지, 시소, 새우	–바지		
2	구름, 코끼리, 고기	–코끼리		
3	나비, 노랑, 신발	–신발		
4	고기, 치마, 초	–고기		
5	할머니, 호박, 모자	–모자		
6	포도, 자동차, 파랑	–자동차		

7	달, 가방, 두더지	–가방		
8	타조, 토끼, 자전거	–자전거		
9	모자, 책상, 무지개	–책상		
10	꽃, 개구리, 그네	–꽃		

연습

- "/크크 코끼리/와 /크크 크레파스/는 첫소리가 같아요, 달라요?"
  – 같은 소리인지 다른 소리인지 시각적인 구체물 없이 들려주어도 알 수 있다.
- "/소/와 /새/는 첫소리가 같아요, 달라요?"
  "/문/과 /코/는 첫소리가 같아요, 달라요?"
  – 첫소리를 강조하지 않아도 같은 소리인지 다른 소리인지 답할 수 있다.

9. 음소 탈락

1) 회기 계획서

목표

음소 수준에서 말소리를 듣고 조작하기

세부 목표

소리를 듣고 음소 탈락하기

(1) 음소 탈락 활동 소개하기

- 선생님은 아동에게 지금부터 '글자 없이 말소리 듣고 제시한 소리를 빼고 말하기' 활동을 할 것이라고 말해 준다.
- 아동의 어휘 수준을 고려하여 과제를 지도한다.

(2) 음소 탈락: 그림 카드 활용하기

- 소리는 추상적이므로 음운인식 교수 시 구체물을 활용하는 것이 아동의 음운인식 능력 향상에 효과적이다. 엘코닌 상자에 낱말을 구성하는 음소의 수만큼 구체물을 준비한다. 아동은 선생님의 시범과 지시에 따라 하나의 음소(하나의 소리)에 하나의 구체물(예: 블록)을 대응하면서 구체물을 조작하는 음운인식 활동에 참여한다.

선생님 시범

목표: "/소/에서 /스/ 소리를 빼면 무슨 소리가 남을까요?"

① 선생님이 엘코닌 상자에 블록을 하나 놓으며 /스/라고 말하고 다음에 하나를 더 놓으며 /오/라고 말해 준다.

② "/스, 오/, /소/, /소/에서 /스/ 소리를 빼면 /오/ 소리가 남아."라고 말해 준다.

③ 그림과 같이 /소/에 해당하는 음소를 천천히 하나씩 짚어 주고, /스/에 해당하는 위의 블록을 빼고 남은 블록을 가리키며 "/오/가 남아."라고 말해 준다.

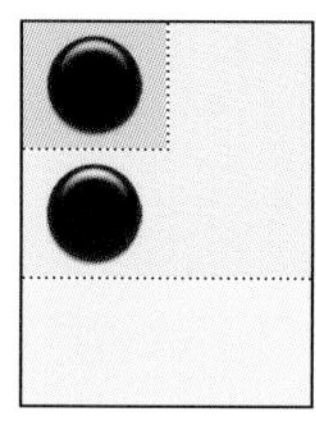

/소/에서 /스/를 빼면 /오/가 남아요.

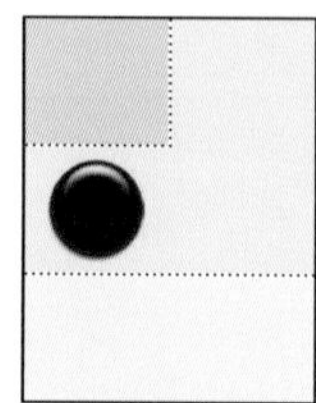

(3) 아동에게 연습 기회 제공하기

- 선생님의 명시적인 시범 후, 아동에게 같거나 유사한 과제를 반복적으로 연습할 기회를 제공한다. 이때 /스/와 같은 자음의 소리에서 모음 /으/ 소리는 길지 않게 내어 준다. 낱말의 소리를 분리하여 끊어서 선생님과 아동이 말해 보고 구체물을 놓아 대응시킨 이후에 탈락 과제 활동을 반복한다.

※ 아동에게 글자 이름(예: 기역, 디귿)이 아닌 소리(예: 그, 드)로 들려준다.

2) 활동 내용

세부 목표

소리를 듣고 음소 탈락하기

1단계

• 시연해 주기

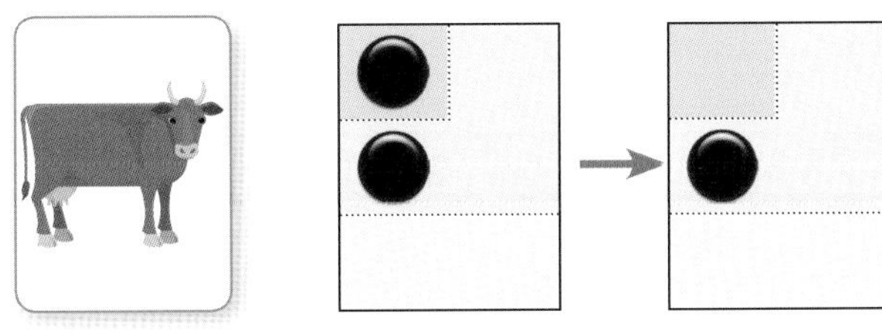

– 그림 카드를 제시하고 선생님이 천천히 엘코닌 상자에 블록을 놓으며 /스~~오/, /소/라고 짚으면서 말한다. 다음 모음 /오/에 해당하는 블록을 빼면서 "/소/에서 /스/ 소리를 빼면, /오/가 남아요."라고 말해 준다.

2단계

• 아동과 함께 음소 탈락하기

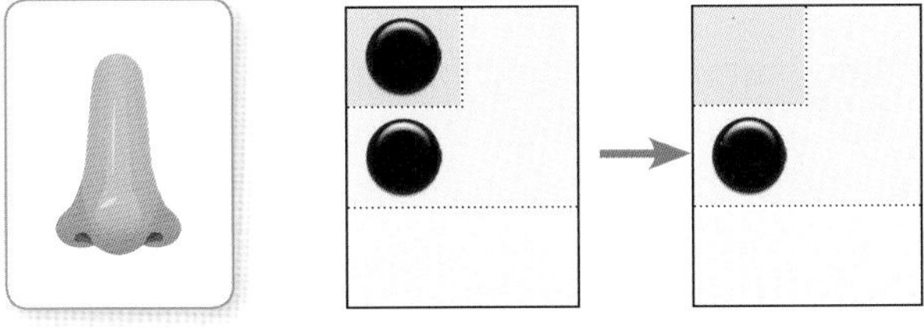

– 선생님이 그림 카드를 제시하고 아동에게 "이게 뭐예요?"라고 물어본다. 아동과 같이 /크~~오/, /코/라고 말하고 엘코닌 상자에 블록을 놓도록 한다.
– 선생님이 "/코/에서 /크/ 소리를 빼면 무슨 소리가 남을까요?"라고 말하고, 아동이 /오/라고 답하는 것을 기다린다. 만일 답하지 못하면 블록을 다시 천천히 놓고 /크/에 해당하는 블록을 빼면서 남은 소리를 말하도록 한다.

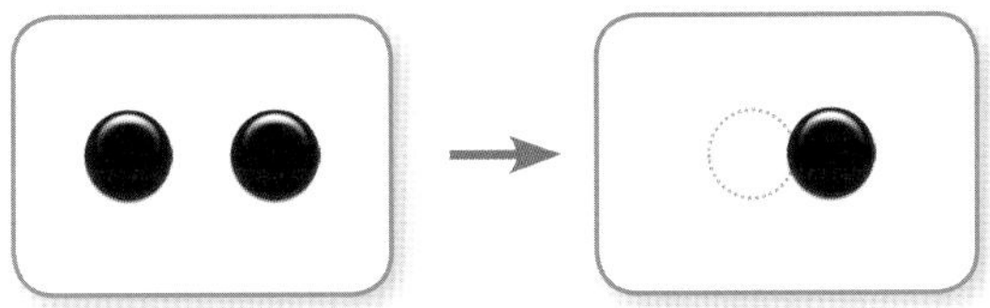

– 그림 카드 없이 예시 낱말을 활용하여 블록을 놓으며 /그~~애/, /개/에서 /그/ 소리를 빼면 무슨 소리가 남을까?"라고 질문하고 답하는 등의 활동을 반복한다.

3단계

• 아동 스스로 음소 탈락하기

– 자음+모음이 결합한 낱말(CV) 수준에서 그림 카드와 엘코닌 상자 없이 낱말을 제시하고 첫 자음 소리(C)를 탈락시키는 활동을 반복한다(예: "/차/에서 /츠/ 소리를 빼면 무슨 소리가 남을까요?").

평가내용

	평가문항	중재 전	중재 후
1	/소/에서 /스/를 빼면? –오		
2	/코/에서 /크/를 빼면? –오		
3	/차/에서 /츠/를 빼면? –아		
4	/가/에서 /그/를 빼면? –아		
5	/초/에서 /츠/를 빼면? –오		
6	/개/에서 /그/를 빼면? –애		
7	/너/에서 /느/를 빼면? –어		
8	/라/에서 /르/를 빼면? –아		
9	/무/에서 /므/를 빼면? –우		
10	/해/에서 /흐/를 빼면? –애		

연습

• 1음절 받침 없는 낱말에서 구체물 없이 첫 자음 소리를 탈락시키고 답할 수 있도록 한다.

10. 음소 합성

1) 회기 계획서

목표

음소 수준에서 말소리를 듣고 조작하기

세부 목표

소리를 듣고 음소 합성하기

(1) 음소 합성 활동 소개하기

- 선생님은 아동에게 지금부터 '글자 없이 말소리 듣고 제시한 소리를 합쳐서 말하기' 활동을 할 것이라고 말해 준다.
- 아동의 어휘 수준을 고려하여 과제를 지도한다.

(2) 음소 합성: 그림 카드 활용하기

- 소리는 추상적이므로 음운인식 교수 시 구체물을 활용하는 것이 아동의 음운인식 능력 향상에 효과적이다. 엘코닌 상자에 낱말을 구성하는 음소의 수만큼 구체물을 준비한다. 아동은 선생님의 시범과 지시에 따라 하나의 음소(하나의 소리)에 하나의 구체물(예: 블록)을 대응하면서 구체물을 조작하는 음운인식 활동에 참여한다.

선생님 시범

목표: /ㅅ/에서 /오/ 소리를 더하면 무슨 소리가 될까요?

① 선생님은 엘코닌 상자에 블록을 하나 놓으며 'ㅅ'라고 말하고 다음에 하나를 더 놓으며 /오/라고 들려준다.

② "/ㅅ, 오, 소/, /ㅅ/와 /오/를 합치면 /소/가 된다."라고 천천히 말해 주고 두 음소를 빨리 연결하여 1음절로 들려준다.

③ 다음과 같이 /스/에 해당하는 음소를 천천히 짚어 주고, /오/에 해당하는 블록을 더하면서 "/스, 오, 스오, 소/가 된다."라고 말해 준다.

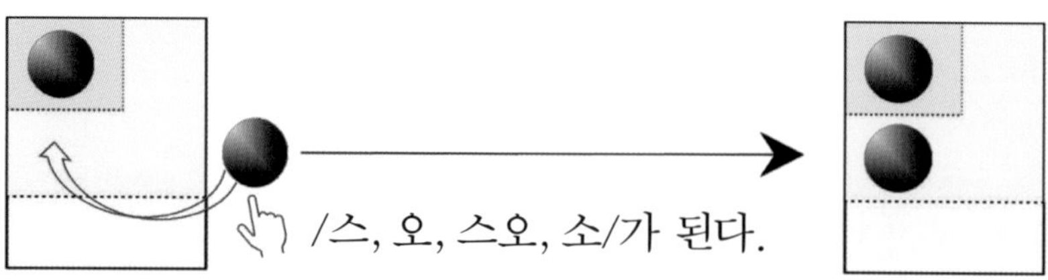

(3) 아동에게 연습 기회 제공하기

- 선생님의 명시적인 시범 후, 아동에게 같거나 유사한 과제를 반복적으로 연습할 기회를 제공한다. 음소를 천천히 연결하여 소리 내다가 점차 자연스러운 속도로 연결하여 말하는 합성 활동을 반복한다.

  ※ 아동에게 글자 이름(예 : 기역, 디귿)이 아닌 소리(예 : 그, 드)로 들려준다.

2) 활동 내용

세부 목표

소리를 듣고 음소 합성하기

1단계

• 시연해 주기

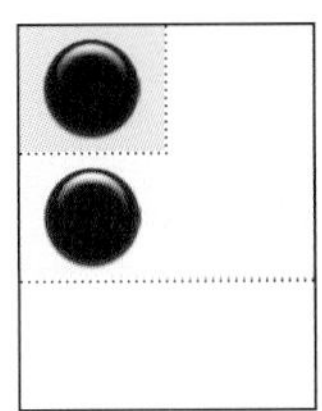

– 그림 카드를 제시하고 선생님이 천천히 엘코닌 상자에 블록을 놓으며 "/스~~/ 소리에 /오~~/ 소리를 더하면 /소/가 돼요."라고 짚으면서 말한다.

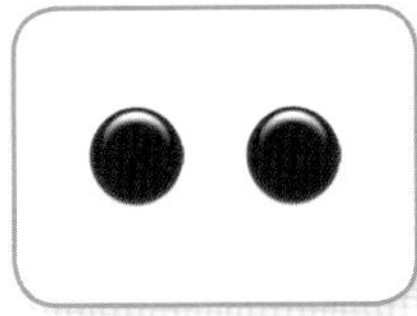

– 그림 카드 없이 블록을 놓으며 "/크/에 /오/ 소리를 더하면 /코/"라고 말해 준다.

2단계

• 아동과 함께 음소 합성하기

– 그림 카드 없이 블록을 아동에게 주고 선생님의 소리를 듣고 블록을 놓도록 한다. "/스/에 /애/ 소리를 더하면 무슨 소리가 되지요?"라고 묻는다.

– 아동이 블록을 소리에 맞춰서 놓고 /스~~애, 새/라고 말하는 등의 활동을 반복한다.

3단계

- 아동 스스로 음소 합성하기
  - 시각적 단서 없이 선생님이 들려주는 소리를 듣고 합성하는 활동을 여러 번 반복적으로 실시한다.

    예: "/츠/에 /아/ 소리를 더하면 무슨 소리가 될까요?"

평가낱말

	목표 낱말	중재 전	중재 후		목표 낱말	중재 전	중재 후
1	소			6	개		
2	코			7	너		
3	차			8	라		
4	가			9	무		
5	초			10	해		

연습

- 의미, 무의미 1음절 받침 없는 낱말의 소리에서 구체물 없이도 자음과 모음의 소리를 합쳐서 답할 수 있도록 한다.

11. 종성 변별

1) 회기 계획서

목표

음소 수준에서 말소리를 듣고 조작하기

세부 목표

소리를 듣고 종성 변별하기

(1) 종성 변별 활동 소개하기

- 선생님은 아동에게 지금부터 '글자 없이 말소리 듣고 끝소리가 다른 소리를 찾아보기' 활동을 할 것이라고 말해 준다.
- 아동의 어휘 수준을 고려하여 과제를 지도한다.

(2) 종성 변별: 구체물과 그림 카드 활용하기

- 그림 카드를 제시하고 낱말의 소리에 해당하는 구체물을 활용하는 것이 아동의 음운 조작에 효과적이다. 엘코닌 상자에 낱말을 구성하는 음소의 수만큼 구체물을 준비한다. 아동은 선생님의 시범과 지시에 따라 하나의 음소(하나의 소리)에 하나의 구체물(예: 블록)을 대응하면서 구체물을 조작하는 음운인식 활동에 참여한다.

선생님 시범

목표: "그림 카드에서 끝소리가 다른 낱말은 무엇일까요?"

① 선생님이 '달, 발, 집' 그림을 보여 주고 아동에게 무엇인지 물어본다. 아동이 그림을 보고 바르게 말할 수 있으면 "그렇지, 달, 발, 집 그림이에요."라고 말해 준다.

② 이때, 종성을 강조해서 들려주며 입모양을 제시하고 "/달, 발, 집/ 중에서 끝소리가 다른 것은 /집/이에요."라고 말해 준다.

③ “달과 발은 /을/ 소리로 끝나고, 집은 /읍/ 소리로 끝나요.”라고 말해 준다.

④ 각 그림 카드 옆에 엘코닌 상자를 두고 천천히 “달과 발은 /을/로 같은 소리로 끝나요.”라고 블록을 짚으면서 말해 준다.

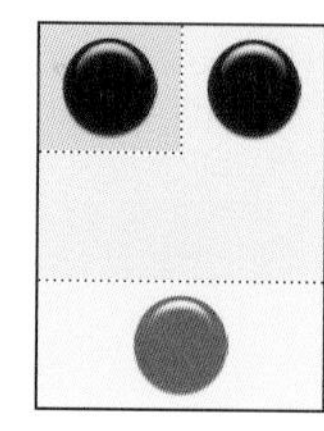

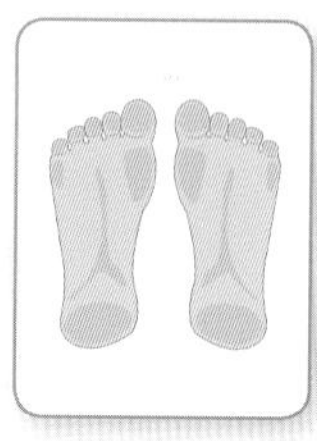

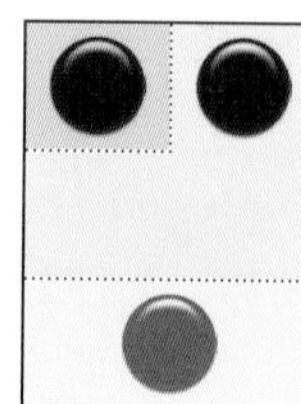

(3) 아동에게 연습 기회 제공하기

- 선생님의 명시적인 시범 후, 아동에게 같거나 유사한 과제를 반복적으로 연습할 기회를 제공한다. 처음에는 종성이 분명하게 변별되는 낱말목록을 활용한다.
- 활동 초기 선생님이 낱말의 소리를 들려줄 때 입모양을 과장되게 보여 주다가 점차 아동이 스스로 그림의 이름을 말하고 종성의 소리가 다른 것을 찾는 변별 활동을 반복한다.

2) 활동 내용

세부 목표

소리를 듣고 종성 변별하기

1단계

• 시연해 주기

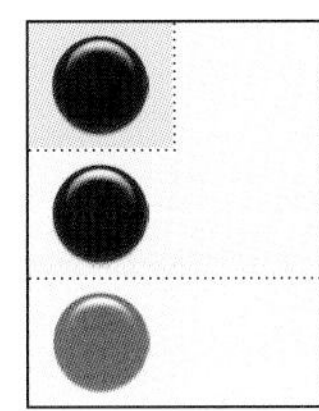

– 선생님은 그림 카드를 제시하고 천천히 엘코닌 상자에 블록을 놓으며 /스~~오~~은, 손/이라고 말한다.

– 종성 위치의 블록을 가리키며 "/손/은 /은/ 소리로 끝나요."라고 종성을 강조하여 말한다.

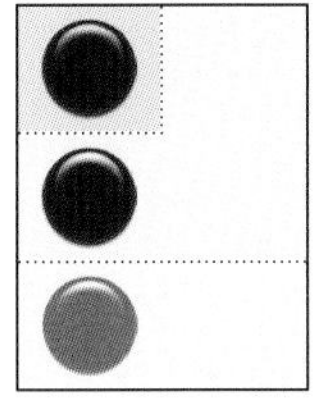

눈

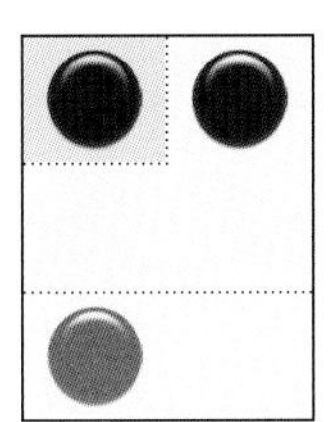

발

– 블록을 놓으며 "/느~~우~~은, 눈/은 /은/ 소리로 끝나요."라고 말해 준다.

– 블록을 놓으며 "/브~~아~~을, 발/은 /을/ 소리로 끝나요."라고 말해 준다.

– "/손/과 /눈/은 /은/으로 끝나는 소리가 같고, /발/은 /을/로 끝나는 소리가 달라요."라고 말하며 끝소리 입모양을 과장되게 보여 준다.

2단계

• 아동과 함께 종성 변별하기

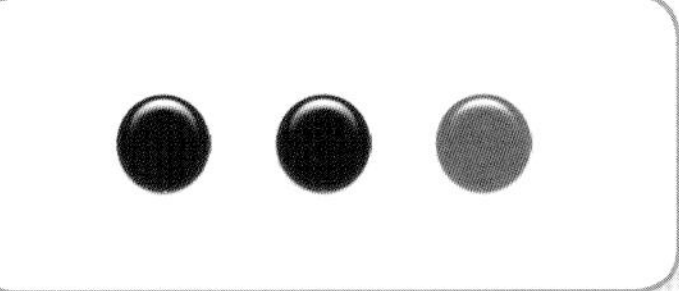

– 그림 카드 없이 블록을 아동에게 주고 선생님이 들려주는 낱말의 끝소리를 블록으로 놓도

록 한다. "/므~~아~~을, 말/ /브~~아~~을, 발/ /츠~~오~~웅, 총/에서 끝소리가 다른 것은 무엇이지요?"라고 물어본다.

– 아동이 답하기 어려워하면 빨간색 블록에 해당하는 종성 소리를 같이 확인하고 같은 소리인지 다른 소리인지 변별하는 활동을 한다.

3단계

• 아동 스스로 종성 변별하기

– 시각적 단서 없이 선생님이 불러 주는 3개의 낱말을 듣고 끝소리가 다른 낱말을 선택하여 말하는 활동을 여러 번 반복적으로 실시한다.

평가낱말

	목표 낱말	중재 전	중재 후		목표 낱말	중재 전	중재 후
1	손, 발, 눈			6	문, 벌, 달		
2	말, 발, 총			7	창, 콩, 별		
3	말, 공, 총			8	밤, 곰, 창		
4	콩, 달, 말			9	별, 총, 병		
5	집, 밥, 공			10	눈, 곰, 문		

연습

• 받침이 있는 1음절 낱말을 들려주었을 때, 구체물 없이도 받침 글자의 소리가 같은지, 다른지 답할 수 있도록 한다.

12. 음절체 종성 탈락

1) 회기 계획서

목표

음소 수준에서 말소리를 듣고 조작하기

세부 목표

소리를 듣고 음절체-종성에서 종성 탈락하기

(1) 음절체 종성 탈락 활동 소개하기

- 선생님은 아동에게 지금부터 '글자 없이 말소리 듣고 끝소리를 빼고 말하기' 활동을 할 것이라고 말해 준다.
- 아동의 어휘 수준을 고려하여 과제를 지도한다.

(2) 음절체 종성 탈락: 구체물 활용하기

- 소리를 들려줄 때 소리에 해당하는 구체물을 활용하는 것이 아동의 음운인식 능력 향상에 효과적이다. 엘코닌 상자에 낱말을 구성하는 음소의 수만큼 구체물을 준비한다. 아동은 선생님의 시범과 지시에 따라 하나의 음소(하나의 소리)에 하나의 구체물(예: 블록)을 대응하면서 구체물을 조작하는 음운인식 활동에 참여한다.

선생님 시범

목표: "/달/에서 끝소리 /을/을 빼면 무슨 소리가 남을까요?"

① 선생님이 아동에게 '달' 그림을 보여 주며 무엇인지 물어본다. 아동이 그림을 보고 바르게 말할 수 있으면 "그렇지, 달이야. /드아을/, /달/이에요."라고 말해 준다.

② 천천히 그림을 보면서 "/드아을/, /달/에서 /을/ 소리를 빼면 /다/ 소리가 남아요."라고 말해 준다.

③ 그림 카드 옆에 엘코닌 상자를 두고 천천히 "/드, 아, 을/, /달/."이라고 말하고 블록을 하나씩 짚어 준 다음, 받침 위치의 블록을 빼면서 "여기서 /을/ 소리를 빼면 /다/ 소리만 남아요."라고 남은 블록을 짚으면서 말해 준다.

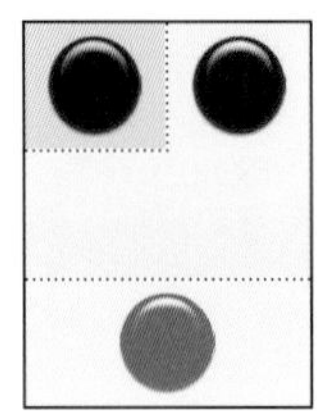

/달/에서 /을/ 소리를 빼면 /다/가 남아요.

(3) 아동에게 연습 기회 제공하기

- 선생님의 명시적인 시범 후, 아동에게 같거나 유사한 과제를 반복적으로 연습할 기회를 제공한다. 처음에는 음소 하나하나를 구분하여 과장되게 들려주다가 나중에는 낱말을 자연스러운 속도로 들려준다. 선생님이 들려주는 받침 포함 1음절의 낱말에서 받침을 빼고 말하는 활동에 익숙해질 때까지 반복한다.

2) 활동 내용

세부 목표

소리를 듣고 음절체-종성에서 종성 탈락하기

1단계

• 시연해 주기

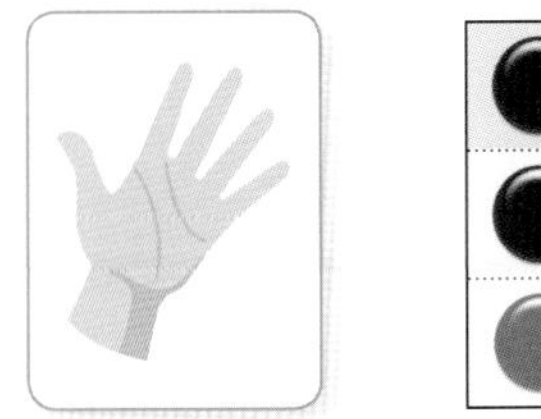

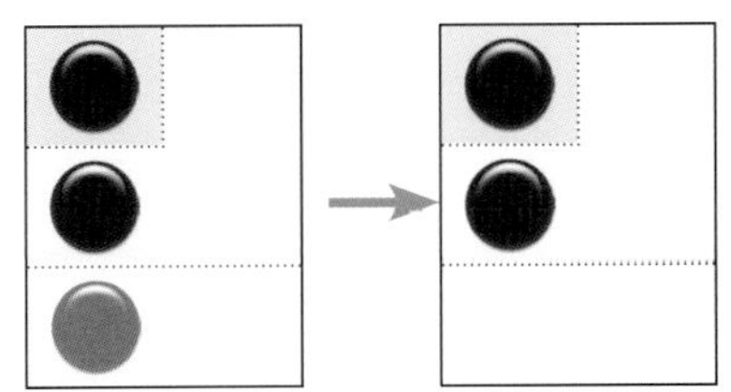

– 선생님은 그림 카드를 제시하고 천천히 엘코닌 상자에 블록을 놓으며 /스~~오~~은/, /손/이라고 말한다.

– 종성 위치의 블록을 가리키며 "/손/에서 /은/ 소리를 빼면 /소/ 소리가 남아."라고 말하며 종성 블록을 빼고 다시 한번 말한다.

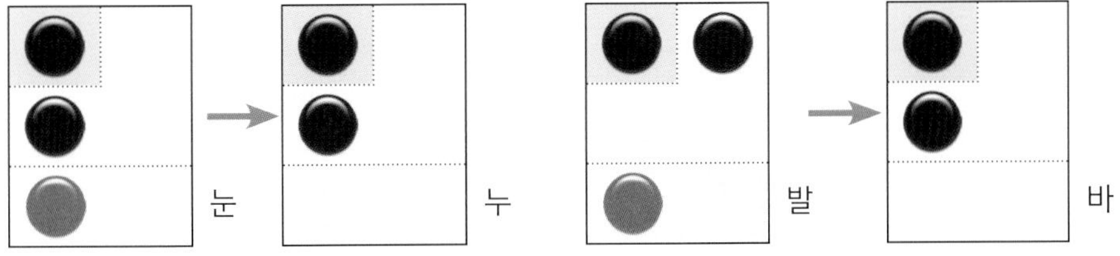

– 블록을 놓으며 "/누~~우~~은, 눈/에서 /은/ 소리를 빼면 /누/ 소리가 되는 거예요."라고 말해 준다.

– 블록을 놓으며 "/브~~아~~을, 발/에서 /을/ 소리를 빼면 /바/ 소리가 되는 거예요."라고 말해 준다.

2단계

• 아동과 함께 종성 탈락하기

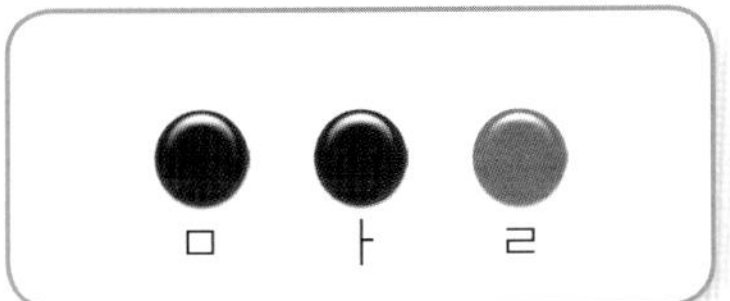

- 그림 카드 없이 블록을 아동에게 주고 선생님이 들려주는 낱말의 음소를 블록으로 놓도록 한다. "/므~~아~~을, 말/, /브~~아~~을, 발/, /츠~~오~~응, 총/에서 끝소리를 빼면 무슨 소리가 남을까요?"라고 물어본다.
- 아동이 답하기 어려워하면 빨간색 블록에 해당하는 종성 소리를 같이 빼고 나머지 소리를 말하는 변별하는 활동을 한다.

3단계

- 아동 스스로 종성 탈락하기
  - 시각적 단서 없이 선생님이 불러 주는 CVC 구조 의미/무의미 1음절 낱말을 듣고 끝소리를 빼고 남은 소리를 말하는 활동을 여러 번 반복적으로 실시한다.

    예) "/당/에서 /응/ 소리를 빼면?" "/달/에서 /을/ 소리를 빼면?" "/답/에서 /읍/ 소리를 빼면?" "/단/에서 /은/ 소리를 빼면?"

평가내용

	평가문항		중재 전	중재 후
1	/손/에서 /은/을 빼면?	–소		
2	/볼/에서 /을/을 빼면?	–보		
3	/총/에서 /응/을 빼면?	–초		
4	/밥/에서 /읍/을 빼면?	–바		
5	/강/에서 /응/을 빼면?	–가		
6	/잠/에서 /음/을 빼면?	–자		
7	/돈/에서 /은/을 빼면?	–도		
8	/곰/에서 /음/을 빼면?	–고		
9	/창/에서 /응/을 빼면?	–차		
10	/눈/에서 /은/을 빼면?	–누		

연습

- 받침소리가 있는 1음절 낱말을 들려주었을 때, 구체물 없이도 받침소리를 탈락시켜서 말할 수 있도록 한다.

13. 음절체 종성 합성

1) 회기 계획서

목표

음소 수준에서 말소리를 듣고 조작하기

세부 목표

소리를 듣고 음절체-종성 합성하기

(1) 음절체 종성 합성 활동 소개하기

- 선생님은 아동에게 지금부터 '글자 없이 말소리 듣고 끝소리를 더해서 말하기' 활동을 할 것이라고 말해 준다.
- 아동의 어휘 수준을 고려하여 과제를 지도한다.

(2) 음절체 종성 합성: 구체물 활용하기

- 엘코닌 상자에 낱말을 구성하는 음소의 수만큼 구체물을 준비한다. 아동은 선생님의 시범과 지시에 따라 하나의 음소에 하나의 구체물을 대응하면서 구체물을 조작하는 음운인식 활동에 참여한다.

선생님 시범

목표: "/기/ 소리에 /음/ 소리를 더하면 무슨 소리가 될까요?"

① 아동에게 "/기/ 소리에 /음/ 소리를 더하면 /김/이 되는 거예요."라고 말해 준다.

② 엘코닌 상자에 천천히 블록을 놓으며 "그, 이, (빠르게) /기/에 /음/ 소리를 더하면 /김/."이라고 말해 준다.

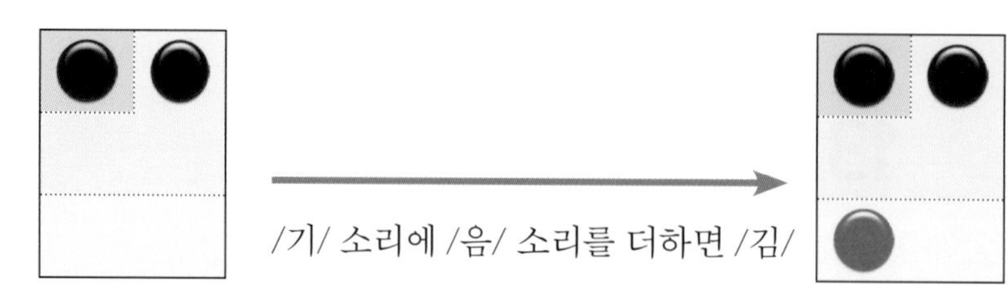

③ "/고/ 소리에 /음/ 소리를 더하면 /곰/이 되지요."라고 엘코닌 상자 없이 예시를 들려준다.

(3) 아동에게 연습 기회 제공하기

- 선생님의 명시적인 시범 후, 아동에게 같거나 유사한 과제를 반복적으로 연습할 기회를 제공한다. 처음에는 음소 하나하나를 구분하여 과장되게 들려주다가 나중에는 낱말을 자연스러운 속도로 들려준다. 선생님이 들려주는 받침 없는 1음절의 낱말에 종성을 붙여서 자연스럽게 낱말을 합성하는 활동에 익숙해질 때까지 반복한다.

2) 활동 내용

세부 목표

소리를 듣고 음절체-종성 합성하기

1단계

- 시연해 주기

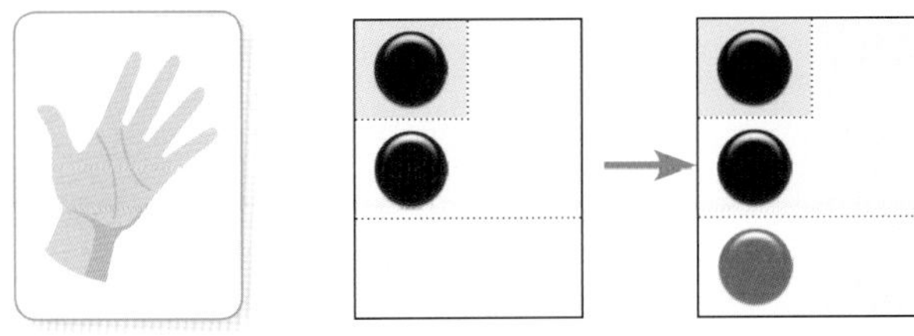

– 선생님은 그림 카드를 제시하고 천천히 엘코닌 상자에 블록을 놓으며 "/스~~오/, /소/에 /은/ 소리를 더하면 /손/."이라고 말한다.

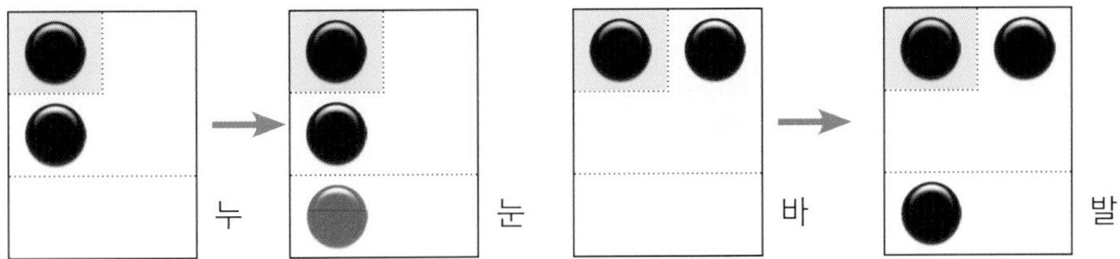

– 블록을 놓으며 "/느우/, /누/에 /은/ 소리를 더하면 /눈/이 되는 거예요."라고 말해 준다.
– 블록을 놓으며 "/브아/, /바/에 /을/ 소리를 더하면 /발/이 되는 거예요."라고 말해 준다.

2단계

- 아동과 함께 종성 합성하기

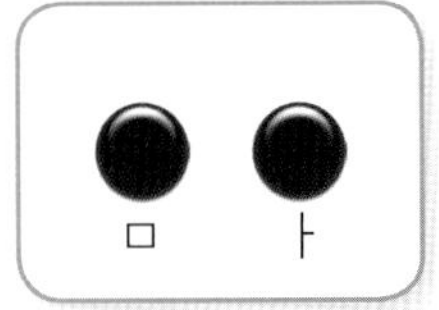

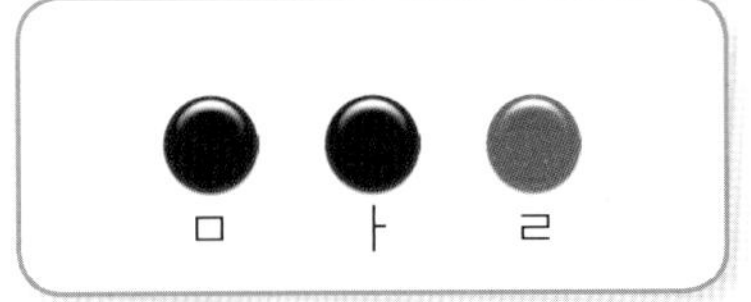

– 블록을 아동에게 주고 선생님의 말소리를 듣고 블록을 놓도록 한다.
– "/므아/, /마/에 /을/ 소리를 더하면? 무슨 소리가 될까요?"라고 물어본다.
– 아동이 답하기 어려워하면 "/마~~을/, /말/"이라고 빨간색 블록에 해당하는 종성 소리를 같이 확인하고 나머지 소리를 말하는 활동을 한다.

3단계

- 아동 스스로 종성 합성하기
  - 시각적 단서 없이 선생님이 불러주는 CVC구조 의미/무의미 1음절 낱말에서 음절체(CV)와 종성을 합쳐서 말하는 활동을 여러 번 실시한다.
    예: "/다/에 /응/ 소리를 더하면?" "/다/에 /을/ 소리를 더하면?" "/다/에 /읍/ 소리를 더하면?" "/다/에 /은/ 소리를 더하면?"

평가내용

	평가문항	중재 전	중재 후
1	/소/에 /은/을 더하면? –손		
2	/보/에 /을/을 더하면? –볼		
3	/초/에 /응/을 더하면? –총		
4	/바/에 /읍/을 더하면? –밥		
5	/가/에 /음/을 더하면? –감		
6	/초/에 /응/을 더하면? –총		
7	/도/에 /을/을 더하면? –돌		
8	/고/에 /음/을 더하면? –곰		
9	/지/에 /읍/을 더하면? –집		
10	/누/에 /은/을 더하면? –눈		

연습

- 구체물 없이 받침소리가 없는 음절체(예: '가') 소리에 종성(예: '응') 소리를 더해서 말할 수 있도록 한다.

14. 음소 분절

1) 회기 계획서

목표

음소 수준에서 말소리를 듣고 조작하기

세부 목표

소리를 듣고 음소 분절하기

(1) 음소 분절 활동 소개하기

- 선생님은 아동에게 지금부터 "선생님이 들려주는 글자를 같이 짚으면서 해당 소리를 말해 볼 거예요."라고 말해 준다.
- 아동의 어휘 수준을 고려하여 과제를 지도한다.

(2) 음소 분절: 구체물 활용하기

- 엘코닌 상자에 낱말을 구성하는 자음과 모음의 자석 글자나 음소 수만큼의 구체물을 준비한다. 아동은 선생님의 시범과 지시에 따라 하나의 음소에 하나의 구체물을 대응하면서 구체물을 조작하는 음운인식 활동에 참여한다.

선생님 시범

목표: "/손/은 /스/와 /오/와 /은/ 소리로 이루어져 있다."

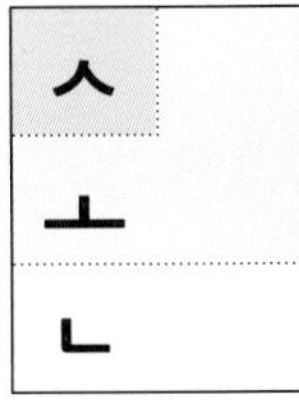

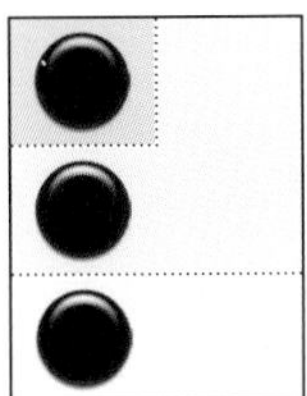

① 엘코닌 상자에 블록을 하나 놓으며 /스/라고 말하고 다음 하나씩 놓으며 /오/, /은/이라고 들려준다.
② "/손/은 /스/, /오/, /은/ 소리로 이루어져 있다"라고 글자를 짚으면서 말해 준다.
③ 글자와 블록으로 조작하며 "/손/은 /스/, /오/, /은/ 소리로 이루어졌다는 것을 보여 준다.

(3) 아동에게 연습 기회 제공하기

- 선생님의 명시적인 시범 후, 아동에게 같거나 유사한 과제를 반복적으로 연습할 기회를 제공한다. CV 구조 낱말(예: 소, 코 등), CVC 구조 낱말(예: 손, 공, 물 등), CVCV 구조 낱말(예: 나무, 바지, 누나 등)의 낱말을 활용하여 난이도를 조절하며 낱말을 구성하는 음절을 분절하는 활동에 익숙해질 때까지 반복한다.

2) 활동 내용

세부 목표

소리를 듣고 음소 분절하기

1단계

• 시연해 주기

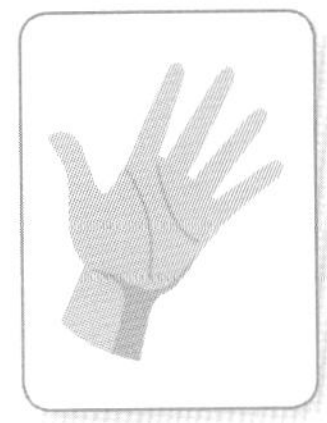
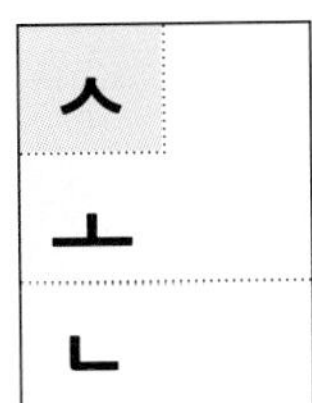

– 선생님은 그림 카드를 제시하고 천천히 엘코닌 상자의 낱글자를 짚으면서 /스, 오, 은/ 소리를 들려준다. "손은 /스/, /오/, /은/ 소리로 이루어져 있어요."라고 말해 준다.

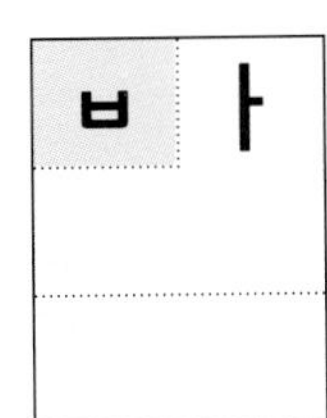

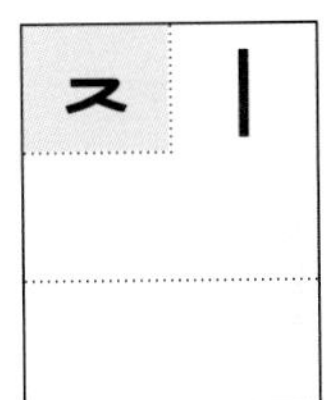

– 선생님은 그림 카드를 제시하고 천천히 엘코닌 상자의 낱글자를 짚으면서 /브, 아, 즈, 이/ 소리를 들려준다. "바지는 /브/ /아/ /즈/ /이/ 소리로 이루어져 있어요."라고 말해 준다.

2단계

• 아동과 함께 음소 분절하기

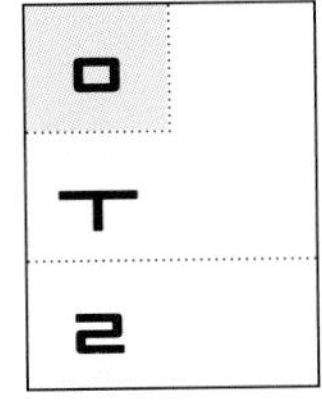

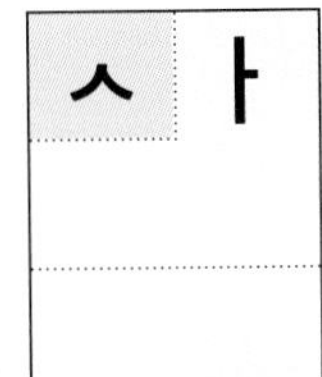

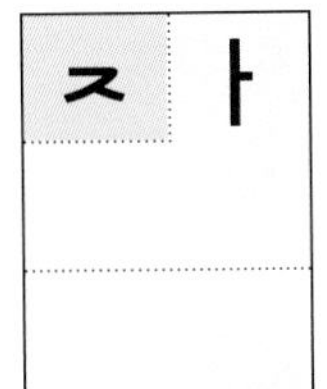

– 선생님은 그림 카드를 제시하고 아동에게 이름을 물어본다. 아동이 정확하게 "물."이라고 말하면 선생님은 엘코닌 상자에 글자를 올려놓고 /므, 우, 을/이라고 들려준다. 아동과 함께 글자를 하나씩 짚으면서 소리 내어 본다.

- 선생님은 그림 카드를 제시하고 아동에게 이름을 물어본다. 아동이 정확하게 "사자."라고 말하면 선생님은 엘코닌 상자에 글자를 올려놓고 /스, 아, 즈, 아/라고 들려준다. 아동과 함께 글자를 하나씩 짚으면서 소리 내어 본다.

3단계

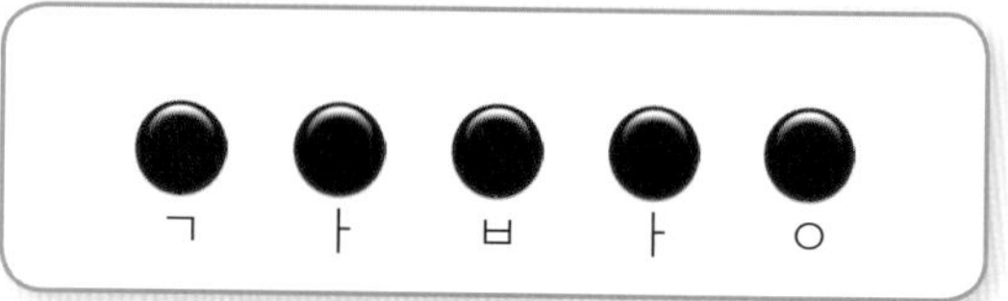

- 시각적 단서 없이 아동 스스로 음소 분절하기
  - 시각적 단서 없이 선생님이 "가방."이라고 말하면 아동은 음소의 개수만큼 블록을 놓으면서 /그, 아, 브, 아, 웅/이라고 분절해서 말한다. 낱말을 듣고 음소 단위로 분절하는 것에 어려움을 보이는 경우, 선생님이 도움을 주고 분절하는 활동을 여러 번 실시한다.
  - 받침 없는 또는 받침 포함 1, 2음절의 의미, 무의미 낱말을 듣고 블록을 놓으면서 소리를 분절해서 말하도록 한다.

평가낱말

- 선생님이 낱말을 들려주고, 아동이 가장 작은 소리 단위(음소)로 분절해서 말하도록 한다.

	목표 낱말		중재 전	중재 후
1	손	–/스/, /오/, /은/		
2	창	–/츠/, /아/, /웅/		
3	사자	–/스/, /아/, /즈/, /아/		
4	바지	–/브/, /아/, /즈/, /이/		
5	수박	–/스/, /우/, /브/, /아/, /윽/		
6	나무	–/느/, /아/, /므/, /우/		
7	가방	–/그/, /아/, /브/, /아/, /웅/		
8	고기	–/그/, /오/, /그/, /이/		
9	신발	–/스/, /이/, /은/, /브/, /아/, /을/		
10	김밥	–/그/, /이/, /음/, /브/, /아/, /읍/		

연습

- 일상생활에서 아동에게 익숙한 낱말을 가장 작은 소리 단위(음소)로 분절해서 말하는 활동을 한다.
  - 예: 나비–/느/, /아/, /브/, /이/ 등

15. 다양한 위치 음소 탈락

1) 회기 계획서

목표

음소 수준에서 말소리를 듣고 조작하기

세부 목표

소리를 듣고 다양한 위치에서 첫소리 혹은 끝소리를 탈락하기

(1) 음소 탈락 활동 소개하기

- 선생님은 아동에게 지금부터 '글자 없이 말소리 듣고 해당하는 소리를 탈락시키고 말하기' 활동을 할 것이라고 말해 준다.
- 아동의 어휘 수준을 고려하여 과제를 지도한다.

(2) 음소 탈락: 구체물 활용하기

- 엘코닌 상자에 낱말을 구성하는 음소의 수만큼 구체물을 준비한다. 아동은 선생님의 시범과 지시에 따라 하나의 음소에 하나의 구체물을 대응하면서 구체물을 조작하는 음운인식 활동에 참여한다.

선생님 시범

목표: "/나비/ 소리에서 /느/ 소리를 빼면 무슨 소리가 될까요?"

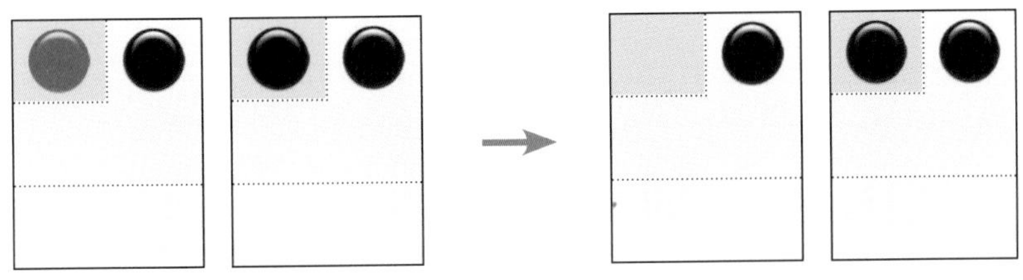

① 아동에게 "/나비/ 소리에서 /느/ 소리를 빼면 /아비/가 되는 거예요."라고 말해 준다.

② 엘코닌 상자에 천천히 음소별 블록을 놓으며 "/느/ /아/ /브/ /이/."라고 들려준 다음,"/나비/(빠르게)에서 /느/ 소리를 빼면 /아비/."라고 말하며 블록을 짚어 준다.

목표: "/나비/ 소리에서 /브/ 소리를 빼면 무슨 소리가 될까요?"

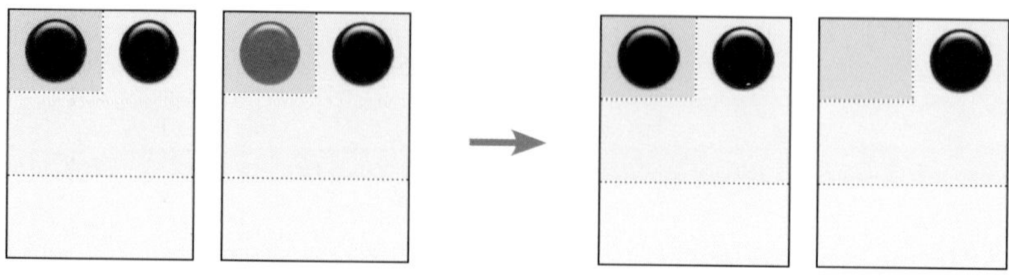

① 아동에게 "/나비/ 소리에서 /브/ 소리를 빼면 /나이/가 되는 거예요."라고 말해 준다.

② 엘코닌 상자에 천천히 음소별 블록을 놓으며 "/느/, /아/, /브/, /이/."라고 들려준 다음,"/나비/(빠르게)에서 /브/ 소리를 빼면 /나이/."라고 말하며 블록을 짚어준다.

(3) 아동에게 연습 기회 제공하기

- 선생님의 명시적인 시범 후, 아동에게 같거나 유사한 과제를 반복적으로 연습할 기회를 제공한다. 처음에는 음소 하나하나를 구분하여 과장되게 들려주다가 나중에는 낱말을 자연스러운 속도로 들려준다. 선생님이 들려주는 2음절의 낱말에서 제시하는 소리를 뺀 나머지 소리가 무엇인지 확인하는 활동에 익숙해질 때까지 반복한다.

2) 활동 내용

세부 목표

소리를 듣고 다양한 위치에서 첫소리 혹은 끝소리를 탈락하기

1단계

- 시연해 주기

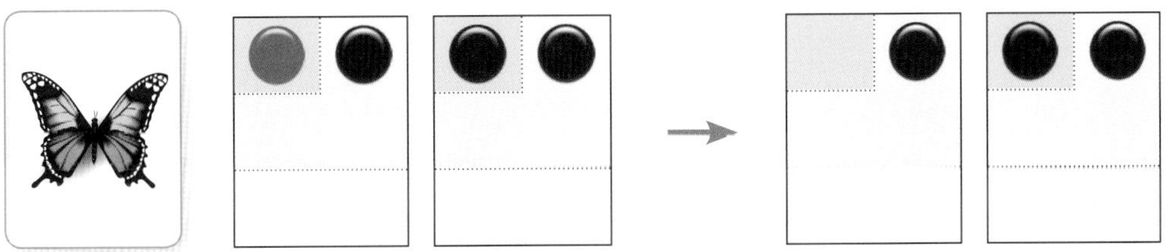

– 선생님은 그림 카드를 제시하고 천천히 엘코닌 상자에 블록을 놓으며 "/느, 아, 브, 이, 나비/에서 /느/ 소리를 빼면 /아비/가 돼요."라고 말한다.

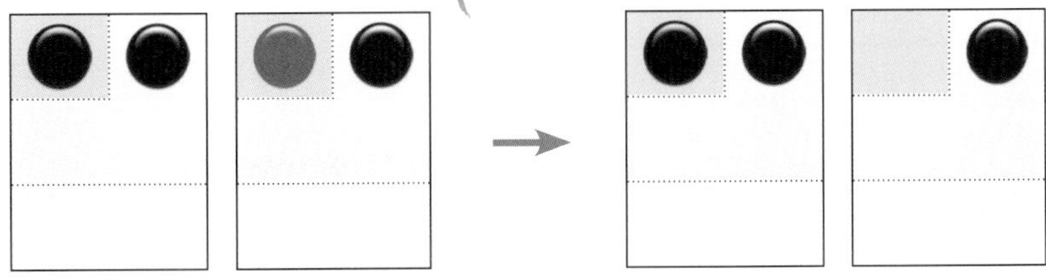

– 엘코닌 상자에 블록을 놓으며 "/느, 아, 브, 이, 나비/에서 /브/ 소리를 빼면 /나이/가 돼요."라고 말한다.

2단계

- 아동 스스로 음소 탈락하기

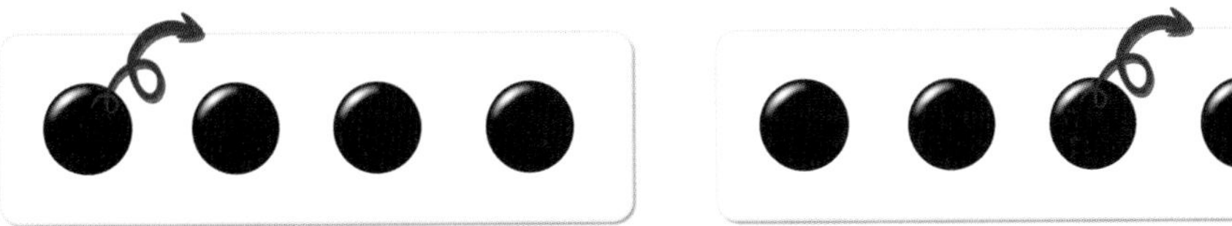

– 블록을 아동에게 주고 선생님의 받침 없는 낱말의 말소리를 듣고 블록을 놓도록 한다. "/느, 아, 므, 우, 나무/에서 /느/ 소리를 빼면 무슨 소리가 될까요?"라고 물어본다. 그다음 "/므/ 소리를 빼면 무슨 소리가 될까요?"라고 물어본다.

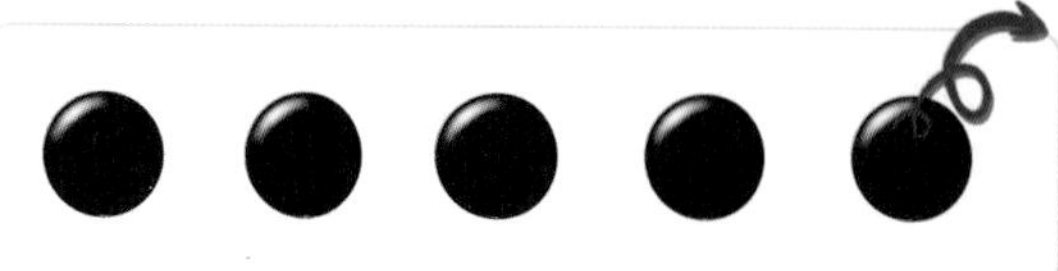

- 블록을 아동에게 주고 선생님의 받침 포함 낱말의 말소리를 듣고 블록을 놓도록 한다. "/스, 우, 브, 아, 윽, 수박/에서 /윽/ 소리를 빼면 무슨 소리가 될까요?"라고 물어본다.
- 다음절 낱말에서 다양한 위치의 자음 소리를 빼고 남은 소리를 말하는 활동을 실시한다.

3단계

- 시각적 단서 없이 아동 스스로 음소 탈락하기
  - 시각적 단서 없이 선생님이 불러 주는 CVCV, CVCCV, CVCVC, CVCCVC 구조 의미/무의미 2음절 낱말을 듣고 목표 음소를 빼고 말하는 활동을 여러 번 실시한다.
    예: "/다리/에서 /드/ 소리를 빼면?" "/다리/에서 /르/ 소리를 빼면?"
    "/우산/에서 /스/ 소리를 빼면?" "/우산/에서 /은/ 소리를 빼면?"

평가내용

	평가문항		중재 전	중재 후
1	/가방/에서 /그/ 소리를 빼면?	–아방		
2	/가방/에서 /브/ 소리를 빼면?	–가앙		
3	/가방/에서 /응/ 소리를 빼면?	–가바		
4	/나무/에서 /느/ 소리를 빼면?	–아무		
5	/나무/에서 /므/ 소리를 빼면?	–나우		
6	/수박/에서 /스/ 소리를 빼면?	–우박		
7	/수박/에서 /브/ 소리를 빼면?	–수악		
8	/수박/에서 /윽/ 소리를 빼면?	–수바		
9	/선물/에서 /은/ 소리를 빼면?	–서물		
10	/선물/에서 /을/ 소리를 빼면?	–선무		

연습

- 구체물 없이 1~2음절의 받침 없는 낱말 또는 받침 포함 낱말을 말하고 소리를 하나씩 빼는 활동을 연습한다[단, 음절의 복잡성은 아동의 수행력에 따라서 조절할 수 있다. (예: 나비–가방–신발 순으로 난이도 조절)].

16. 다음절 음소 합성

1) 회기 계획서

목표

음소 수준에서 말소리를 듣고 조작하기

세부 목표

다양한 길이의 소리를 합성하기

(1) 음소 합성 활동 소개하기

- 선생님은 아동에게 지금부터 '글자 없이 말소리 듣고 해당하는 소리를 모두 합해서 말하기' 활동을 할 것이라고 말해 준다.
- 아동의 어휘 수준을 고려하여 과제를 지도한다.

(2) 음소 합성: 구체물 활용하기

- 엘코닌 상자에 낱말을 구성하는 자음과 모음의 자석 글자나 음소 수만큼의 구체물을 준비한다. 아동은 선생님의 시범에 따라 하나의 음소에 하나의 구체물을 대응하면서 구체물을 조작하는 음운인식 활동에 참여한다.

선생님 시범

목표: "/느/에 /아/에 /브/에 /이/ 소리를 합치면 무슨 소리가 될까요?"

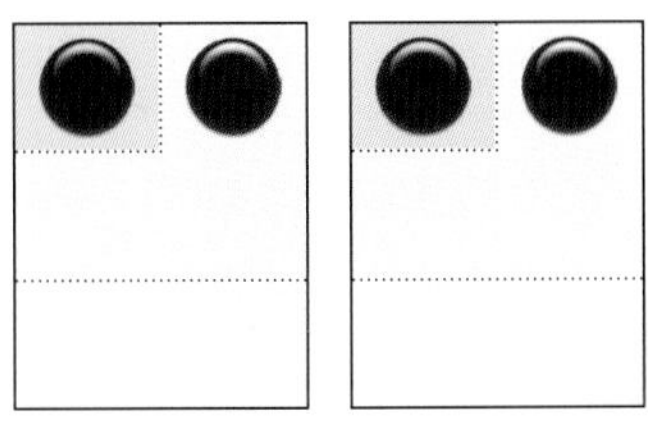

① 선생님은 엘코닌 상자에 천천히 글자 블록을 놓으면서 "/느/에 /아/에 /브/에 /이/ 소리를 합치면?"이라고 말한다.

② 아동과 함께 블록을 차례로 짚으며 "/느/, /아/, /브/, /이/. /나비/(빠르게)."라고 말하며 음소 합성 과정을 알려 준다.

목표: "/그/에 /아/에 /브/에 /아/에 /응/ 소리를 더하면 무슨 소리가 될까요?"

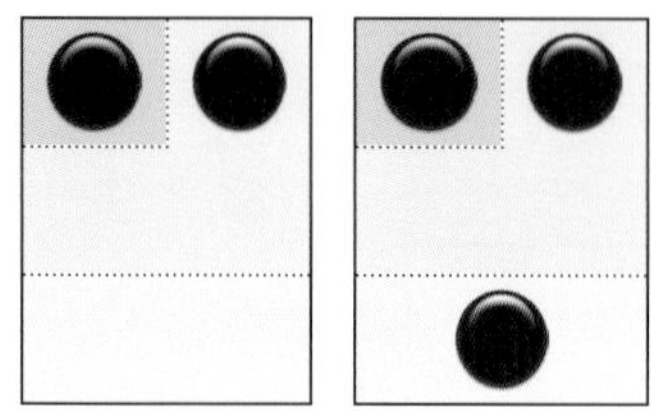

① 선생님은 엘코닌 상자에 천천히 글자 블록을 놓으면서 "/그/에 /아/에 /브/에 /아/에 /응/ 소리를 합치면 /가방/이 되는 거예요."라고 설명한다.

② 아동과 함께 블록을 차례로 짚으며 "/그/, /아/, /브/, /아/, /응/. /가방/(빠르게)."라고 말하며 음소 합성 과정을 알려 준다.

(3) 아동에게 연습 기회 제공하기

- 선생님의 명시적인 시범 후, 아동에게 같거나 유사한 과제를 반복적으로 연습할 기회를 제공한다. 활동 초기에는 음소를 하나씩 천천히 들려주다가 점차 자연스러운 속도로 들려준다. 선생님이 들려주는 2음절의 낱말은 받침 없는 낱말부터 실시하고 받침 포함하는 낱말을 제시한다. 음소를 합치는 합성하고 낱말을 말하는 활동에 익숙해질 때까지 반복한다.

2) 활동 내용

세부 목표

다양한 길이의 소리를 합성하기

1단계

• 시연해 주기

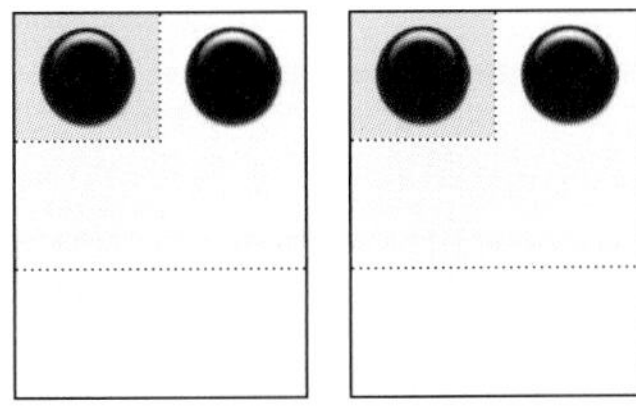

– 선생님이 천천히 엘코닌 상자에 글자 블록을 놓으며,
"/느/, /아/, /브/, /이/ 소리를 합치면 /나비/가 돼요."라고 말해 준다.

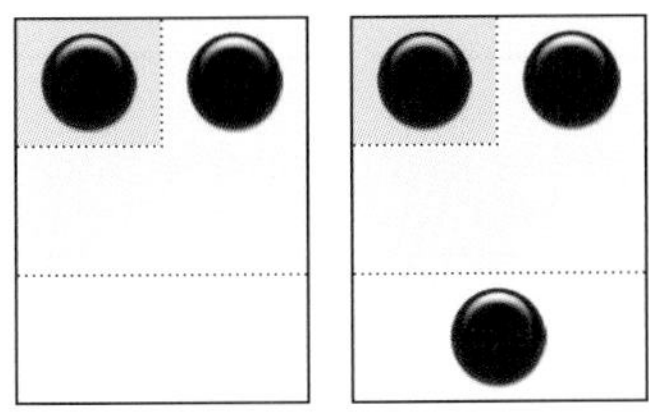

– 선생님이 천천히 엘코닌 상자에 글자 블록을 놓으며,
"/그/, /아/, /브/, /아/, /응/ 소리를 합치면 /가방/이 돼요."라고 말해 준다.

2단계

• 아동 스스로 음소 합성하기
  – 선생님이 아동에게 블록을 주고 소리를 듣고 놓도록 한다. "/느/에 /아/에 /므/에 /우/ 소리를 합치면 무슨 소리가 될까요?"라고 말하며, 아동이 음소를 합성해서 낱말(받침 없는 낱말)을 말하도록 한다.
  – 선생님이 아동에게 블록을 주고 소리를 듣고 놓도록 한다. "/스/에 /우/에 /브/에 /아/에 /윽/ 소리를 합치면 무슨 소리가 될까요?"라고 말하며, 아동이 음소를 합성해서 낱말(받침 포함 낱말)을 말하도록 한다.

3단계

- 시각적 단서 없이 아동 스스로 음소 합성하기
  - 시각적 단서 없이 받침 없는 또는 받침 포함 2음절의 의미, 무의미 낱말을 듣고 소리를 합성해서 낱말을 말하도록 한다.
    예:"/드/에 /아/에 /르/에 /이/ 소리를 합치면 무슨 소리가 될까요?" "/트/에 /애/에 /윽/에 /스/에 /이/ 소리를 합치면 무슨 소리가 될까요?"

평가내용

	평가문항		중재 전	중재 후
1	/느/에 /아/에 /브/에 /이/ 소리를 합치면?	–나비		
2	/느/에 /아/에 /브/에 /아/에 /응/ 소리를 합치면?	–나방		
3	/그/에 /오/에 /그/에 /이/ 소리를 합치면?	–고기		
4	/느/에 /우/에 /느/에 /아/ 소리를 합치면?	–누나		
5	/그/에 /애/에 /므/에 /이/ 소리를 합치면?	–개미		
6	/트/에 /애/에 /윽/에 /스/에 /이/ 소리를 합치면?	–택시		
7	/츠/에 /애/에 /스/에 /오/ 소리를 합치면?	–채소		
8	/그/에 /이/에 /음/에 /브/에 /아/에 /읍/ 소리를 합치면?	–김밥		
9	/그/에 /우/에 /르/에 /으/에 /음/ 소리를 합치면?	–구름		
10	/브/에 /아/에 /느/에 /아/에 /느/에 /아/ 소리를 합치면?	–바나나		

연습

- 구체물 없이 2~3음절 받침 없거나 받침 포함한 낱말의 음소를 듣고 합해서 낱말 이름을 말할 수 있도록 연습한다. 단, 낱말의 길이와 구조의 복잡성에 따라 음소의 기억에 어려움이 있으면 아동이 수행력에 따라서 제시 낱말을 조절한다.

제 2 장

자소-음소 일치 낱말 해독: 모음

1. 단모음

1) 회기 계획서

목표

모음 소리를 알고 모음이 포함된 낱말 해독하기

세부 목표

- 목표 단모음의 소리를 알고 글자-소리 연결하기
- 목표 단모음이 포함된 1음절 낱말 해독하기
- 목표 단모음이 포함된 2~3음절 이상의 낱말 해독하기

(1) 목표 글자 소개하기

- 오늘의 목표 모음 글자를 소개하고, 글자의 이름과 소릿값을 알려 준다.

(2) 글자-소리 연결하기

① 선생님은 '목표 모음의 글자 카드와 입모양 카드를 아동에게 보여 주고 소리를 들려준다 (예: "이 글자는 /아/ 하고 소리가 나요. 이 글자는 이름과 소리가 똑같아요."라고 말한다.). 이후 아동에게 목표 모음의 입모양 카드를 보여 주며 입모양을 따라 소리 낼 수 있도록 한다.

② 목표 모음 소리와 입모양 연결을 확인한 후, 입모양 그림에 자석 글자를 올리거나 손가락으로 글자를 쓰면서 소리 내어 보도록 한다.

③ 목표 모음 소리를 듣고 글자 찾기, 읽기, 쓰기를 반복하며 소리-입모양-글자를 연결할 수 있도록 돕는다.

(3) 목표 글자 해독하기

① 목표 모음이 포함된 글자판을 아동에게 제공하고 선생님은 목표 모음을 아동에게 들려준다. 이때 아동은 목표 모음이 들리면 종을 울리거나 박수를 치도록 한다.

② 1단계에서는 색 단서를 제공한 글자판에 (모음을) 찾아 줄로 이어 보고 큰 소리로 말해 볼

수 있도록 한다. 이후 2단계에서는 색 단서 소거한 글자판으로 활동을 동일하게 반복한다.

③ 아동 스스로 모음 글자판을 보고 목표 모음을 찾아서 도장을 찍거나, 색연필로 동그라미 하고 목표 모음을 소리 내어 읽어 볼 수 있도록 한다.

- 선생님이 제시하는 글자를 아동이 천천히 읽을 수 있도록 한다. 아동이 해독하기 어려워한다면, 소리를 떠올릴 수 있을 만한 단서(입모양, 신체 동작)를 제공하거나 글자의 소리를 다시 상기시켜 준다.

(4) 수행력 확인

- 아동이 오늘의 목표 글자를 적절히 습득하였는지 살펴보기 위해 미리 준비한 무의미 낱말을 제시하여 아동이 추측해서 해독한 것인지, 소리-글자를 연결하여 해독한 것인지 확인해 본다. 목표 낱말은 오늘 학습한 글자가 포함된 것으로만 구성한다.

기타사항

- 목표 모음을 색연필로 표시하거나, 박수 치기, 발 구르기 등 다양한 방법으로 소리 내어 읽도록 하면 흥미를 잃지 않고 여러 차례 읽기 활동을 반복할 수 있다.
- 제시되는 목표 낱말은 아동이 기본 자음의 음가를 알고 있다는 전제하에 제시되는 낱말이므로, 만약 아동이 자음 해독에 어려움을 보일 경우, 모음으로만 구성된 무의미 낱말을 제시한다.

2) 활동 내용

(1) 단모음: ㅏ

세부 목표

- 목표 단모음 'ㅏ'의 소리를 알고 글자–소리 연결하기
- 목표 단모음이 포함된 1음절 낱말 해독하기
- 목표 단모음이 포함된 2~3음절 이상의 낱말 해독하기

1단계

소리	입모양	글자
'아'		ㅏ ㅏ

2단계

① 다음 제시된 글자판을 선생님이 읽어 주고 목표 모음이 들리면 아동이 종을 울리거나 박수 치기

② 아동이 글자판을 보고 목표 모음 찾아서 줄로 이어 보고 큰 소리로 말하기

[1단계] 색 단서 제공

아	오	아	이
어	아	아	우
아	이	어	아

[2단계] 색 단서 소거

아	**오**	**아**	**이**
아	**아**	**우**	**아**
아	**오**	**아**	**어**

3단계

- 1음절 목표 모음 '아'를 찾아서 도장을 찍거나 색연필로 동그라미 하며 소리 내어 읽기

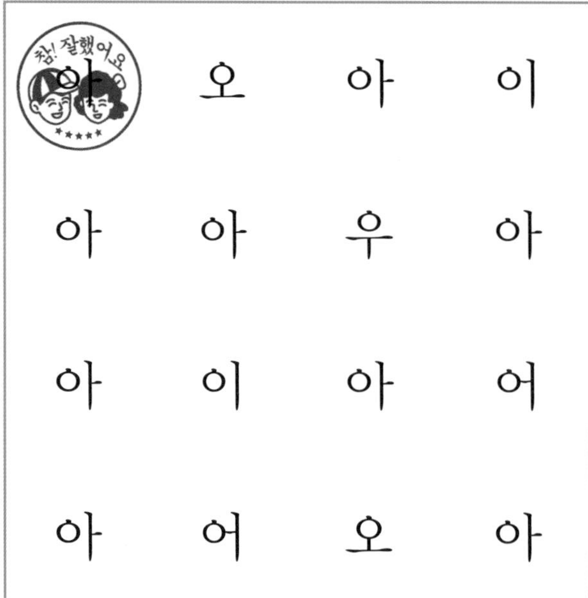

아	오	아	이
아	아	우	아
아	이	아	어
아	어	오	아

평가낱말

	목표 낱말	중재 전	중재 후
1	아		
2	아 아		
3	아 아 이		
4	아 이 아		
5	아 이 이		

연습

① 목표 모음 'ㅏ'가 포함된 낱말을 찾고 큰 소리로 읽어 보세요.

② 엘코닌 상자에 목표 모음을 써 보세요.

(2) 단모음: ㅓ

세부 목표

- 목표 단모음 'ㅓ'의 소리를 알고 글자-소리 연결하기
- 목표 단모음이 포함된 1음절 낱말 해독하기
- 목표 단모음이 포함된 2~3음절 이상의 낱말 해독하기

1단계

소리	입모양	글자	
/어/		ㅓ	ㅓ

2단계

① 다음 제시된 글자판을 선생님이 읽어 주고 목표 모음이 들리면 아동이 종을 울리거나 박수 치기

② 아동이 글자판을 보고 목표 모음 찾아서 도장을 찍거나 색연필로 동그라미 하며 소리 내어 읽어 보기

어	오	아	어
어	아	어	아
으	어	아	어
어	아	오	아

3단계

① 입모양 카드를 보고 알맞은 모음 카드를 찾기

② 입모양 카드와 모음 카드를 책상에 뒤집어 놓고 카드 게임하기

입모양	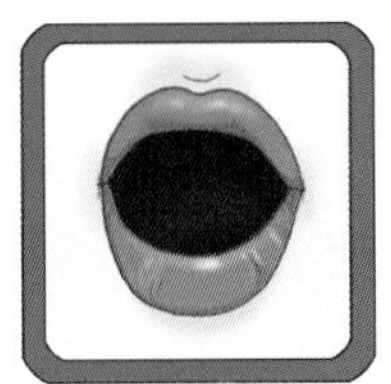 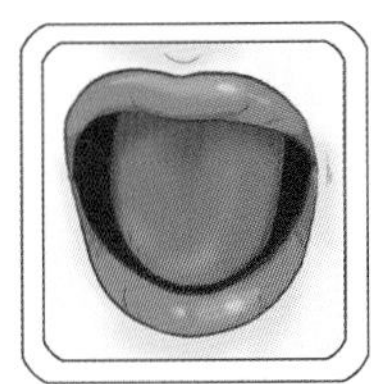

글자(모음카드)			
ㅓ	ㅏ	ㅓ	ㅏ
ㅓ	ㅣ	ㅗ	ㅏ
ㅜ	ㅣ	ㅓ	ㅓ

평가낱말

	목표 낱말	중재 전	중재 후
1	어		
2	어 어		
3	어 아		
4	아 어 아		
5	어 어 아		

연습

① 목표 모음 'ㅓ'가 포함된 모음을 찾고 큰 소리로 읽어 보세요.

② 엘코닌 상자에 목표 모음을 써 보세요.

③ 가정에서 종이에 낱자를 써 보고 게임을 해 보세요.

(3) 단모음: ㅗ

세부 목표

- 목표 단모음 'ㅗ'의 소리를 알고 글자-소리 연결하기
- 목표 단모음이 포함된 1음절 낱말 해독하기
- 목표 단모음이 포함된 2~3음절 이상의 낱말 해독하기

1단계

소리	입모양	글자	
/오/		ㅗ	ㅗ

2단계

① 다음 제시된 글자판을 선생님이 읽어 주고 목표 모음이 들리면 아동이 종을 울리거나 박수치기

② 아동이 글자판을 보고 목표 모음 찾아서 도장을 찍거나 색연필로 동그라미 하며 소리 내어 읽어 보기

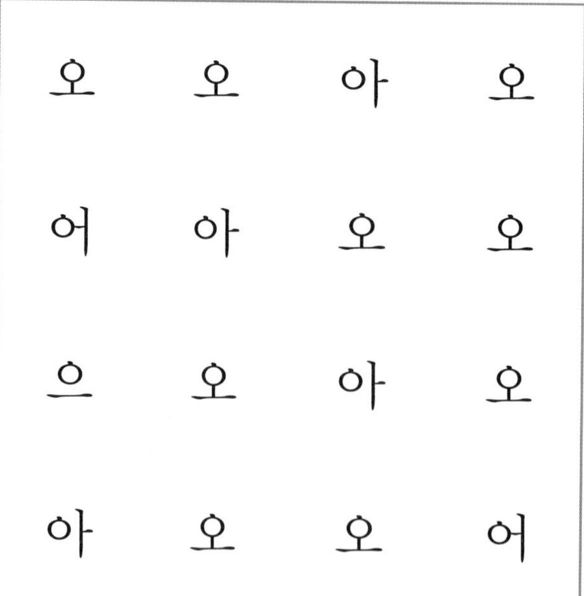

3단계

① 입모양 카드를 보고 알맞은 모음 카드를 찾기

② 입모양 카드와 모음 카드를 책상에 뒤집어 놓고 카드 게임하기

입모양	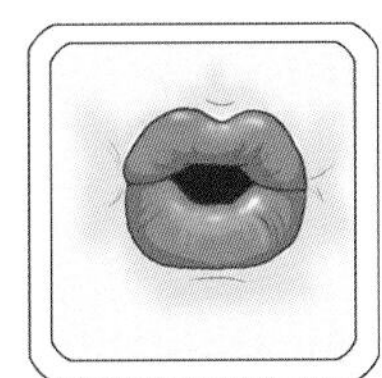 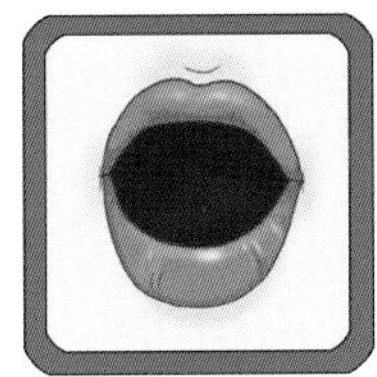 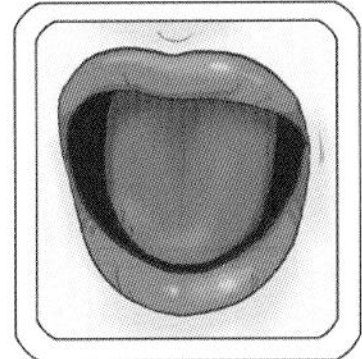

글자(모음카드)

ㅓ	ㅗ	ㅓ	ㅏ
ㅗ	ㅣ	ㅗ	ㅏ
ㅜ	ㅗ	ㅓ	ㅣ

평가낱말

	목표 낱말	중재 전	중재 후
1	오		
2	오 어		
3	아 오		
4	오 아 오		
5	어 아 오		

연습

① 목표 모음 'ㅗ'가 포함된 모음을 찾고 큰 소리로 읽어 보세요.

② 엘코닌 상자에 목표 모음을 써 보세요.

③ 가정에서 종이에 낱자를 써 보고 게임을 해 보세요.

(4) 단모음: ㅜ

세부 목표

- 목표 단모음 'ㅜ'의 소리를 알고 글자-소리 연결하기
- 목표 단모음이 포함된 1음절 낱말 해독하기
- 목표 단모음이 포함된 2~3음절 이상의 낱말 해독하기

1단계

소리	입모양	글자
/우/		ㅜ ㅜ

2단계

① 다음 제시된 글자판을 선생님이 읽어 주고 목표 모음이 들리면 아동이 종을 울리거나 박수 치기

② 아동이 글자판을 보고 목표 모음 찾아서 도장을 찍거나 색연필로 동그라미 하며 소리 내어 읽어 보기

우	오	아	우
어	우	우	아
오	어	우	어
아	우	어	오

3단계

• 모음 주사위(1~2개)를 굴려 무의미 낱말을 만들고 큰 소리로 읽고 써 보기

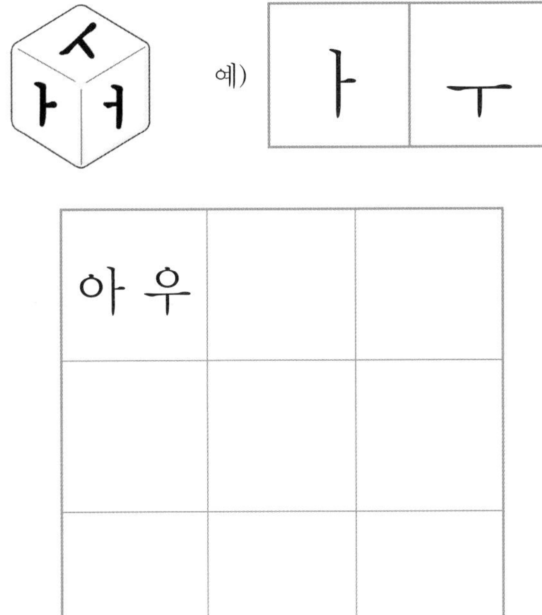

평가낱말

	목표 낱말	중재 전	중재 후
1	우		
2	우 아		
3	오 우		
4	우 아 우		
5	우 우 오		

연습

① 목표 모음 'ㅜ'가 포함된 모음을 찾고 큰 소리로 읽어 보세요.

② 엘코닌 상자에 목표 모음을 써 보세요.

③ 가정에서 종이에 낱자를 써 보고 게임을 해 보세요.

(5) 단모음: ㅡ

세부 목표

- 목표 단모음 'ㅡ'의 소리를 알고 글자-소리 연결하기
- 목표 단모음이 포함된 1음절 낱말 해독하기
- 목표 단모음이 포함된 2~3음절 이상의 낱말 해독하기

1단계

소리	입모양	글자
/으/		ㅡ ㅡ

2단계

① 다음 제시된 글자판을 선생님이 읽어 주고 목표 모음이 들리면 아동이 종을 울리거나 박수 치기

② 아동이 글자판을 보고 목표 모음 찾아서 도장을 찍거나 색연필로 동그라미 하며 소리 내어 읽어 보기

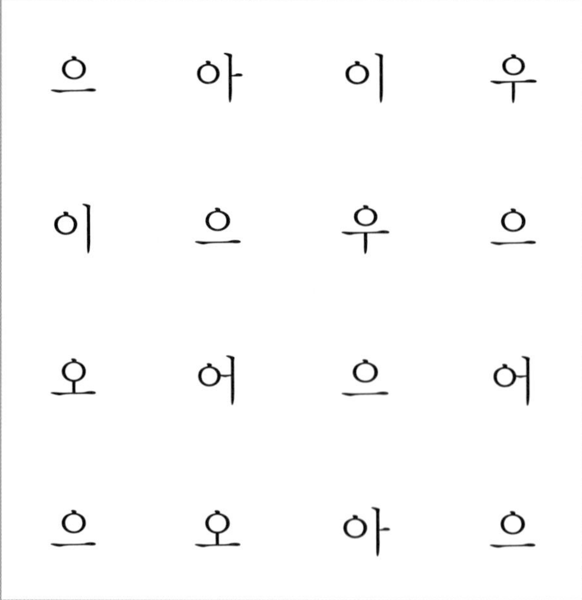

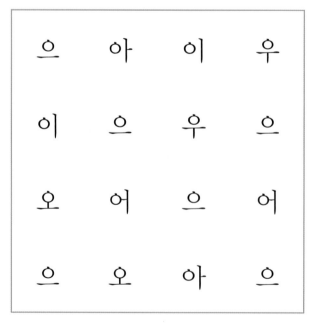

3단계

① 엘코닌 상자에 포스트잇을 활용하여 무의미 낱말을 만들고 해독하기

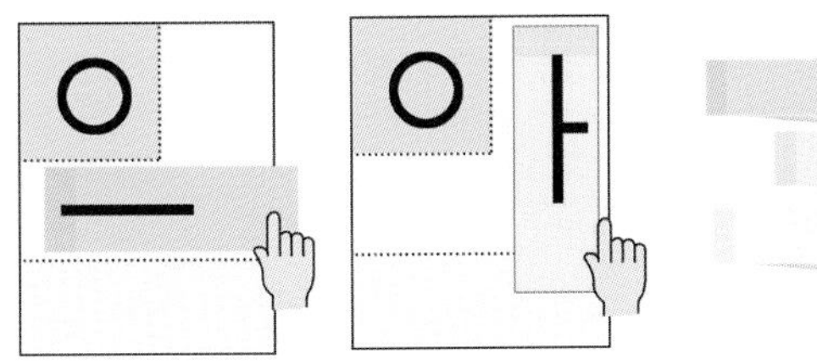

② 포스트잇을 활용하여 만든 무의미 낱말을 빈칸에 써 보기

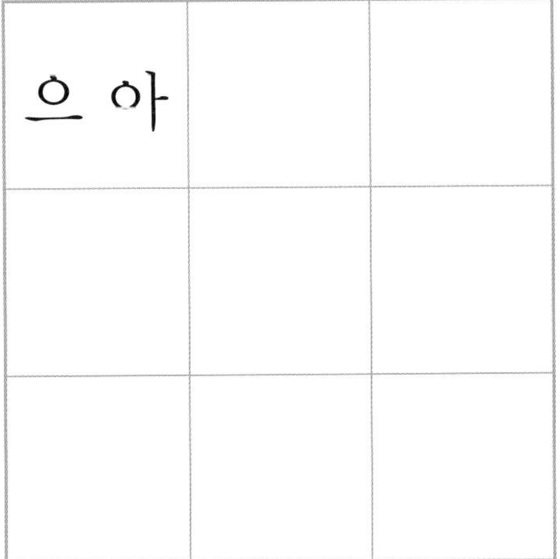

평가낱말

	목표 낱말	중재 전	중재 후
1	으 아		
2	이 으		
3	우 으		
4	으 오 으		
5	아 으 으		

연습

① 목표 모음 'ㅡ'가 포함된 모음을 찾고 큰 소리로 읽어 보세요.

② 엘코닌 상자에 목표 모음을 써 보세요.

③ 가정에서 포스트잇에 낱자를 써 보는 활동을 해 보세요.

(6) 단모음: ㅣ

세부 목표

- 목표 단모음 'ㅣ'의 소리를 알고 글자-소리 연결하기
- 목표 단모음이 포함된 1음절 낱말 해독하기
- 목표 단모음이 포함된 2~3음절 이상의 낱말 해독하기

1단계

소리	입모양	글자
/이/		ㅣ ㅣ

2단계

① 다음 제시된 글자판을 선생님이 읽어 주고 목표 모음이 들리면 아동이 종을 울리거나 박수 치기

② 아동이 글자판을 보고 목표 모음 찾아서 도장을 찍거나 색연필로 동그라미 하며 소리 내어 읽어 보기

이	아	이	우
이	으	우	으
오	어	이	이
으	이	아	오

3단계

① 자석 글자를 사용하여 목표 모음을 만들고 읽어 보기

② 자석 글자를 활용하여 그림에 알맞은 낱말을 만들고 읽어 보기

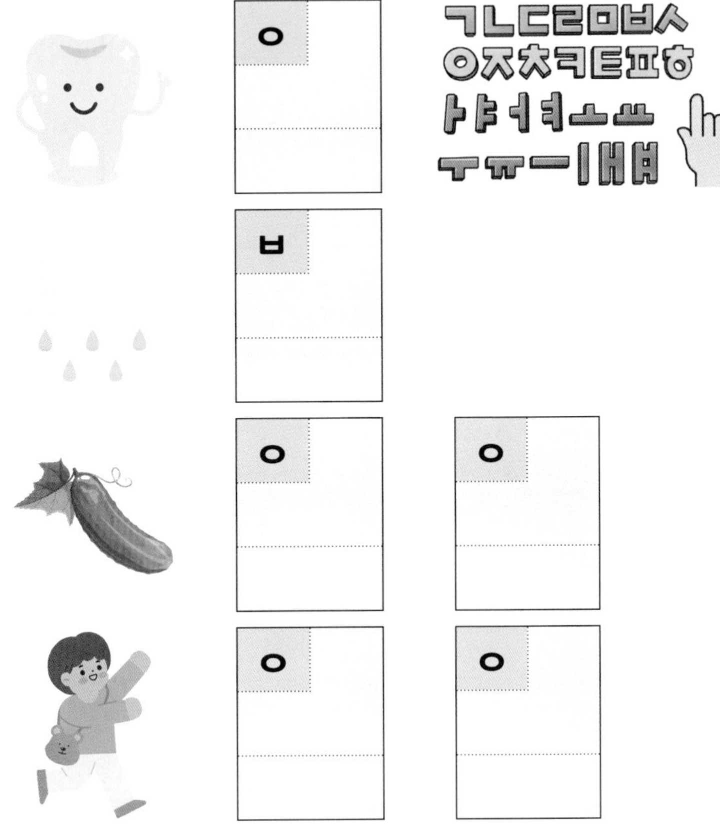

평가낱말

	목표 낱말	중재 전	중재 후		목표 낱말	중재 전	중재 후
1	이			6	이아		
2	비			7	으이		
3	아이			8	기으		
4	오이			9	아비		
5	고기			10	이오		

연습

① 목표 모음 'ㅣ'가 포함된 모음을 찾고 큰 소리로 읽어 보세요.

② 엘코닌 상자에 목표 모음을 써 보세요.

(7) 단모음: ㅔ, ㅐ

세부 목표

- 목표 단모음 'ㅔ, ㅐ'의 소리를 알고, 글자-소리 연결하기
- 목표 단모음이 포함된 1음절 낱말 해독하기
- 목표 단모음이 포함된 2~3음절 낱말 해독하기

1단계

소리	입모양	글자
/에/, /애/	ㅣ ㅔ ㅐ	ㅔ ㅔ ㅐ ㅐ

2단계

① 다음 제시된 글자판을 선생님이 읽어 주고 목표 모음이 들리면 아동이 종을 울리거나 박수 치기

② 아동이 글자판을 보고 목표 모음 찾아서 도장을 찍거나 색연필로 동그라미 하며 소리 내어 읽어 보기

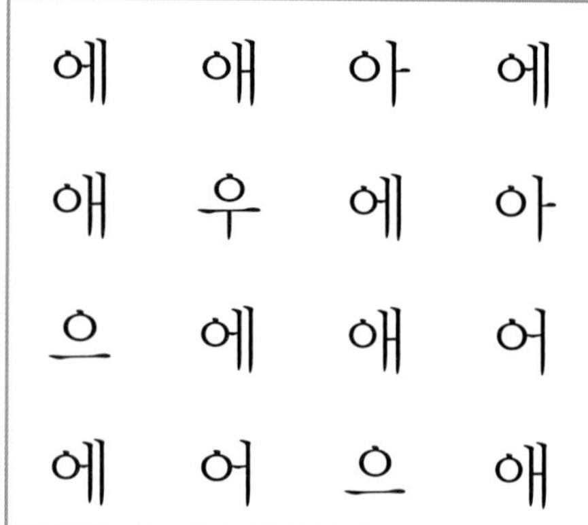

에	애	아	에
애	우	에	아
으	에	애	어
에	어	으	애

3단계

① 포스트잇을 사용하여 모음 'ㅓ'와 'ㅏ'에 'ㅣ'를 붙이고 'ㅔ, ㅐ'를 소리 내어 읽어 보기

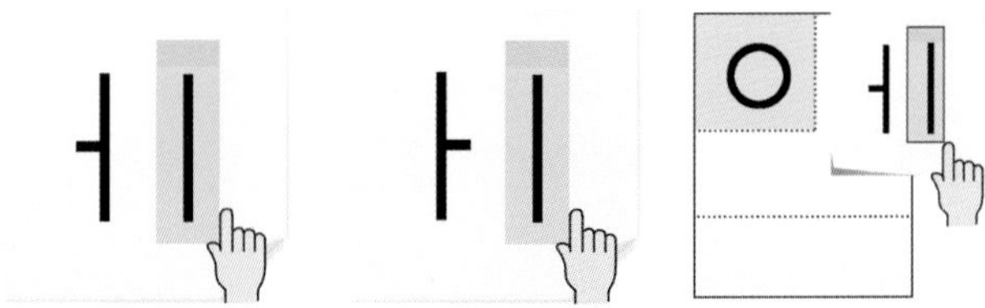

② 모음 주사위 또는 자석 글자를 활용해 목표 모음 'ㅔ, ㅐ'와 선행 학습한 모음을 합성하여 무의미 낱말 해독하고 써 보기

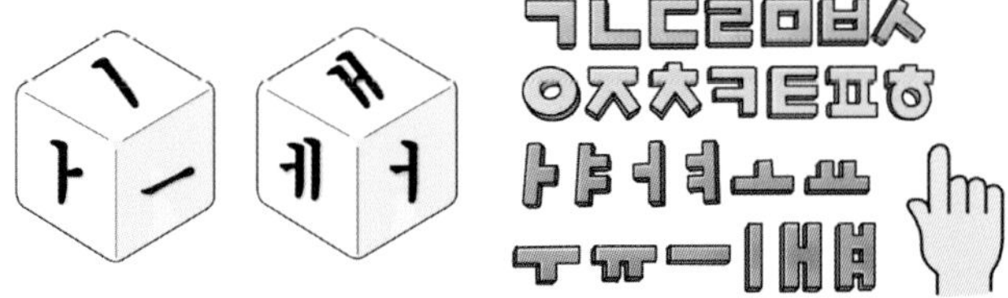

이 애		

③ 자석 글자를 활용하여 그림에 알맞은 낱말을 만들고 큰 소리로 읽어 보기

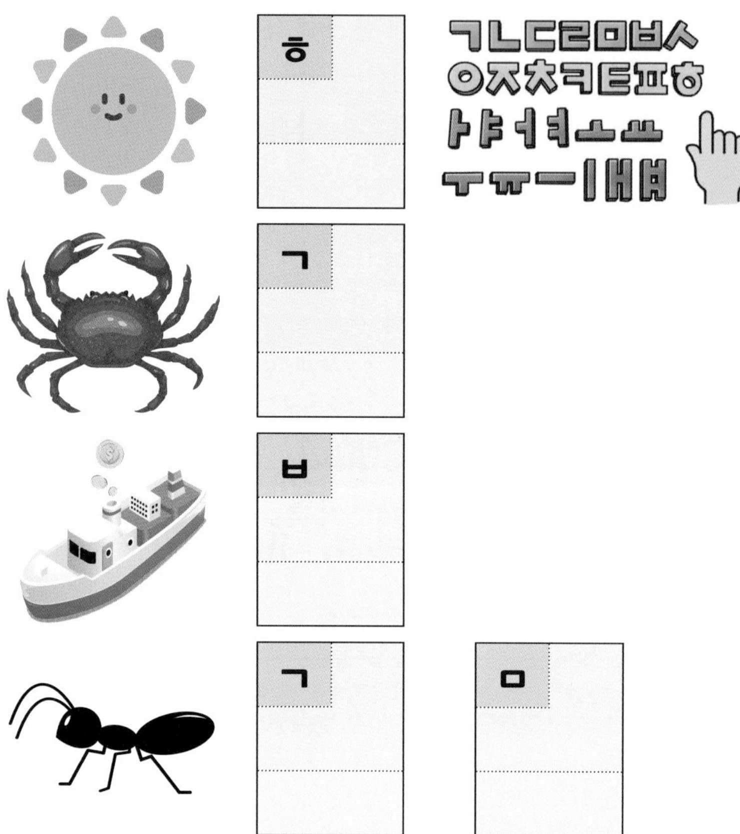

④ 〈보기〉와 같이 선생님이 불러 주는 모음을 순서에 맞게 써 보기

〈보기〉

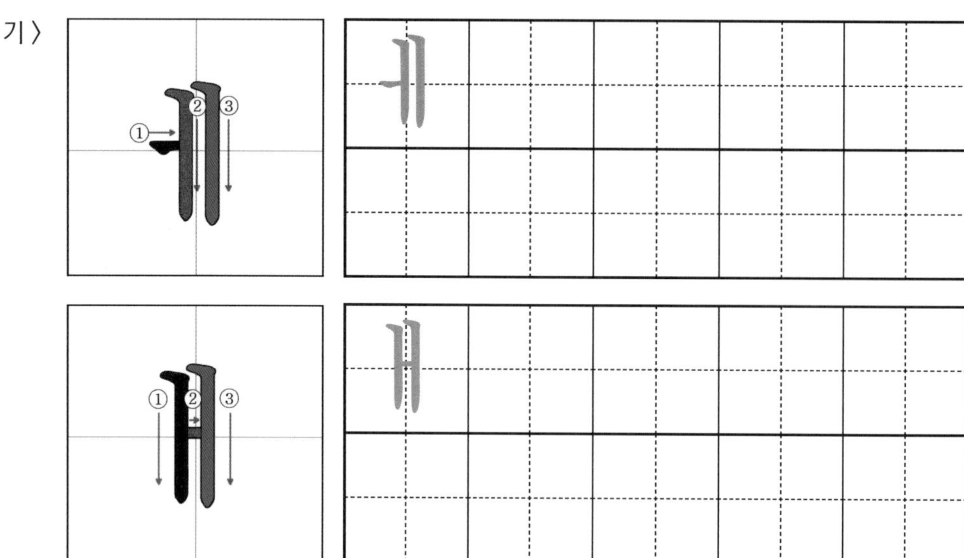

평가낱말

	목표 낱말	중재 전	중재 후		목표 낱말	중재 전	중재 후
1	해			6	아 에		
2	게			7	에 애		
3	배			8	이 에 애		
4	개미			9	에 우 아		
5	네모			10	이 에 우		

기타사항

- 의미/무의미 낱말을 엘코닌 상자에 자음을 제시하고, 모음을 써 볼 수 있도록 가정과제를 제공한다. 이후 선생님과 함께 읽어 보는 활동을 한다.

2. 이중모음

1) 회기 계획서

목표

이중모음 소리를 알고 이중모음이 포함된 낱말 해독하기

세부 목표

- 목표 이중모음 소리를 알고 글자-소리 연결하기
- 목표 이중모음이 포함된 1음절 낱말 해독하기
- 목표 이중모음이 포함된 2~3음절 이상의 의미/무의미 낱말 해독하기

(1) 목표 글자 소개하기

- 오늘의 목표 이중모음 글자를 소개하고, 글자의 이름과 소릿값을 알려 준다.

(2) 글자-소리 연결하기

① 선생님은 '목표 모음의 글자 카드와 입모양 카드를 아동에게 보여 주고 소리를 들려준다 (예: "이 글자는 /이~아/, /야/ 하고 소리가 나요. 이 글자는 이름이랑 소리가 똑같아요."라고 말한다). 아동에게 목표 이중모음의 입모양 카드를 보여 주며 입모양을 따라 소리 낼 수 있도록 한다.

② 목표 이중모음 소리와 입모양 연결을 확인한 후, 입모양 그림에 자석 글자를 올려놓거나 손가락으로 글자를 쓰면서 소리 내어 보도록 한다.

③ 목표 이중모음 소리를 듣고 글자 찾기, 읽기, 쓰기를 반복하며 소리-입모양-글자를 연결할 수 있도록 돕는다.

(3) 합성하여 해독하기

① 글자 자석을 활용하여 이중모음 포함 낱말 해독하기

㉮ 선생님과 아동은 목표 이중모음과 지난 회기에 학습한 모음을 글자 자석을 활용하여

낱말을 만들어 보고 해독 활동을 진행한다.

㉯ 아동이 자음의 음가를 알고 있다면, 목표 이중모음과 자음을 합성한 낱말을 1음절에서 3음절로 난이도를 확장하여 아동에게 제시한다.

㉰ 자음만 쓰여진 엘코닌 상자에 이중모음 도장을 찍거나, 목표 이중모음이 쓰인 종이테이프를 활용하여 낱말을 완성하고 해독하도록 한다.

– 만약 아동이 해독하기 어려워한다면, 소리를 떠올릴 수 있을 만한 단서(입모양, 신체 동작)를 제공하거나 글자의 소리를 다시 상기시켜 준다.

(4) 수행력 확인하기

- 아동이 오늘의 목표 글자를 적절히 습득하였는지 보기 위해 미리 준비한 무의미 낱말을 제시하여 아동이 추측해서 해독한 것인지, 소리–글자를 연결하여 해독한 것인지 확인해 본다. 목표 낱말은 오늘 학습한 글자가 포함된 것으로만 구성한다.

기타사항

- 소리가 유사한 이중모음은 '자석 글자'를 활용해 변별할 수 있도록 한다.
- 제시되는 목표 낱말은 아동이 기본 자음의 음가를 알고 있다는 전제하에 제시되는 낱말이므로, 만약 아동이 자음 해독에 어려움을 보일 경우, 모음으로만 구성된 무의미 낱말을 제시한다.
- 쓰기 활동 시 획순에 맞게 쓸 수 있도록 지도하며 저학년은 칸이 넓은 6칸, 8칸 공책을 사용한다.

2) 활동 내용

(1) 이중모음: ㅑ

세부 목표

- 목표 이중모음 'ㅑ'의 소리를 알고 글자-소리 연결하기
- 목표 이중모음이 포함된 1음절 낱말 해독하기
- 목표 이중모음이 포함된 2~3음절 이상의 의미/무의미 낱말 해독하기

1단계

소리	입모양	글자
/야/	ㅣ + ㅏ → ㅑ	ㅑ

2단계

① 다음 제시된 글자판을 선생님이 읽어 주고 목표 이중모음이 들리면 아동이 종을 울리거나 박수 치기

② 1음절 목표 이중모음을 찾아서 도장을 찍거나 색연필로 동그라미 하며 소리 내어 읽기

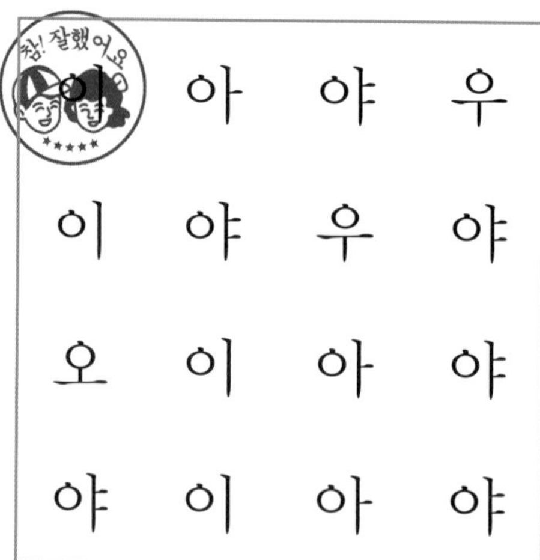

3단계

① 자석 글자를 활용하여 엘코닌 상자에 1음절 또는 2음절 의미/무의미 낱말 만들기

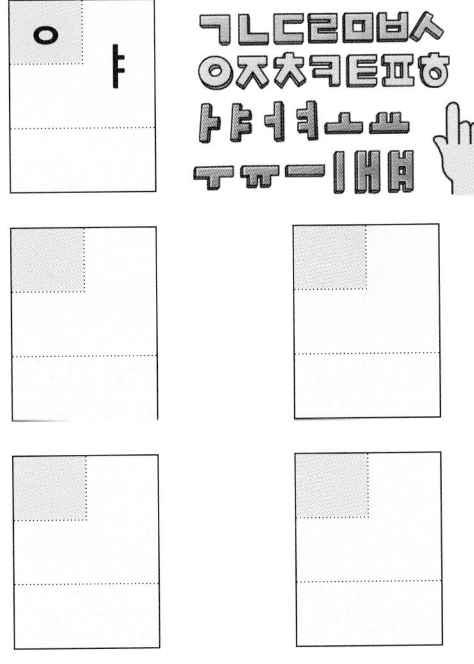

② 목표 이중모음이 쓰인 종이테이프, 글자 도장을 활용하여 그림에 알맞은 낱말을 만들고 큰 소리로 읽기

③ 〈보기〉와 같이 선생님이 불러 주는 모음을 순서에 맞게 쓰기

〈보기〉

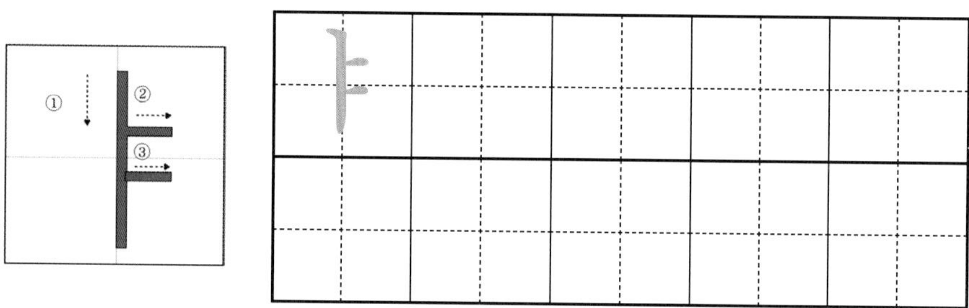

평가낱말

	목표 낱말	중재 전	중재 후		목표 낱말	중재 전	중재 후
1	야호			6	야 아		
2	야채			7	오 야		
3	야구			8	야 이 야		
4	누구야			9	이 야 여		
5	가야해			10	야 하 하		

연습

① 목표 이중모음 'ㅑ'가 포함된 모음을 찾고 큰 소리로 읽어 보세요.

② 엘코닌 상자에 목표 이중모음을 써 보세요.

③ 목표 이중모음 'ㅑ'가 포함된 의미/무의미 낱말을 써 보세요.

(2) 이중모음: ㅠ

세부 목표

- 목표 이중모음 'ㅠ'의 소리를 알고 글자-소리 연결하기
- 목표 이중모음이 포함된 1음절 낱말 해독하기
- 목표 이중모음이 포함된 2~3음절 이상의 의미/무의미 낱말 해독하기

1단계

소리	입모양	글자
/유/	+ + →	ㅠ ㅠ

2단계

① 다음 제시된 글자판을 선생님이 읽어 주고 목표 모음이 들리면 아동이 종을 울리거나 박수 치기

② 1음절 이중모음 찾아서 도장을 찍거나 색연필로 동그라미 하며 소리 내어 읽기

3단계

① 퍼니콘을 활용하여 그림에 알맞은 낱말을 만들고 큰 소리로 읽기

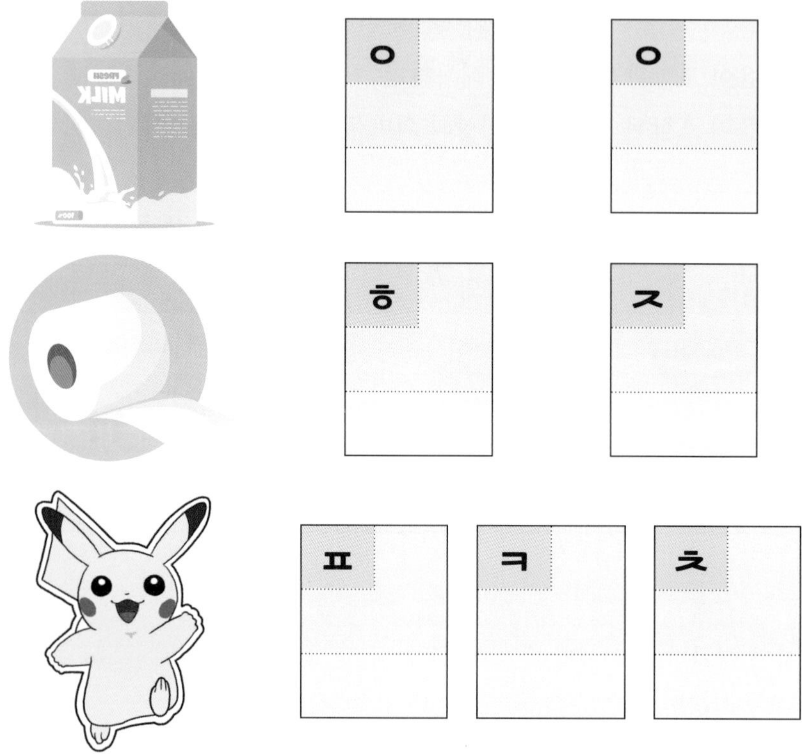

② 〈보기〉와 같이 선생님이 불러 주는 모음을 순서에 맞게 쓰기

〈보 기〉

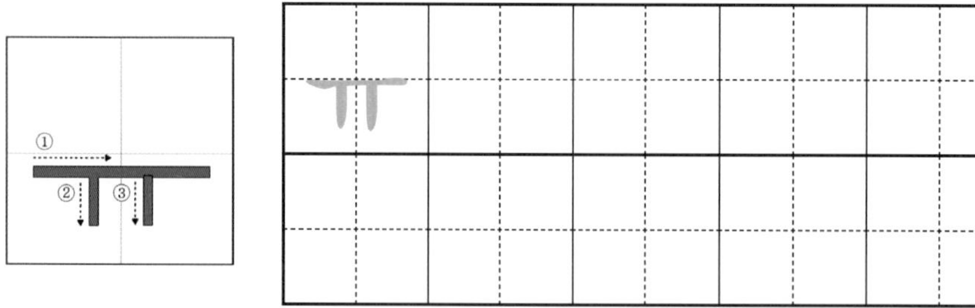

평가낱말

	목표 낱말	중재 전	중재 후		목표 낱말	중재 전	중재 후
1	유아			6	유 유		
2	우유			7	유 이		
3	휴지			8	이 오 유		
4	이유			9	유 유 아		
5	유리			10	피카츄		

연습

① 목표 이중모음 'ㅠ'가 포함된 모음을 찾고 큰 소리로 읽어 보세요.

② 엘코닌 상자에 목표 이중모음을 써 보세요.

③ 목표 이중모음 'ㅠ'가 포함된 의미/무의미 낱말을 써 보세요.

(3) 이중모음: ㅕ

세부 목표

- 목표 이중모음 'ㅕ'의 소리를 알고 글자-소리 연결하기
- 목표 이중모음이 포함된 1음절 낱말 해독하기
- 목표 이중모음이 포함된 2~3음절 이상의 의미/무의미 낱말 해독하기

1단계

소리	입모양	글자
/여/	+ →	ㅕ ㅕ

2단계

① 다음 제시된 글자판을 선생님이 읽어 주고 목표 모음이 들리면 아동이 종을 울리거나 박수 치기

② 1음절 이중모음 찾아서 도장을 찍거나 색연필로 동그라미 하며 소리 내어 읽기

3단계

① 자석 글자를 활용하여 목표 이중모음과 선행 학습한 모음으로 여우 가족 이름 만들기

(예: 에오 여우, 유이 여우, 야오 여우 등)

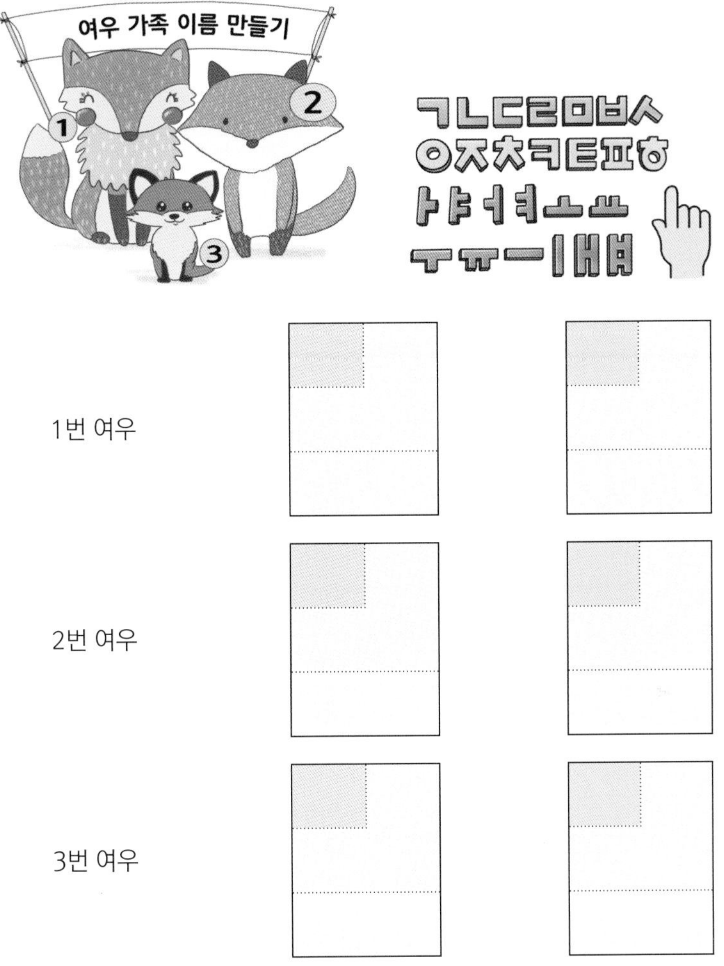

② 글자 도장과 종이테이프를 활용하여 그림에 알맞은 낱말을 만들고 큰 소리로 읽기

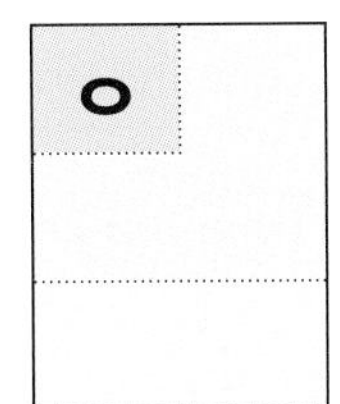

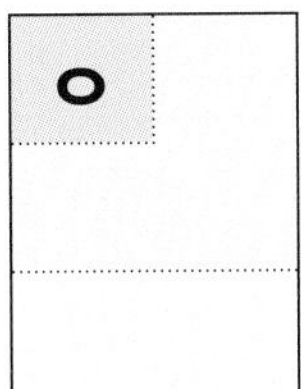

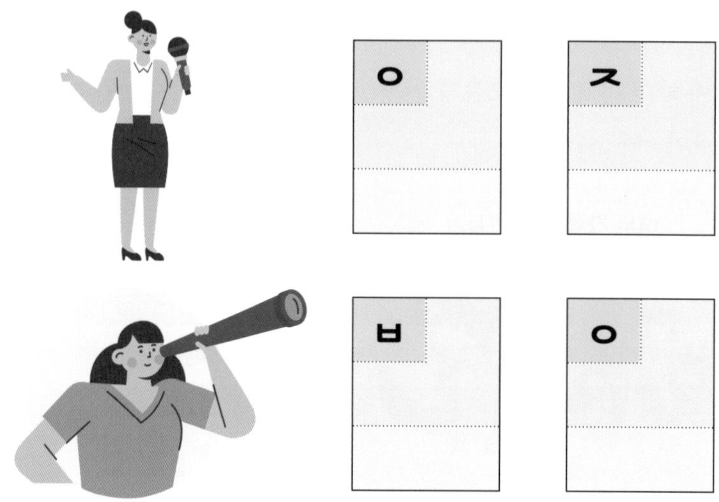

③ 〈보기〉와 같이 선생님이 불러 주는 모음을 순서에 맞게 쓰기

〈보 기〉

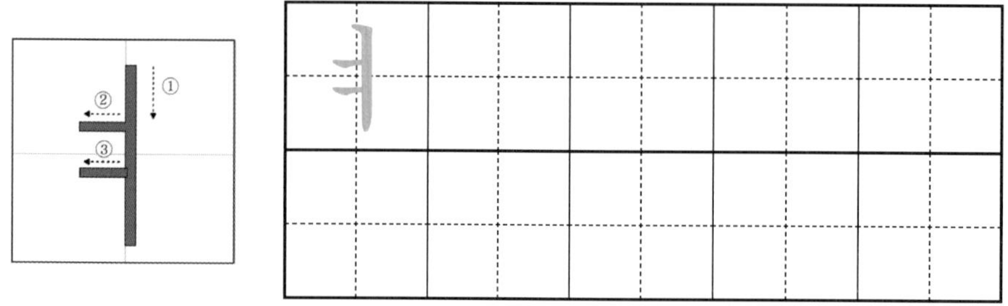

평가낱말

	목표 낱말	중재 전	중재 후		목표 낱말	중재 전	중재 후
1	여우			6	여 여		
2	여기			7	아 여		
3	보여			8	여 오		
4	여자			9	이 오 여		
5	마녀야			10	여 여 우		

연습

① 목표 이중모음 'ㅕ'가 포함된 모음을 찾고 큰 소리로 읽어 보세요.

② 엘코닌 상자에 목표 이중모음을 써 보세요.

③ 목표 이중모음 'ㅕ'가 포함된 의미/무의미 낱말을 써 보세요.

(4) 이중모음: ㅛ

세부 목표

- 목표 이중모음 'ㅛ'의 소리를 알고 글자-소리 연결하기
- 목표 이중모음이 포함된 1음절 낱말 해독하기
- 목표 이중모음이 포함된 2~3음절 이상의 의미/무의미 낱말 해독하기

1단계

소리	입모양	글자
/요/	+ + →	ㅛ ㅛ

2단계

① 다음 제시된 글자판을 선생님이 읽어 주고 목표 모음이 들리면 아동이 종을 울리거나 박수 치기

② 1음절 이중모음 찾아서 도장을 찍거나 색연필로 동그라미 하며 소리 내어 읽기

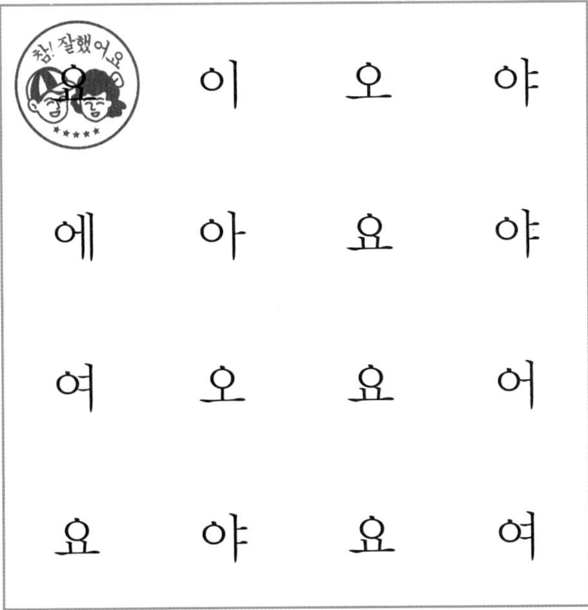

3단계

① 목표 이중모음 'ㅛ'와 선행 학습한 모음이 포함된 무의미 낱말 해독하기

요	유	오
여	요	야
오	에	요

- ㅛ + 선행 학습한 모음(1음절)

요유	오유	요여
이요	요야	요요
오요	요에	유요

- ㅛ + 선행 학습한 모음(2음절)

② 글자 도장과 종이테이프를 활용하여 그림에 알맞은 낱말을 만들고 큰 소리로 읽기

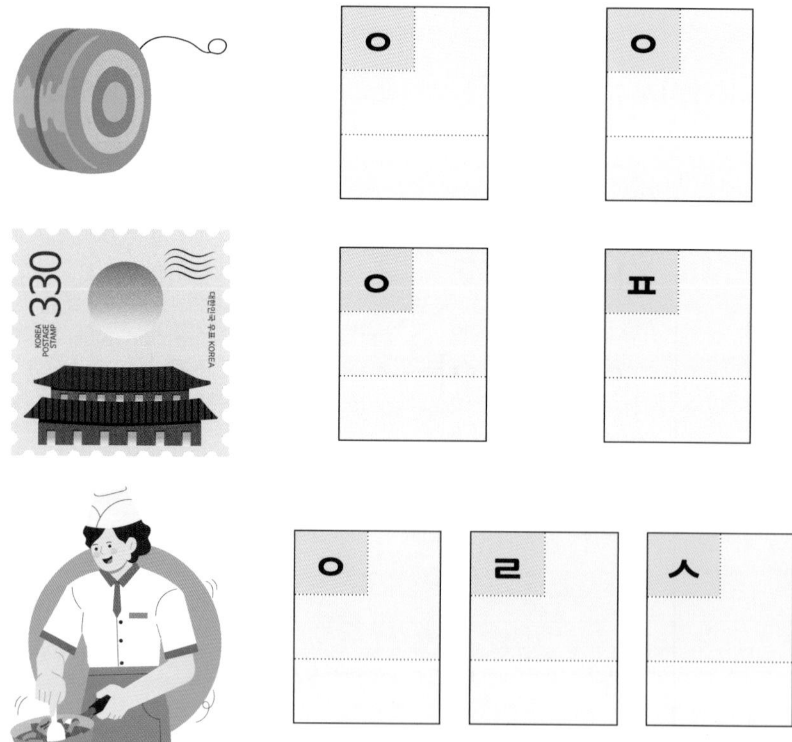

③ 〈보기〉와 같이 선생님이 불러 주는 모음을 순서에 맞게 쓰기

〈보기〉

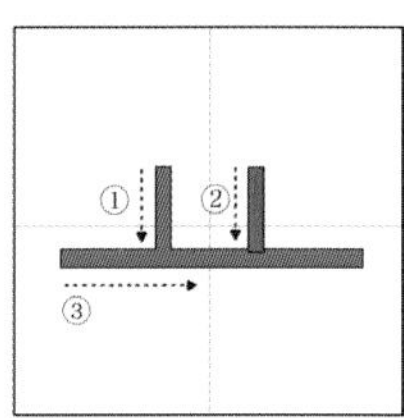

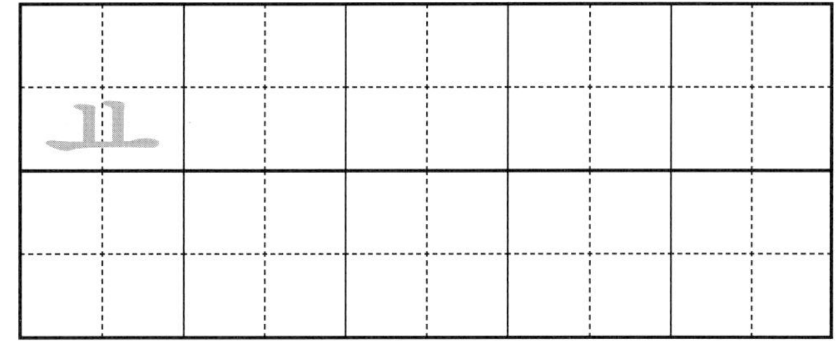

평가낱말

	목표 낱말	중재 전	중재 후		목표 낱말	중재 전	중재 후
1	요기			6	요요		
2	표시			7	이 오		
3	우표			8	이 요 아		
4	치료			9	요 이 요		
5	요리사			10	요 아 에		

연습

① 목표 이중모음 'ㅛ'가 포함된 모음을 찾고 큰 소리로 읽어 보세요.

② 엘코닌 상자에 목표 이중모음을 써 보세요.

③ 목표 이중모음 'ㅛ'가 포함된 의미/무의미 낱말을 써 보세요.

(5) 이중모음: ㅘ

세부 목표

- 목표 이중모음 'ㅘ'의 소리를 알고 글자-소리 연결하기
- 목표 이중모음이 포함된 1음절 낱말 해독하기
- 목표 이중모음이 포함된 2~3음절 이상의 의미/무의미 낱말 해독하기

1단계

소리	입모양	글자
/와/	[오아] (오를 짧게)	ㅘ ㅗㅏ

2단계

- 목표 이중모음 'ㅘ'와 선행 학습한 모음이 포함된 무의미 낱말 해독하기

와	야	우
오	아	와
요	와	이

ㅘ + 선행 학습한 모음(1음절)

와요	와와	이와
와으	와우	와어
에와	아와	와여

ㅘ + 선행 학습한 모음(2음절)

3단계

① 한글 돌림판과 자석 글자를 활용하여 엘코닌 상자에 1음절 또는 2음절 의미/무의미 낱말 만들기

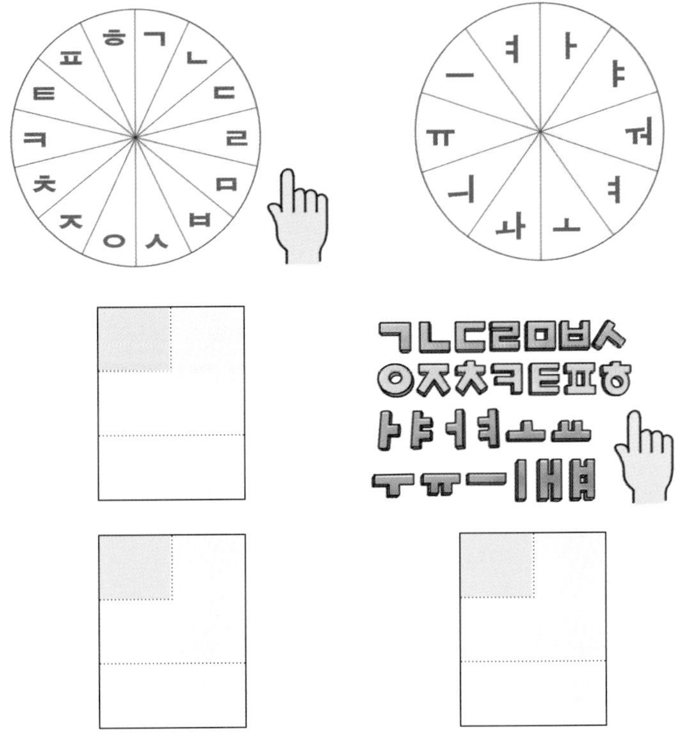

② 〈보기〉와 같이 선생님이 불러 주는 모음을 순서에 맞게 쓰기

〈보 기〉

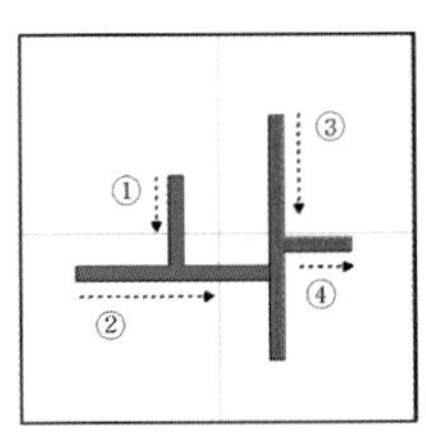

평가낱말

	목표 낱말	중재 전	중재 후		목표 낱말	중재 전	중재 후
1	와요			6	우 와		
2	과자			7	와 이		
3	사과			8	어 와		
4	교과서			9	워 요		
5	꽈배기			10	야 와 와		

연습

① 목표 이중모음 'ㅘ'가 포함된 모음을 찾고 큰 소리로 읽어 보세요.

② 엘코닌 상자에 목표 이중모음을 써 보세요.

③ 목표 이중모음 'ㅘ'가 포함된 의미/무의미 낱말을 써 보세요.

(6) 이중모음: ㅝ

세부 목표

- 목표 이중모음 'ㅝ'의 소리를 알고 글자-소리 연결하기
- 목표 이중모음이 포함된 1음절 낱말 해독하기
- 목표 이중모음이 포함된 2~3음절 이상의 의미/무의미 낱말 해독하기

1단계

소리	입모양	글자
/워/	① ② [우어] (우를 짧게)	ㅝ ㅜㅓ

2단계

- 목표 이중모음 'ㅝ'와 선행 학습한 모음이 포함된 무의미 낱말 해독하기

워	아	우
야	워	유
워	요	으

ㅝ + 선행 학습한 모음(1음절)

워이	오와	와여
와와	워유	이와
와워	워으	워와

ㅝ + 선행학습한 모음(2음절)

3단계

① 글자 도장과 종이테이프를 활용하여 그림에 알맞은 낱말을 만들고 큰 소리로 읽기

② 〈보기〉와 같이 선생님이 불러 주는 모음을 순서에 맞게 쓰기

〈보 기〉

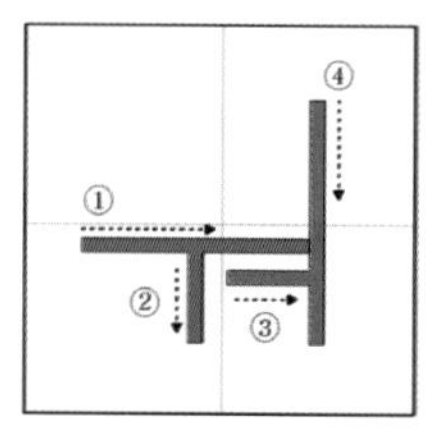

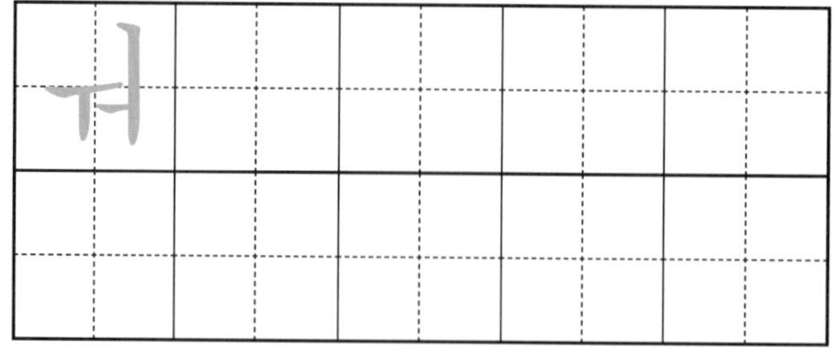

③ 목표 이중모음과 선행 학습한 모음을 사용하여 2~3음절 의미/무의미 낱말 쓰고 빙고 게임 하기

B
I
N
G
O

평가낱말

	목표 낱말	중재 전	중재 후		목표 낱말	중재 전	중재 후
1	줘			6	워 이		
2	추워			7	오 워		
3	샤워			8	아 워		
4	타워			9	이 와 와		
5	더워요			10	와 워 아		

연습

① 목표 이중모음 'ㅝ'가 포함된 모음을 찾고 큰 소리로 읽어 보세요.
② 엘코닌 상자에 목표 이중모음을 써 보세요.
③ 목표 이중모음 'ㅝ'가 포함된 의미/ 무의미 낱말을 써 보세요.

(7) 이중모음: ㅟ

세부 목표

- 목표 이중모음 'ㅟ'의 소리를 알고 글자-소리 연결하기
- 목표 이중모음이 포함된 1음절 낱말 해독하기
- 목표 이중모음이 포함된 2~3음절 의미/무의미 낱말 해독하기

1단계

소리	입모양	글자
/위/	① ② [우이] (우를 짧게)	ㅟ ㅜㅣ

2단계

- 목표 이중모음 'ㅟ'와 선행 학습한 모음이 포함된 무의미 낱말 해독하기

위	와	요
워	유	위
야	위	여

- ㅟ + 선행 학습한 모음(1음절)

위이	우위	야위
여위	위애	위위
이위	위요	와위

- ㅟ + 선행학습한 모음(2음절)

3단계

① 그림에 알맞은 낱말을 쓰고 큰 소리로 읽기

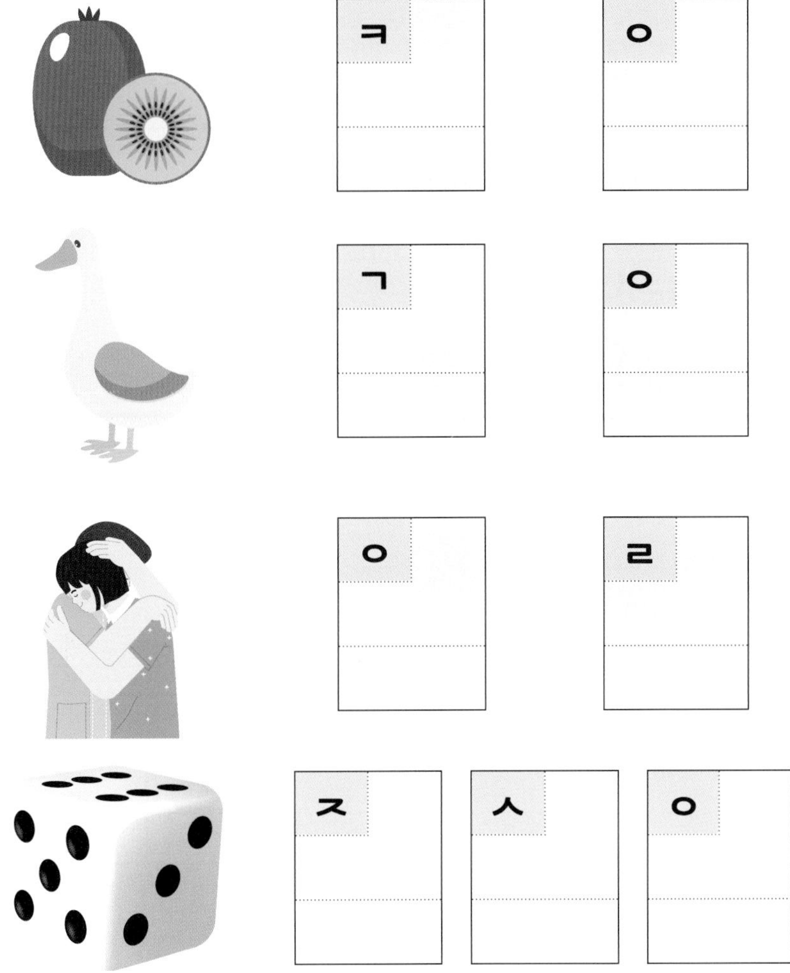

② 〈보기〉와 같이 선생님이 불러 주는 모음을 순서에 맞게 쓰기

〈보 기〉

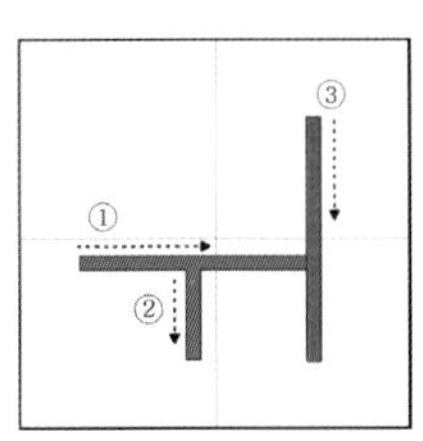

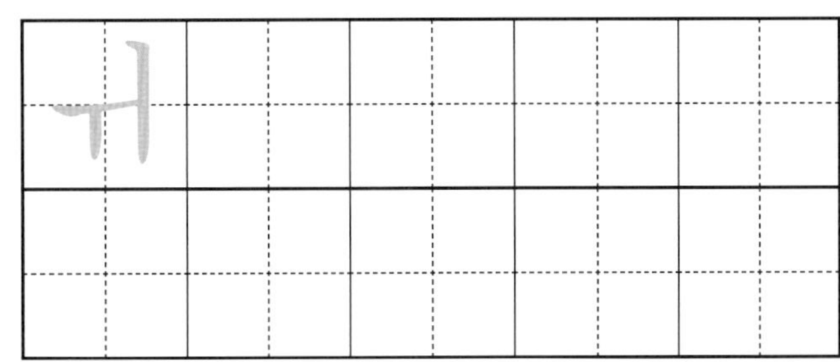

③ 목표 이중모음과 선행 학습한 모음을 사용하여 2~3음절 의미/무의미 낱말 쓰고 빙고 게임 하기

B
I
N
G
O

평가낱말

	목표 낱말	중재 전	중재 후		목표 낱말	중재 전	중재 후
1	키위			6	위 여		
2	거위			7	이 위		
3	위로			8	와 위		
4	퀴즈			9	우 이 위		
5	주사위			10	와 워 위		

연습

① 목표 이중모음 'ㅟ'가 포함된 모음을 찾고 큰 소리로 읽어 보세요.

② 엘코닌 상자에 목표 이중모음을 써 보세요.

③ 목표 이중모음 'ㅟ'가 포함된 의미/무의미 낱말을 써 보세요.

3) 이중모음: ㅢ

(1) 회기 계획서

목표

이중모음 소리를 알고 이중모음이 포함된 낱말 해독하기

세부 목표

- 목표 이중모음 'ㅢ'의 소리를 알고 글자-소리 연결하기
- 목표 이중모음이 포함된 1음절 낱말 해독하기
- 목표 이중모음이 포함된 2~3음절 이상의 의미/무의미 낱말 해독하기

① 목표 글자 소개하기

- 선생님은 "오늘은 이중모음 'ㅢ'에 대해서 말해 줄게요."라고 말한다.

② 글자-소리 연결하기

㉮ 선생님은 'ㅢ' 글자 카드와 입모양 카드를 아동에게 보여 주며 "이 글자는 /으~이/, /의/ 하고 소리가 나요. 이 글자는 이름이랑 소리가 똑같아요."라고 말하고, 아동에게 입모양 카드를 보여 주며 입모양을 따라 아동이 목표 모음 소리를 말할 수 있도록 한다.

㉯ 목표 모음 소리와 입모양 연결을 확인한 후, 입모양 그림에 자석 글자를 올려놓거나, 손가락으로 글자를 쓰면서 소리 내어 보도록 한다.

㉰ 목표 모음 소리를 듣고 글자 찾기, 읽기, 쓰기를 반복하며 소리-입모양-글자를 연결할 수 있도록 돕는다.

③ 목표 글자 해독하기

㉮ 마법 글자 '의' 규칙

㉠ 선생님은 아동에게 "○○아, /의/ 소리를 들어 봐. '의사(/의사/)' '회의(/회이/)' 어떻게 들렸니?"라고 질문하고 /의/ 소리의 변화에 대해서 이야기 나눠 본다.

㉡ 선생님은 '의사'와 '회의'가 쓰인 낱말 카드를 준비하고 아동에게 "/의/는 마법 글자라서 2가지 소리를 낼 수 있어. /의/ 소리가 앞에 올 때는 씩씩하게 /의/ /의~사/ 하고 소리를 내지만, 다른 글자 뒤에 숨으면 부끄러워서 /의/ 또는 /이/로 변해. /회~이/, /이/ 이렇게 변해 버린단다. 선생님이 말하는 낱말을 잘 듣고 ○○이가 뭐라고 들리

는지 큰 소리로 말해 볼 수 있겠니? '의사(의사)' '의자(의자)' '회의(회이)' '주의(주이)'처럼 '의' 글자 위치에 따라 소리가 달라지는 걸 꼭 기억하고 있어야 해!"라고 설명하며 낱말 목록을 아동과 함께 읽어 본다.

㉯ 획 지도 방법(목표 모음 순서에 맞게 쓰기)

- 선생님은 아동에게 목표 이중모음을 순서에 맞게 쓰는 모습을 보여 주고 아동이 목표 이중모음 소리를 내며 따라 쓸 수 있도록 한다.

④ 수행력 확인하기

- 아동이 오늘의 목표 글자를 적절히 습득하였는지 살펴보기 위해 미리 준비한 무의미 낱말을 제시하여 아동이 추측해서 해독한 것인지, 소리-글자를 연결하여 해독한 것인지 확인해 본다. 목표 낱말은 오늘 학습한 글자가 포함된 것으로만 구성한다.

기타사항

- 이중모음 '의' 소리는 /ㅡ/의 입모양으로 시작해 천천히 /ㅣ/를 연결해 발음합니다. 처음에는 두 소리 다 들을 수 있도록 천천히 연결해 소리를 익힐 수 있도록 도와주고, 이후 연속해서 빠르게 발음하는 것이 중요합니다.
- 낱말을 들려줄 때 목표 모음이 들어 있는 음절을 강조해서(강하게 또는 길게 늘여서) 발음해 줍니다.
  ① '의'가 첫 글자로 올 때는 /의/로 반응합니다.
  ② '의'가 첫 글자로 오는 경우를 제외하고, '의'는 /이/로 반응합니다(예: 무늬-/무니/).

(2) 활동 내용

세부 목표

- 목표 이중모음 'ㅢ'의 소리를 알고 글자-소리 연결하기
- 목표 이중모음이 포함된 1음절 낱말 해독하기
- 목표 이중모음이 포함된 2~3음절 이상의 의미/무의미 낱말 해독하기

1단계

소리	입모양	글자
/의/	① ② [으이] (으를 짧게)	ㅢ ㅡㅣ

2단계

- 1음절 목표 모음 찾아서 도장을 찍거나 색연필로 동그라미 하며 소리 내어 읽기

3단계

① 마법 글자 '의' 소리 알아보기

• 그림에 알맞은 낱말을 쓰고 큰 소리로 읽기

② <보기>와 같이 선생님이 불러 주는 모음을 순서에 맞게 쓰기

〈보 기〉

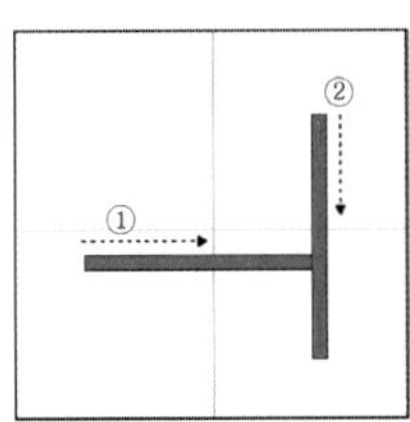

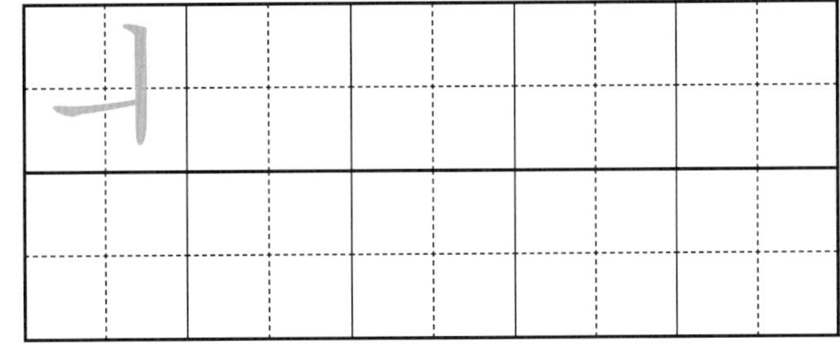

평가낱말

	목표 낱말	중재 전	중재 후		목표 낱말	중재 전	중재 후
1	의사			6	의 의		
2	회의			7	아 의		
3	의자			8	의 어		
4	무늬			9	야 의		
5	주의			10	이 여 의		

연습

① 목표 이중모음 'ㅢ'가 포함된 모음을 찾고 큰 소리로 읽어 보세요.

② 엘코닌 상자에 목표 이중모음을 써 보세요.

③ 목표 이중모음 'ㅢ'가 포함된 의미/무의미 낱말을 써 보세요.

4) 이중모음: ㅖ, ㅒ

(1) 회기 계획서

목표

이중모음 소리를 알고 이중모음이 포함된 낱말을 해독하기

세부 목표

- 목표 이중모음 'ㅖ, ㅒ'의 소리를 알고 글자-소리 연결하기
- 목표 이중모음이 포함된 1음절 낱말 해독하기
- 목표 이중모음이 포함된 2~3음절 이상의 의미/무의미 낱말 해독하기

① 목표 글자 소개하기

- 선생님은 "오늘은 이중모음 'ㅖ, ㅒ'에 대해서 말해 줄게요."라고 한다.

② 글자-소리 연결하기

㉮ 선생님은 'ㅖ, ㅒ' 2개의 글자 카드와 입모양 카드를 아동에게 보여 주며 "이 글자는 서로 모양은 다르지만 /예/ 하고 같은 소리가 나요. '예 〈 얘' 하고 입모양이 점점 커지는 것이 느껴지나요? 이 글자들은 서로 비슷한 소리가 나기 때문에, 구분하여 읽기 힘들면 같은 소리로 읽어도 돼요." 아동에게 입모양 카드를 보여 주며 아동이 목표 이중모음 소리를 따라 말할 수 있도록 한다.

㉯ 목표 모음 소리와 입모양 연결을 확인한 후, 입모양 그림에 자석 글자를 올려놓거나, 손가락으로 글자를 쓰면서 소리 내어 보도록 한다.

㉰ 목표 모음 소리를 듣고 글자 찾기, 읽기, 쓰기를 반복하며 소리-입모양-글자를 연결할 수 있도록 돕는다.

③ 합성하여 해독하기

㉮ 포스트잇 활용 목표 모음 'ㅖ, ㅒ' 해독하기

㉠ 색이 다른 포스트잇을 사용해서 'ㅕ'와 'ㅣ'를 나누어 쓴다.

㉡ 선생님은 아동에게 'ㅕ'와 'ㅣ' 포스트잇을 합치며 /예/라고 소리 내어 말하고, 동일한 포스트잇으로 'ㅕ'를 'ㅑ'로 돌리며 /예/, /얘/라고 소리 내어 말해 준다.

㉢ 선생님은 엘코닌 상자 모음 칸에 포스트잇을 붙이며 아동과 함께 소리 내어 읽어 본다.

- 선행 학습한 모음들과 함께 2음절 무의미 낱말을 만들고 해독할 수 있도록 엘코닌 상

자를 2개 제공한다. 만약 아동이 해독하기 어려워한다면 소리를 떠올릴 수 있을 만한 단서(입모양)를 제시하거나 글자의 소리를 다시 상기시켜 준다.

㉯ 목표 모음 낱말 해독하기

㉠ 자석 글자를 사용하여 목표 모음 'ㅖ, ㅒ'와 선행 학습한 모음을 합성하여 무의미 낱말을 해독한다.

㉡ 아동이 자석 글자를 조합하면서 스스로 합성해 보도록 한다.

㉢ 자음만 쓰인 엘코닌 상자를 제공하여 자석 글자 또는 아동이 직접 목표 모음을 쓰고 낱말을 해독한다.

㉰ 마법 글자 '예' 규칙

㉠ 선생님은 아동에게 "○○아, /예/ 소리를 잘 들어 봐. /예스(예스)/ /세계(세게)/를 들려주고 어떻게 소리가 들렸니?"라고 질문하고 /예/ 소리에 대해서 이야기 나눠 본다.

㉡ 선생님은 '예스'와 '세계'가 쓰인 낱말 카드를 준비하고 아동에게 "/예/는 마법 글자라서 2가지로 소리가 날 수 있어. '예' 모양일 때는 씩씩하게 /예/, /예~스/ 하고 자기 소리를 내지만, 다른 자음 소리와 합쳐지거나, 다른 글자에 숨으면 부끄러워서 소리를 /에/라고 소리를 바꿔 버려. '시계(시게)', '세계(세게)' 이렇게 바꿔 버린단다. 선생님이 말하는 낱말을 잘 듣고 ○○이가 뭐라고 들리는지 큰 소리로 말할 수 있겠니? '예리(예리)' '예보(예보)' '세계(세게)' '지혜(지헤)'처럼 '예' 글자의 위치에 따라 소리가 달라지는 걸 꼭 기억하고 있어야 해."라고 설명하며 제시된 낱말을 아동과 함께 따라 읽는다.

㉱ 획 지도 방법(목표 모음 순서에 맞게 쓰기)

- 선생님은 아동에게 목표 이중모음을 순서에 맞게 쓰는 모습을 보여 주고, 아동이 목표 이중모음 소리를 내며 따라 쓸 수 있도록 한다.

④ 수행력 확인하기

- 아동이 오늘의 목표 글자를 적절히 습득하였는지 보기 위해 미리 준비해 간 무의미 낱말을 제시하여 아동이 추측해서 해독한 것인지, 소리-글자를 연결하여 해독한 것인지 확인해 본다. 목표 낱말은 오늘 배웠던 글자가 포함된 것으로만 구성한다.

기타사항

- '예<애' 하고 입모양이 점점 커지는 것을 아동에게 입모양을 보여 주며 지도하고, 아동이 정확한 차이를 인지하기 어려워하는 경우, 같은 소리로 읽어도 되는 것을 알려 준다.
- '예'가 첫 글자 외에 올 때는 /ㅔ/로 발음한다는 점에 유의한다.

(2) 활동 내용

세부 목표

- 목표 이중모음 'ㅖ, ㅒ'의 소리를 알고 글자-소리 연결하기
- 목표 이중모음이 포함된 1음절 낱말 해독하기
- 목표 이중모음이 포함된 2~3음절 이상의 의미/무의미 낱말 해독하기

1단계

소리	입모양	글자
/예/ /얘/	[이에] (이를 짧게) [이애] (이를 짧게)	ㅖ ㅖ ㅒ ㅒ

2단계

- 1음절 목표 모음 찾아서 도장을 찍거나 색연필로 동그라미 하며 소리 내어 읽기

예	유	얘	야
와	얘	예	의
얘	의	워	예
에	예	애	얘

3단계

① 색이 다른 포스트잇을 사용하여 모음 'ㅕ'와 'ㅑ'를 바꿔가며 소리 내어 읽기

② 마법 글자 '예' 소리 알아보기

- 그림에 알맞은 낱말을 쓰고 큰 소리로 읽기

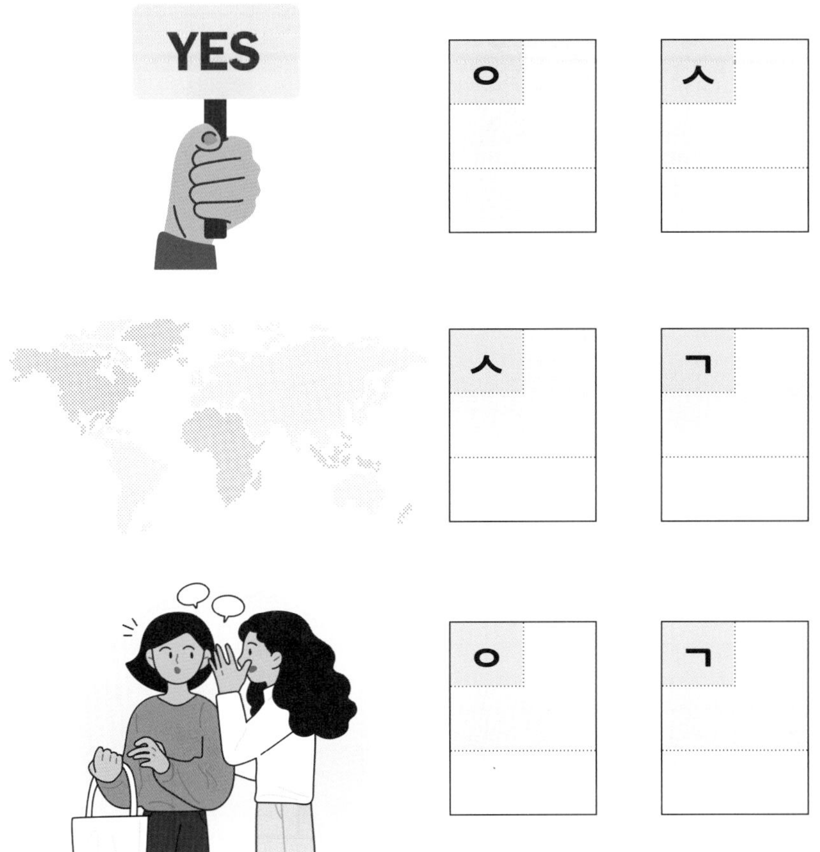

③ <보기>와 같이 선생님이 불러 주는 모음을 순서에 맞게 쓰기

〈보 기〉

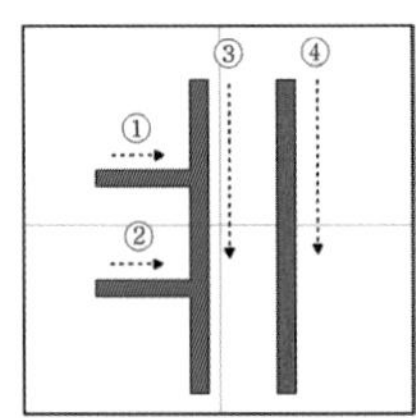

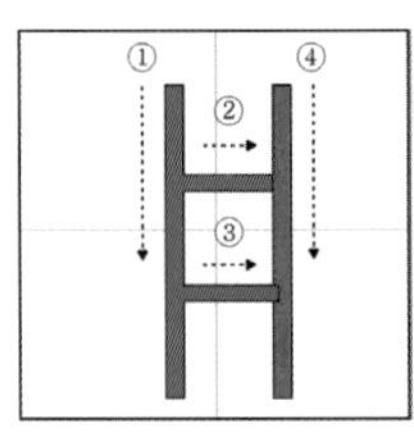

평가낱말

	목표 낱말	중재 전	중재 후		목표 낱말	중재 전	중재 후
1	예스			6	예 얘		
2	세계			7	에 예		
3	얘기			8	이 예		
4	시계			9	여 예		
5	예쁘다			10	이 예 예		

연습

① 목표 이중모음 'ㅖ, ㅒ'가 포함된 모음을 찾고 큰 소리로 읽어 보세요.

② 엘코닌 상자에 목표 이중모음을 써 보세요.

③ 목표 이중모음 'ㅖ, ㅒ'가 포함된 의미/무의미 낱말을 써 보세요.

5) 이중모음: ㅙ, ㅞ, ㅚ

(1) 회기 계획서

목표

이중모음 소리를 알고 이중모음이 포함된 낱말을 해독하기

세부 목표

- 목표 이중모음 'ㅙ, ㅞ, ㅚ'의 소리를 알고, 글자-소리 연결하기
- 목표 이중모음이 포함된 1음절 낱말 해독하기
- 목표 이중모음이 포함된 2~3음절 이상의 의미/무의미 낱말 해독하기

① 목표 글자 소개하기

- 선생님은 "오늘은 이중모음 'ㅙ, ㅞ, ㅚ'에 대해서 말해 줄게요."라고 말한다.

② 글자-소리 연결하기

㉮ 선생님이 'ㅙ, ㅞ, ㅚ' 3개의 글자 카드와 입모양 카드를 아동에게 보여 주며 "오늘 소개해 줄 글자는 3개인데 모양도 비슷하고 소리도 비슷해요. 첫 번째 'ㅙ'는 모음 /오/와 /애/가 합쳐서 만들어진 /왜/예요. 소리는 /오~애/, /왜/라고 소리가 나요. 두 번째 'ㅞ'는 모음 /우/와 /에/가 합쳐서 만들어진 /웨/예요. 소리는 /우~에/, /웨/라고 소리가 나요. 마지막 글자인 '외'는 소리를 합쳐서 읽지 않고 /외/라고 앞의 두 글자와 같은 소리가 나요. 아동에게 입모양 카드를 보여 주며 아동이 목표 이중모음 소리를 따라 말할 수 있도록 한다.

㉯ 목표 모음 소리와 입모양 연결을 확인한 후, 입모양 그림에 자석 글자를 올려놓거나, 글자를 손가락으로 그리면서 소리 내어 보도록 한다.

㉰ 목표 모음 소리를 듣고 글자 찾기, 읽기, 쓰기를 반복하며 소리-입모양-글자를 연결할 수 있도록 돕는다.

③ 목표 글자 해독하기

㉮ 목표 모음 낱말 해독하기

㉠ 자석 글자를 사용하여 목표 모음 'ㅙ, ㅞ, ㅚ'와 선행 학습한 모음을 합성하여 무의미 낱말 해독하기

ⓛ 아동이 자음을 알고 있다면, 자음과 목표 이중모음을 섞어 해독할 수 있도록 한다. 의미가 포함되어 있지 않아도 된다.

ⓒ 아동이 자석 글자를 조합하면서 스스로 합성해 보도록 한다.

ⓔ 그림이 포함된 엘코닌 상자를 아동에게 제공하여 자석 글자 또는 목표 이중 모음이 쓰인 종이테이프를 활용하거나 아동이 직접 낱말을 쓸 수 있도록 한다.

㉯ 획 지도하기(목표 모음 순서에 맞게 쓰기)

- 선생님은 아동에게 목표 이중모음을 순서에 맞게 쓰는 모습을 보여 주고, 아동이 목표 이중모음 소리를 내며 따라 쓸 수 있도록 한다.

㉰ 놀이를 통해 목표 모음을 해독하기

ⓛ 아동이 종이 또는 물고기 세트에 보드마카로 선생님이 불러 주는 목표 모음 또는 단어를 쓰는 활동을 한다.

ⓛ 선생님이 불러 주는 목표 모음 또는 단어를 듣고 아동이 낚시로 목표 글자를 찾아내면 큰 소리로 읽도록 한다. 만약 아동이 해독이나 쓰기에 어려움을 보인다면, 소리를 떠올릴 수 있을 만한 단서(입모양, 신체 동작)를 제시하거나 글자의 소리를 다시 상기시켜 준다.

④ 수행력 확인하기

- 아동이 오늘의 목표 글자를 적절히 습득하였는지 살펴보기 위해 미리 준비한 무의미 낱말을 제시하여 아동이 추측해서 해독한 것인지, 소리-글자를 연결하여 해독한 것인지 확인해 본다. 목표 낱말은 오늘 학습한 글자가 포함된 것으로만 구성한다.

(2) 활동 내용

세부 목표

- 목표 이중모음 'ㅙ, ㅞ, ㅚ'의 소리를 알고 글자–소리 연결하기
- 목표 이중모음이 포함된 1음절 낱말 해독하기
- 목표 이중모음이 포함된 2~3음절 이상의 의미/무의미 낱말 해독하기

1단계

소리	입모양	글자
/왜/	[오애] (오를 짧게)	ㅙ ㅗ ㅐ

소리	입모양	글자
/웨/	[우에] (우를 짧게)	ㅞ ㅜ ㅔ

소리	입모양	글자
/외/		ㅚ ㅗ ㅣ

2단계

• 목표 이중모음 'ㅙ, ㅞ, ㅚ'와 선행 학습한 모음이 포함된 무의미 낱말 해독하기

왜	웨	외
여	왜	유
웨	이	왜

'ㅙ/ㅞ/ㅚ' + 선행 학습한 모음(1음절)

왜웨	외왜	웨외
이왜	웨유	야왜
요외	웨여	왜야

'ㅙ/ㅞ/ㅚ' + 선행 학습한 모음(2음절)

3단계

① 그림에 알맞은 낱말을 쓰고 큰 소리로 읽기

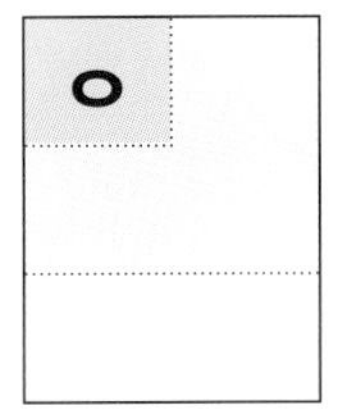

② <보기>와 같이 선생님이 불러 주는 모음을 순서에 맞게 쓰기

〈보 기〉

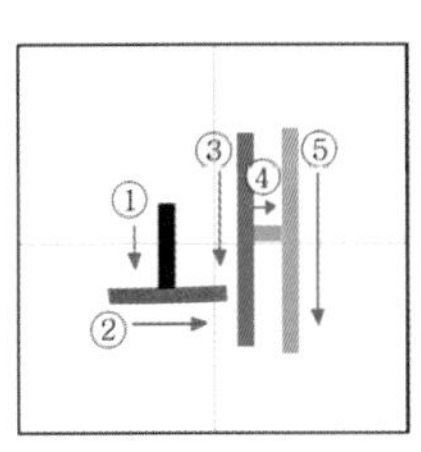

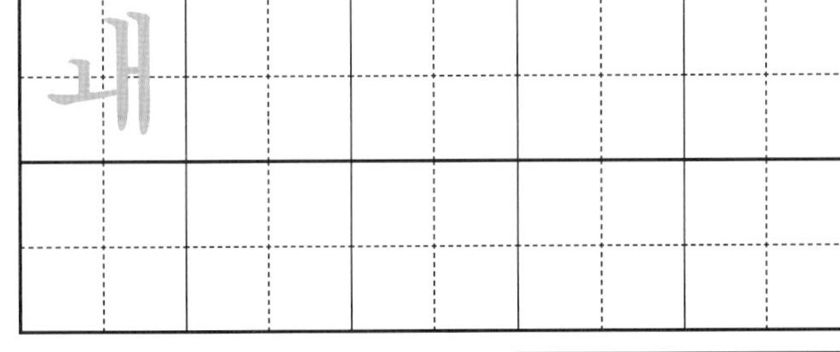

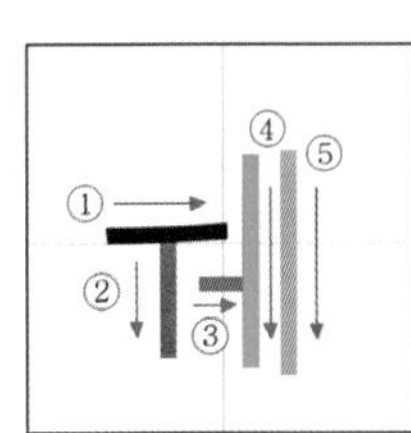

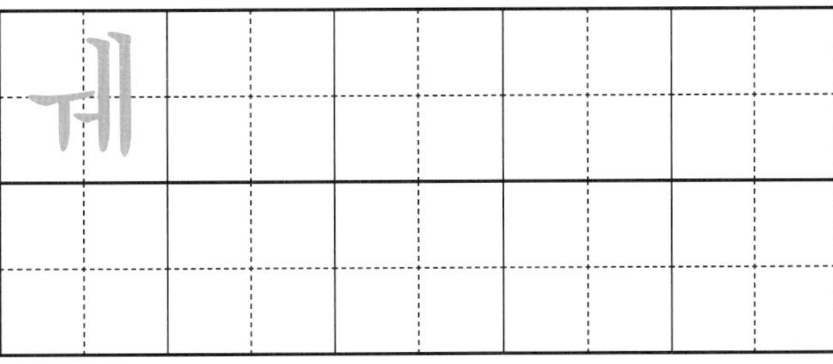

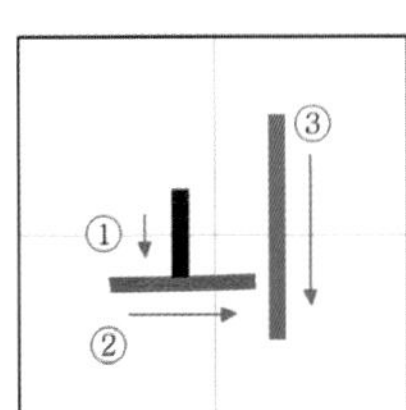

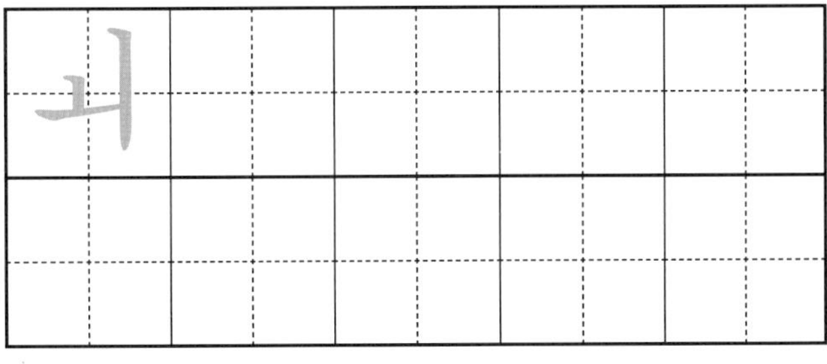

③ 낚시 게임을 통해 목표 모음 읽기

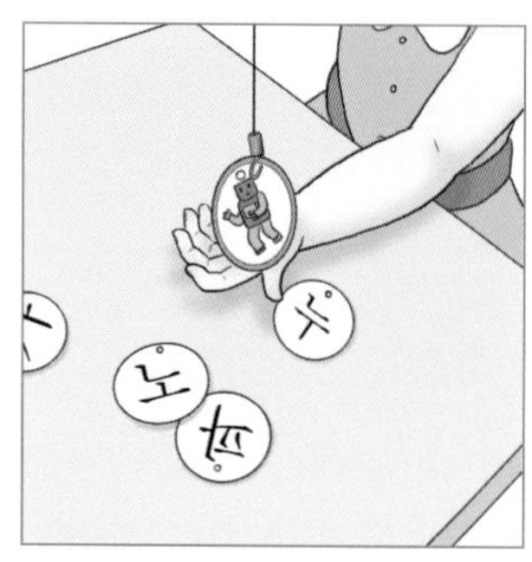
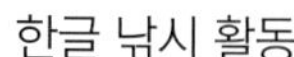

한글 낚시 활동

바다낚시 세트

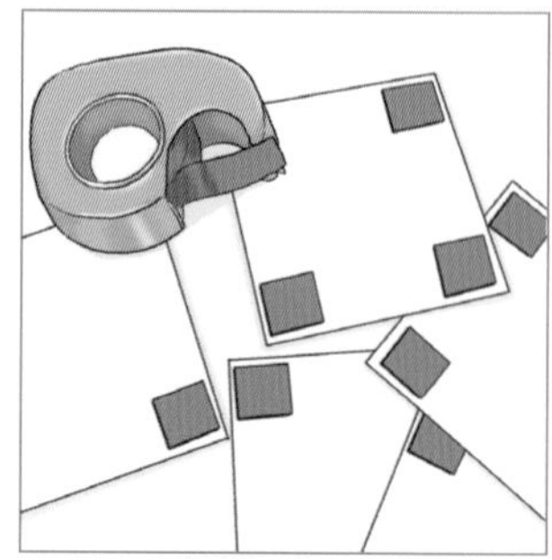

마그넷 테이프

평가낱말

	목표 낱말	중재 전	중재 후		목표 낱말	중재 전	중재 후
1	왜?			6	웨 왜		
2	회			7	외 왜		
3	회사			8	왜 웨 외		
4	외투			9	야 왜		
5	스웨터			10	웨 와 왜		

연습

- 목표 모음 'ㅙ, ㅞ, ㅚ'가 포함된 이중모음을 찾고 큰 소리로 읽어 보세요.
- 엘코닌 상자에 목표 모음을 써 보세요.
- 목표 모음 'ㅙ, ㅞ, ㅚ'가 포함된 의미/무의미 낱말을 써 보세요.

제3장

자소-음소 일치 낱말 해독: 자음

1. 평음

1) 회기 계획서

목표

자음 소리를 알고 받침 없는 자소-음소 일치 낱말과 문장을 정확하게 해독하기

세부 목표

- 목표 자음의 소리를 알고 글자-소리 연결하기
- 목표 자음과 모음을 합성하여 의미 낱말 해독하기
- 목표 자음과 모음을 합성하여 무의미 낱말 해독하기
- 목표 자음이 포함된 받침 없는 문장 해독하기

(1) 목표 글자 소개하기

- 오늘의 목표 자음 글자를 소개하고(해당 자음의 자석 글자를 준비한다.) 자음의 이름과 소릿값을 알고 있는지 알아본다.
  예: "이 글자의 이름을 알고 있나요?" "소리는 어떻게 나나요?"
- 목표 자음의 소릿값을 알려 준다.
  예: "이 글자의 이름은 '기역'이고 소리는 /ㄱ/로 나요."

(2) 글자-소리 연결하기

- 자석 글자를 이용하거나 미리 목표 자음이 포함된 낱말 카드를 준비한다.
- 선생님이 목표 자음을 가리키며 소리(예: 'ㄱ'을 /ㄱ/ 소리로)를 들려준다. 소리를 듣고 글자 찾기, 읽기, 쓰기를 반복하며 소리와 글자를 연결할 수 있도록 돕는다.

① <입모양-소리>

가. 선생님의 시범과 입모양 카드로 소리의 특성을 알아본다.

나. 선생님이 먼저 목표 자음의 소리를 말하고 아동도 똑같이 따라 소리를 내도록 한다. 이때

해당 자음 소리의 입모양과 세기 등 소리의 특성에 대해 이야기 나눈다. "입술이 붙었어요? 떨어졌어요?" "혀는 어디에 있어요?" "바람이 약해요? 세요?" "코가 울리나요?"와 같은 질문을 하고 입모양 카드를 보며 목표 자음의 소리의 특성을 자세하게 설명해 준다.

다. 입모양 카드(앞모습, 옆모습)를 제시하여 아동의 입모양과 비교한다.

② <소리-입모양>

- 목표 자음의 입모양 카드와 다른 자음의 입모양 카드를 준비해서 소리를 들려주고 해당하는 카드를 찾는다(2개에서 4개까지 준비). "선생님이 들려주는 자음 소리의 입모양을 찾아보세요."

③ <입모양-글자>

- 입모양 그림대로 소리 내어 보고 소리에 해당하는 글자를 찾아본다.
  ㉮ "입모양대로 소리 내 보세요."
  ㉯ "소리 내면서 글자를 찾아보세요."
  ㉰ "소리 내면서 입모양 위에 손가락으로 글자를 써 보세요."

④ <글자-입모양>

- 목표 자음의 글자를 제시하여 해당하는 입모양을 찾아본다.
  ㉮ "이 글자의 소리를 내 보세요."
  ㉯ "소리를 내면서 입모양을 찾아보세요."
  ㉰ "소리를 내면서 입모양 위에 손가락으로 글자를 써 보세요."

(3) 합성하여 해독하기

- 엘코닌 상자에서 자석 글자로 목표 자음과 모음을 무작위로 조합하여 해독해 본다. 의미가 포함되어 있지 않아도 된다.
- 목표 자음의 소리를 다시 한번 들려주고, 각 모음의 소리와 합성하여 CV 구조 낱말을 소리 내어 보도록 한다(예: "이 글자는 '기역'이에요. 소리는 /ㄱ/예요. 이 모음은 '아'라고 소리 내요. 두 글자를 합쳐서 소리 내 볼까요?" "ㄱ~아, ㄱ아, 가.").
- 아동이 엘코닌 상자에서 자석 글자를 조합하면서 스스로 합성해 보도록 한다.
- 처음에는 자음과 단모음 1음절로 시작하여 2, 3음절로 점차 난이도를 확장하여 제시한다. 만약 아동이 해독하기 어려워한다면, 소리를 떠올릴 수 있을 만한 단서(입모양, 코의 울림 등)를 제시하거나 글자의 소리를 다시 상기시켜 준다.
- 2음절 이상 낱말 수준에서 합성하여 해독할 때, 처음에는 음절 하나하나를 손가락으로 짚

으며 정확하게 읽은 후 각 음절을 부드럽게 이어 낱말을 한 번에 읽도록 한다(예: '아기' 1수준: /아/, /기/, 2수준: /아기/).

(4) 수행력 확인하기

- 아동이 오늘의 목표 글자를 적절히 습득하였는지 보기 위해 미리 준비한 낱말을 제시한다. 무의미 낱말도 함께 포함하여 아동이 추측해서 해독한 것인지, 소리-글자를 연결하여 해독한 것인지 확인해 본다. 목표 낱말은 오늘 학습한 글자가 포함된 것으로만 구성한다.

기타사항

- 이 계획서에는 평음 자음 중 'ㄱ'를 대표로 제시했으며 나머지 평음(ㄴ, ㄷ, ㄹ, ㅁ, ㅂ, ㅅ, ㅈ)도 이전과 같은 순서로 진행한다.

2) 활동 내용

(1) 초성자음: ㄱ

세부 목표

- 목표 자음 'ㄱ'의 소리를 알고 글자-소리 연결하기
- 목표 자음 'ㄱ'와 모음을 합성하여 의미 낱말 해독하기
- 목표 자음 'ㄱ'와 모음을 합성하여 무의미 낱말 해독하기
- 목표 자음 'ㄱ'이 포함된 받침 없는 문장 해독하기

1단계

<소리-입모양-글자>

① 목표 자음 'ㄱ'의 소리 특징과 입모양 알아보기

소리	입모양	글자
/ㄱ/		ㄱ

선생님은 "/ㄱ/는 입술이 붙지 않고 혀가 뒤로 가고 바람이 조금 나요."라고 들려준다.

② 글자-소리 연결하기

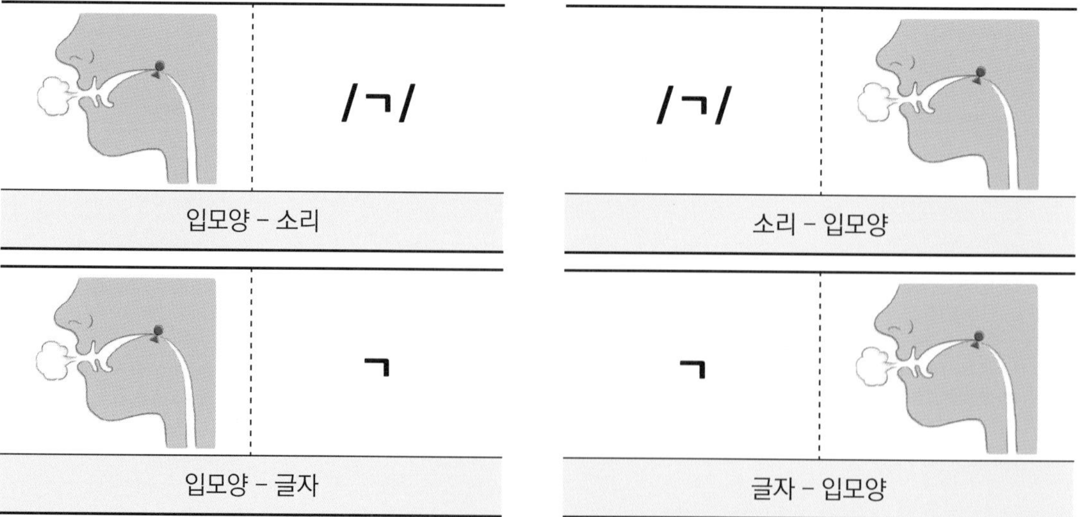

③ 목표 자음 'ㄱ' 연결하며 /ㄱ/ 소리 내기, /ㄱ/ 소리 내며 글자 찾기

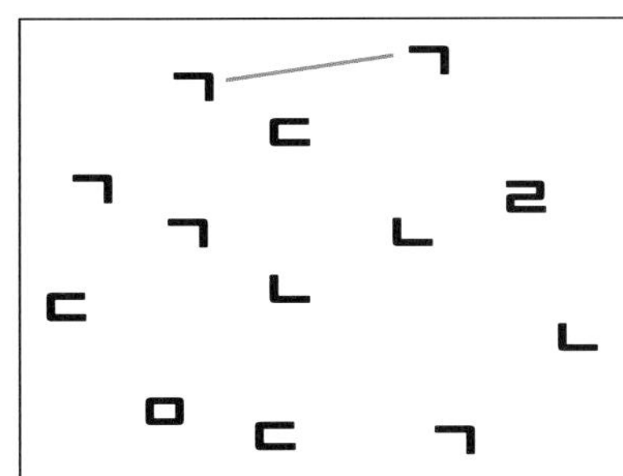

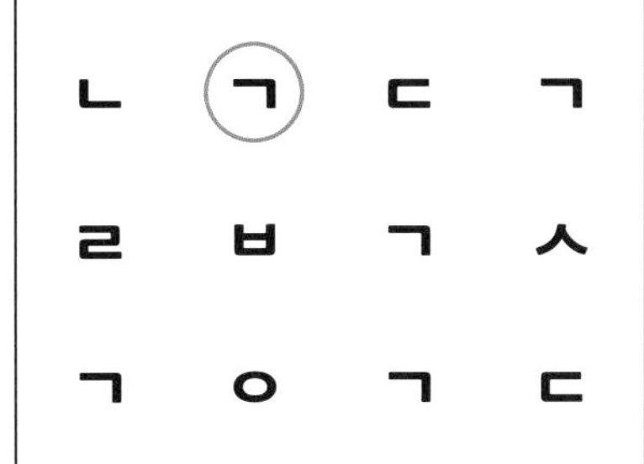

2단계

① 엘코닌 상자에서 목표 자음과 다양한 모음 합성하기(자석 글자 이용)

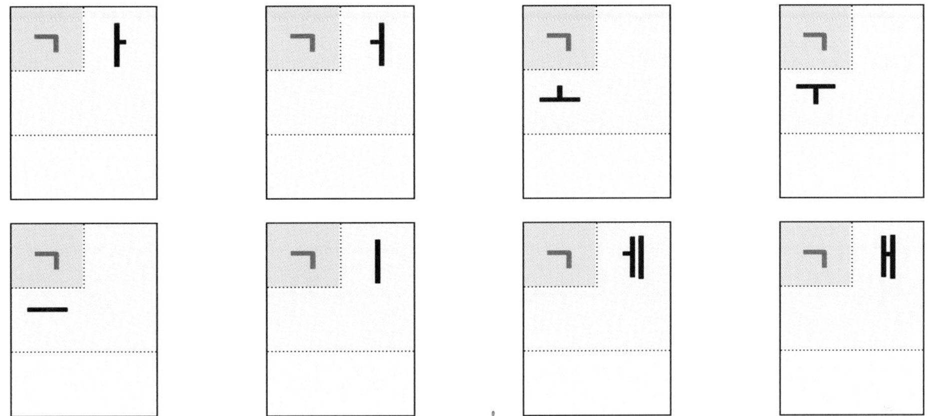

② 글자 소리 듣고 자음과 모음 연결하여 쓰기

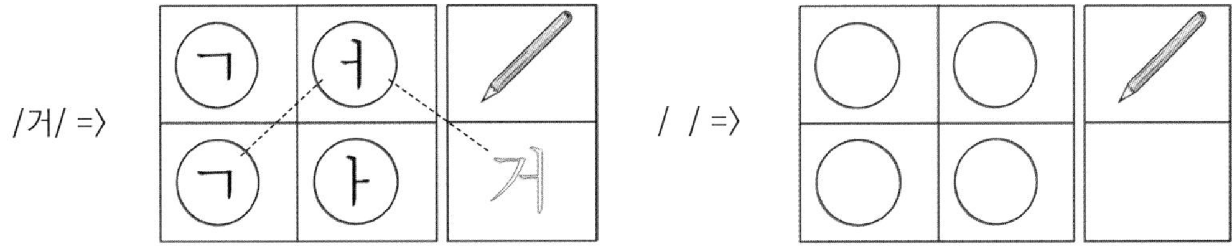

3단계

• 목표 자음과 다양한 모음 합성하여 의미 낱말 해독하기

<1수준> 음절 하나 하나를 손가락으로 짚으며 읽기

아 기	구 이	그 어	가 구	기 어 가
● ●	● ●	● ●	● ●	● ● ●

<2수준> 음절을 부드럽게 이어 낱말을 한 번에 읽기

아 기	구 이	그 어	가 구	기 어 가
→	→	→	→	→

4단계

• 목표 자음과 다양한 모음 합성하여 무의미 낱말 해독하기

<1수준>

어 거	에 가	아 그	가 거	고 개
● ●	● ●	● ●	● ●	● ●

<2수준>

어 거	에 가	아 그	가 거	고 개
→	→	→	→	→

5단계

<목표 자음 찾고 문장 해독하기>

① 아기가 기어가요.

② 고기 구워요.

③ 아이가 가요.

④ 야구 하고 가게 가.

⑤ 이거 가구야.

평가낱말

	목표 낱말	중재 전	중재 후		목표 낱말	중재 전	중재 후
1	이거			6	어 거		
2	야구			7	기 요		
3	가게			8	고 우		
4	여기			9	가 거		
5	가기			10	그 기		

연습

- 문장이나 짧은 단락글에서 'ㄱ' 찾으며 /ㄱ/ 소리 내기

예: 여기 빨간 연필 누구 거야?

- 초성자음 'ㄱ'이 들어 있는 낱말을 읽고 써 보기
- 자음 주사위나 빙고 게임 등을 활용하여 낱말 해독 반복 연습하기

(2) 초성자음: ㄴ

세부 목표

- 목표 자음 'ㄴ'의 소리를 알고 글자-소리 연결하기
- 목표 자음 'ㄴ'과 모음을 합성하여 의미 낱말 해독하기
- 목표 자음 'ㄴ'과 모음을 합성하여 무의미 낱말 해독하기
- 목표 자음 'ㄴ'이 포함된 받침 없는 문장 해독하기

1단계

<소리-입모양-글자>

① 목표 자음 'ㄴ'의 소리 특징과 입모양 알아보기

소리	입모양	글자
/ㄴ/		ㄴ

② 글자-소리 연결하기

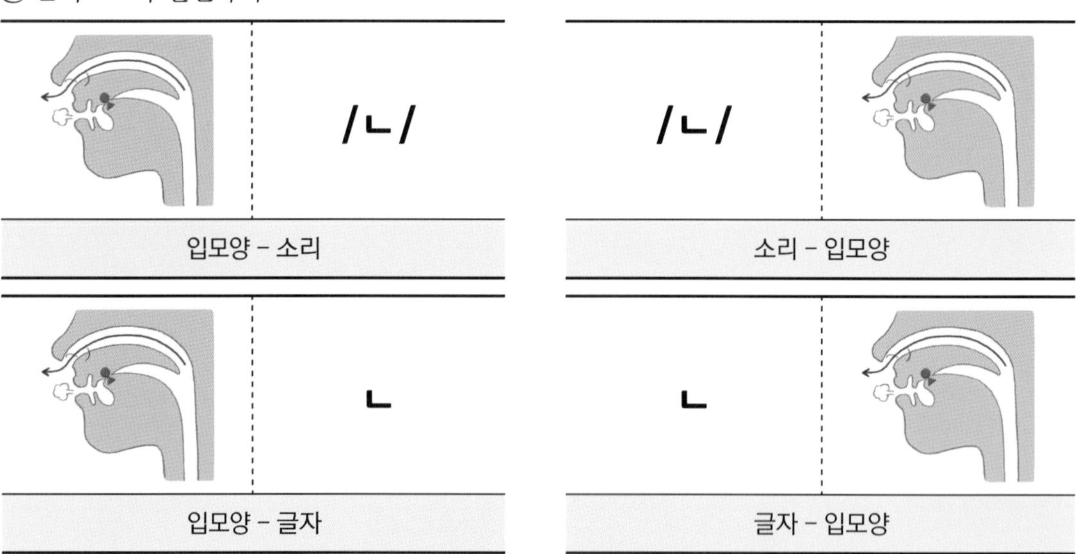

③ 목표 자음 'ㄴ' 연결하며 /ㄴ/ 소리 내기, /ㄴ/ 소리 내며 글자 찾기

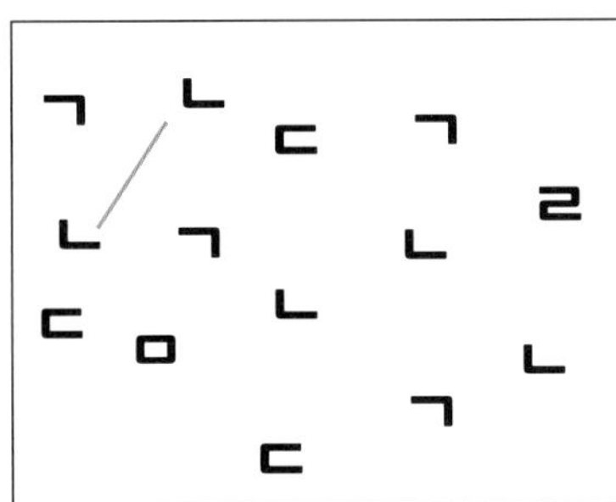
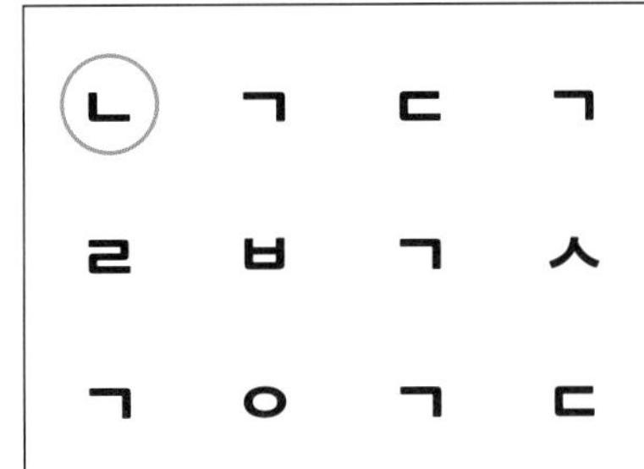

2단계

① 엘코닌 상자에서 목표 자음과 다양한 모음 합성하기(자석 글자 이용)

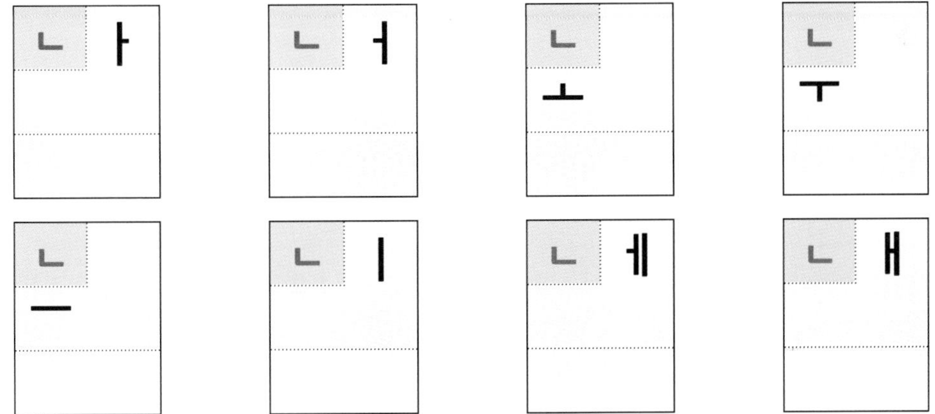

② 글자 소리 듣고 자음과 모음 연결하여 쓰기

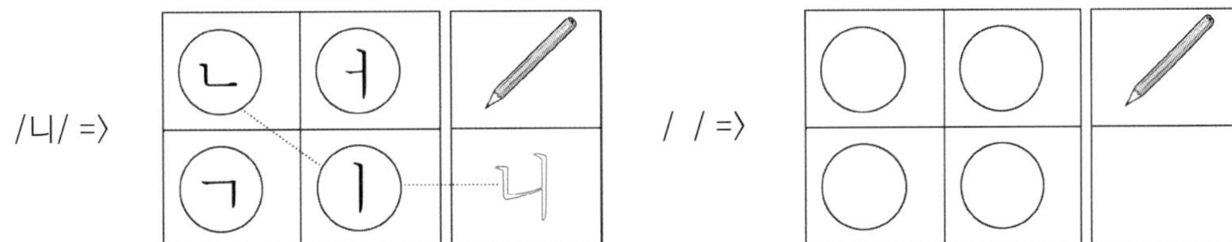

3단계

• 목표 자음과 다양한 모음 합성하여 의미 낱말 해독하기

<1수준>

어 느 ● ●	나 이 ● ●	누 나 ● ●	누 구 ● ●	노 니 ● ●

<2수준>

어 느 →	나 이 →	누 나 →	누 구 →	노 니 →

4단계

• 목표 자음과 다양한 모음 합성하여 무의미 낱말 해독하기

<1수준>

나 너 ● ●	노 누 ● ●	니 네 ● ●	내 느 ● ●	너 네 ● ●

<2수준>

나 너 →	노 누 →	니 네 →	내 느 →	너 네 →

5단계

<목표 자음 찾고 문장 해독하기>

① 어느 거야?

② 여기에 누워.

③ 누가 가?

④ 누나가 가네.

⑤ 누가 노니?

평가낱말

	목표 낱말	중재 전	중재 후		목표 낱말	중재 전	중재 후
1	그네			6	니 너		
2	너나			7	누 네		
3	누나			8	나 노		
4	네가			9	너 누		
5	가니			10	내 느		

연습

① 문장이나 짧은 단락글에서 'ㄴ' 찾으며 /ㄴ/ 소리 내기

예: 날개가 노란 나비가 날고 있다.

② 초성자음 'ㄴ'이 들어있는 낱말을 읽고 써 보기

③ 자음 주사위나 빙고 게임 등을 활용하여 낱말 해독 반복 연습하기

(3) 초성자음: ㄷ

세부 목표

- 목표 자음 'ㄷ'의 소리를 알고 글자-소리 연결하기
- 목표 자음 'ㄷ'과 모음을 합성하여 의미 낱말 해독하기
- 목표 자음 'ㄷ'과 모음을 합성하여 무의미 낱말 해독하기
- 목표 자음 'ㄷ'이 포함된 받침 없는 문장 해독하기

1단계

<소리-입모양-글자>

① 목표 자음 'ㄷ'의 소리 특징과 입모양 알아보기

소리	입모양	글자
/ㄷ/		ㄷ

② 글자-소리 연결하기

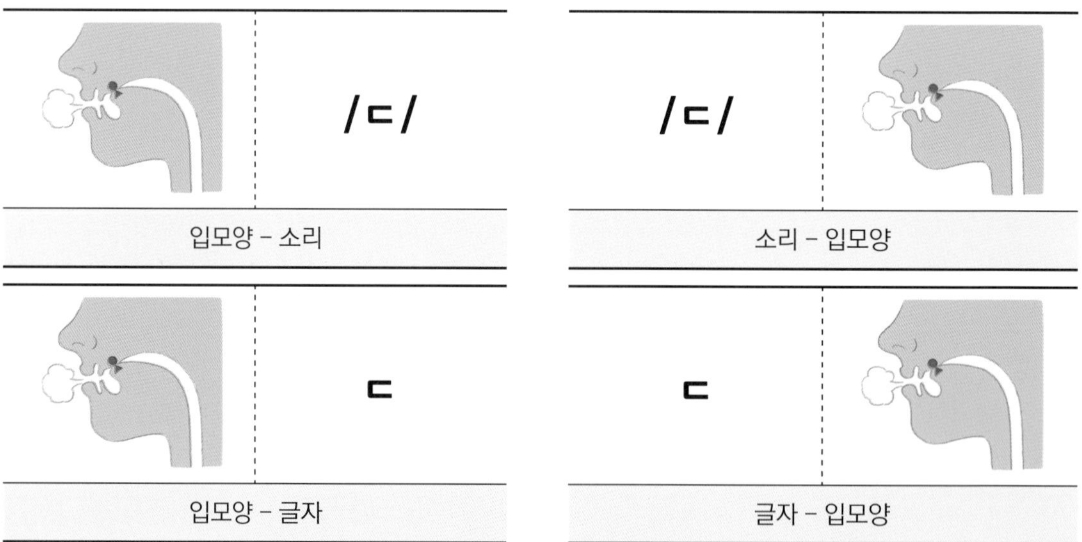

③ 목표 자음 'ㄷ' 연결하며 /ㄷ/ 소리 내기, /ㄷ/ 소리 내며 글자 찾기

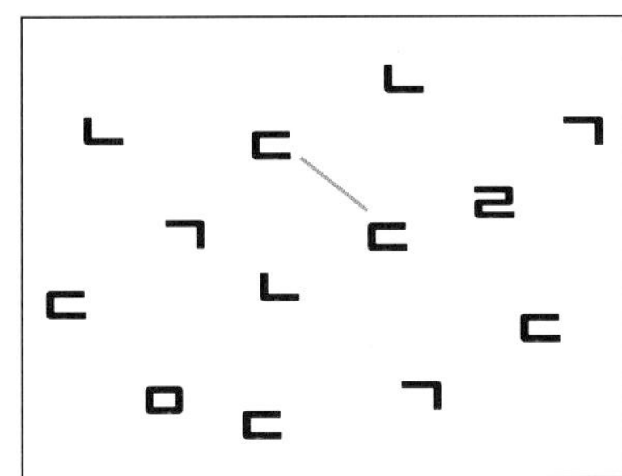

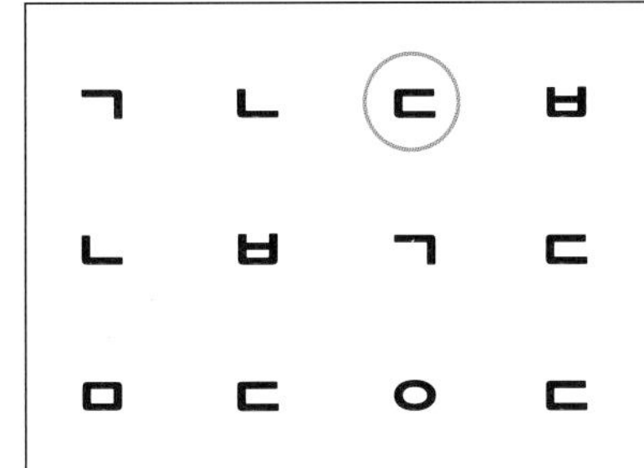

2단계

① 엘코닌 상자에서 목표 자음과 다양한 모음 합성하기(자석 글자 이용)

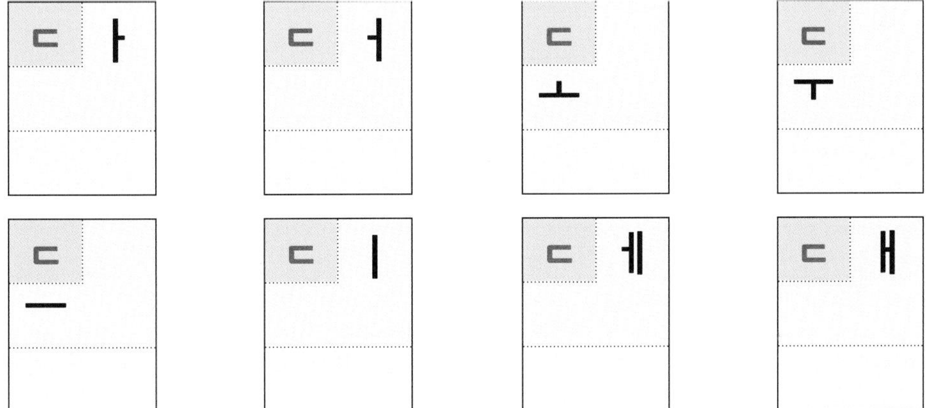

② 글자 소리 듣고 자음과 모음 연결하여 쓰기

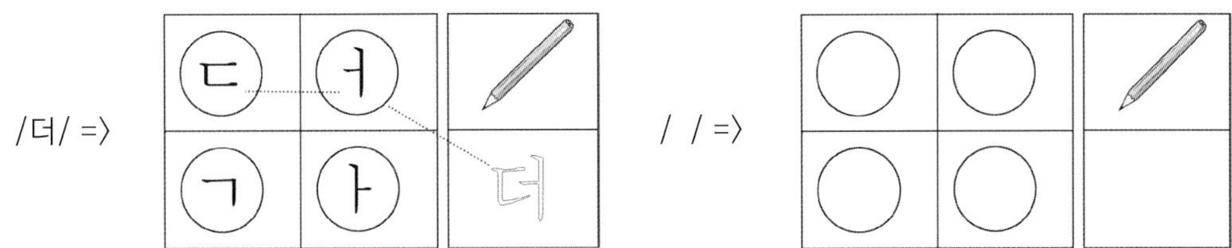

3단계

- 목표 자음과 다양한 모음 합성하여 의미 낱말 해독하기

<1수준>

어 디 ● ●	도 구 ● ●	구 두 ● ●	기 대 ● ●	드디어 ● ● ●

<2수준>

어 디 →	도 구 →	구 두 →	기 대 →	드디어 →

4단계

- 목표 자음과 다양한 모음 합성하여 무의미 낱말 해독하기

<1수준>

다 더 ● ●	도 두 ● ●	디 데 ● ●	더 도 ● ●	드 대 ● ●

<2수준>

다 더 →	도 두 →	디 데 →	더 도 →	드 대 →

5단계

<목표 자음 찾고 문장 해독하기>

① 어디에 가니?

② 이 구두는 누구 거야?

③ 너도 가니?

④ 드디어 와요.

⑤ 에디가 어디에 가네.

평가낱말

	목표 낱말	중재 전	중재 후		목표 낱말	중재 전	중재 후
1	도와			6	드 더		
2	두유			7	도 두		
3	나도			8	디 데		
4	대기			9	드 대		
5	두더지			10	더 디		

연습

- 문장이나 짧은 단락글에서 'ㄷ' 찾으며 /ㄷ/ 소리 내기

> 예: 동생은 킥보드 타도 되는지 물었다.

- 초성자음 'ㄷ'이 들어있는 낱말을 읽고 써 보기
- 자음 주사위나 빙고 게임 등을 활용하여 낱말 해독 반복 연습하기

(4) 초성자음: ㄹ

세부 목표

- 목표 자음 'ㄹ'의 소리를 알고 글자-소리 연결하기
- 목표 자음 'ㄹ'과 모음을 합성하여 의미 낱말 해독하기
- 목표 자음 'ㄹ'과 모음을 합성하여 무의미 낱말 해독하기
- 목표 자음 'ㄹ'이 포함된 받침 없는 문장 해독하기

1단계

<소리-입모양-글자>

① 목표 자음 'ㄹ'의 소리 특징과 입모양 알아보기

소리	입모양	글자
/ㄹ/		ㄹ

② 글자-소리 연결하기

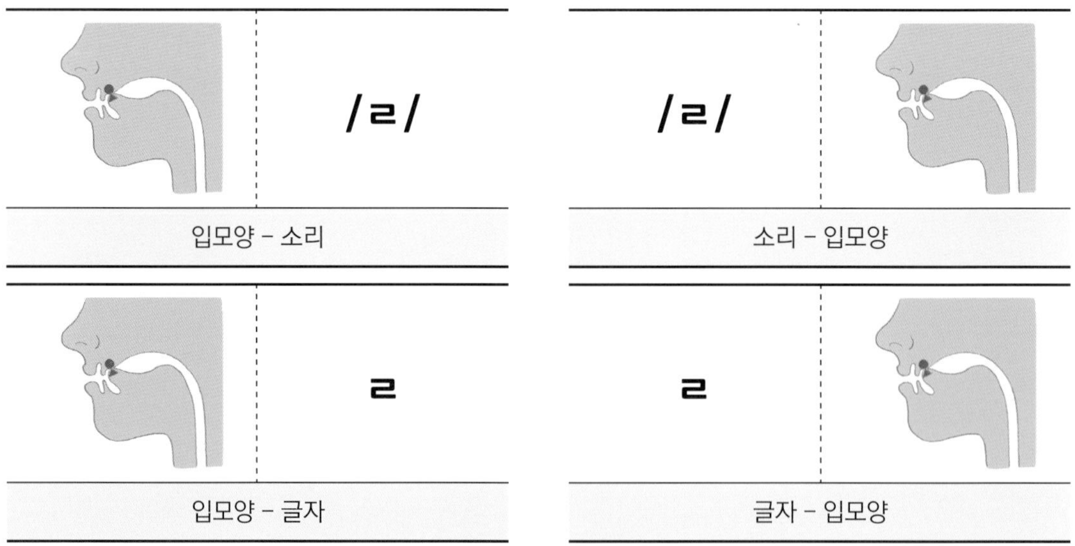

③ 목표 자음 'ㄹ' 연결하며 /ㄹ/ 소리 내기, /ㄹ/ 소리 내며 글자 찾기

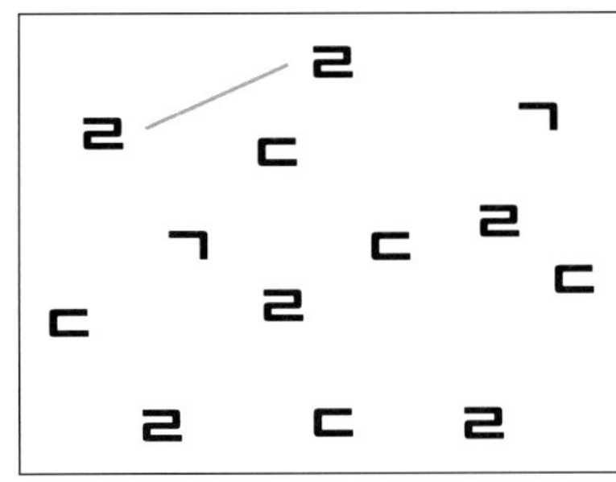

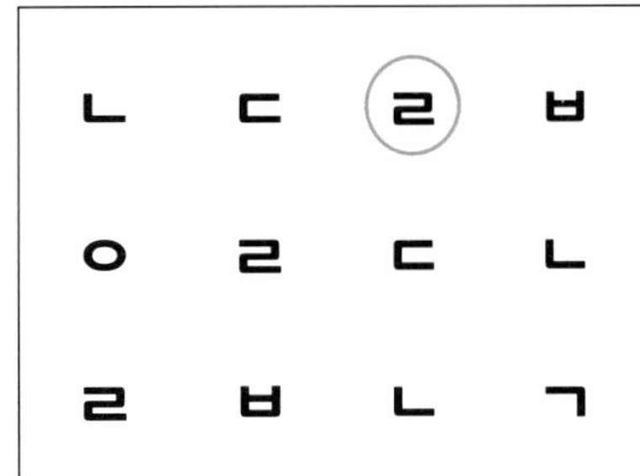

2단계

① 엘코닌 상자에서 목표 자음과 다양한 모음 합성하기(자석 글자 이용)

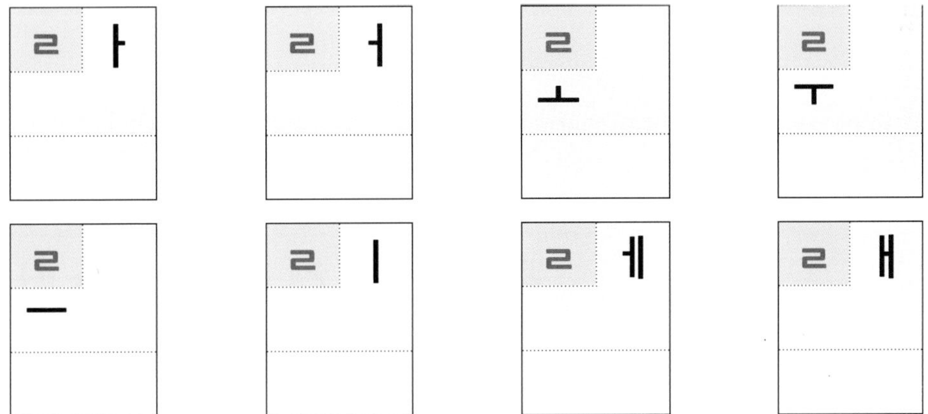

② 글자 소리 듣고 자음과 모음 연결하여 쓰기

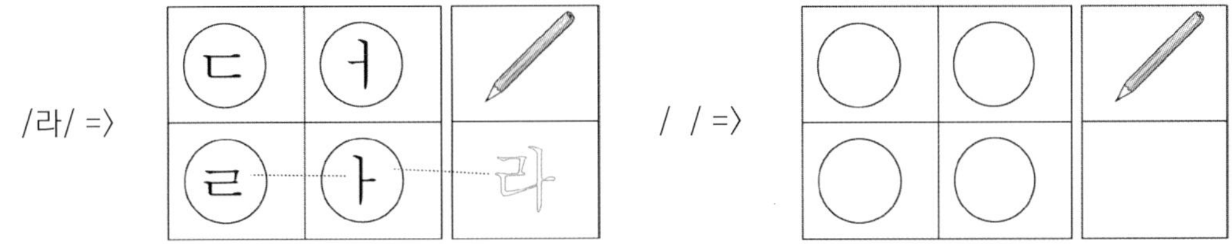

3단계

- 목표 자음과 다양한 모음 합성하여 의미 낱말 해독하기

<1수준>

이 리 ● ●	위 로 ● ●	고 래 ● ●	노 루 ● ●	나 라 ● ●

<2수준>

이 리 →	위 로 →	고 래 →	노 루 →	나 라 →

4단계

- 목표 자음과 다양한 모음 합성하여 무의미 낱말 해독하기

<1수준>

리 라 ● ●	러 로 ● ●	루 르 ● ●	레 래 ● ●	라 러 ● ●

<2수준>

리 라 →	러 로 →	루 르 →	레 래 →	라 러 →

5단계

<목표 자음 찾고 문장 해독하기>

1. 오리야 이리 와.
2. 노루가 도로에 가네.
3. 이리가 그 위로 가.
4. 고래의 노래
5. 저기로 나르고 가.

평가낱말

	목표 낱말	중재 전	중재 후		목표 낱말	중재 전	중재 후
1	오리			6	리 로		
2	으로			7	루 로		
3	그래			8	라 러		
4	가루			9	라 루		
5	오로라			10	르 리		

연습

- 문장이나 짧은 단락글에서 'ㄹ' 찾으며 /ㄹ/ 소리 내기

예: 우리는 노래 부르며 기다렸다.

- 초성자음 'ㄹ'이 들어 있는 낱말을 읽고 써 보기
- 자음 주사위나 빙고 게임 등을 활용하여 낱말 해독 반복 연습하기

(5) 초성자음: ㅁ

세부 목표

- 목표 자음 'ㅁ'의 소리를 알고 글자-소리 연결하기
- 목표 자음 'ㅁ'과 모음을 합성하여 의미 낱말 해독하기
- 목표 자음 'ㅁ'과 모음을 합성하여 무의미 낱말 해독하기
- 목표 자음 'ㅁ'이 포함된 받침 없는 문장 해독하기

1단계

<소리-입모양-글자>

① 목표 자음 'ㅁ'의 소리 특징과 입모양 알아보기

소리	입모양		글자
/ㅁ/			ㅁ

② 글자-소리 연결하기

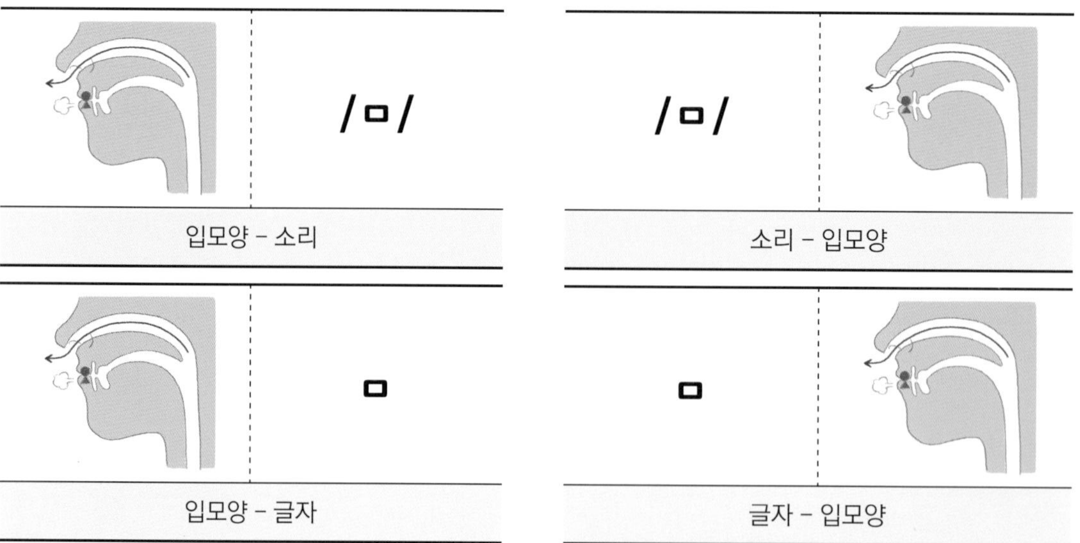

③ 목표 자음 'ㅁ' 연결하며 /ㅁ/ 소리 내기, /ㅁ/ 소리 내며 글자 찾기

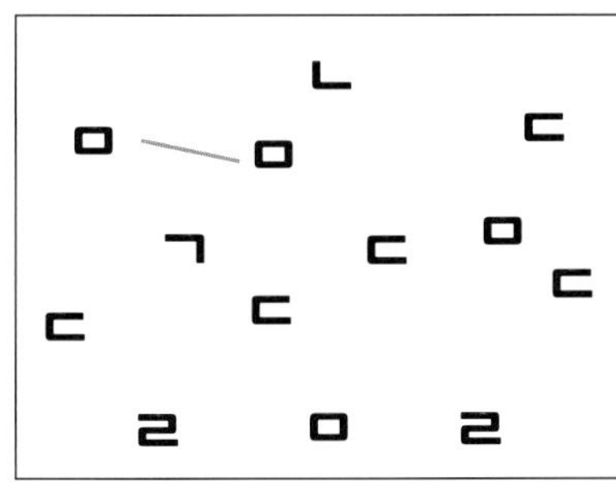
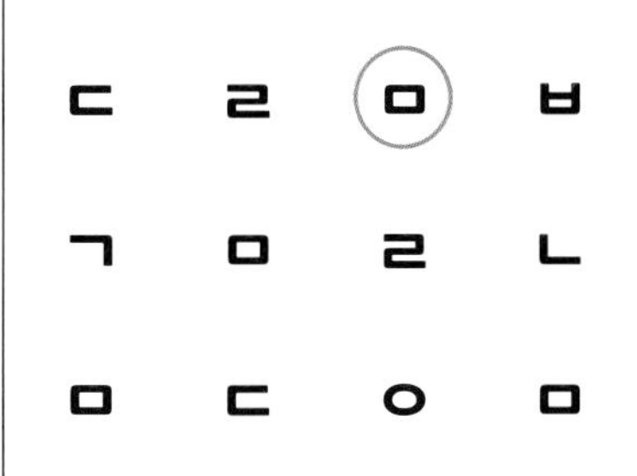

2단계

① 엘코닌 상자에서 목표 자음과 다양한 모음 합성하기(자석 글자 이용)

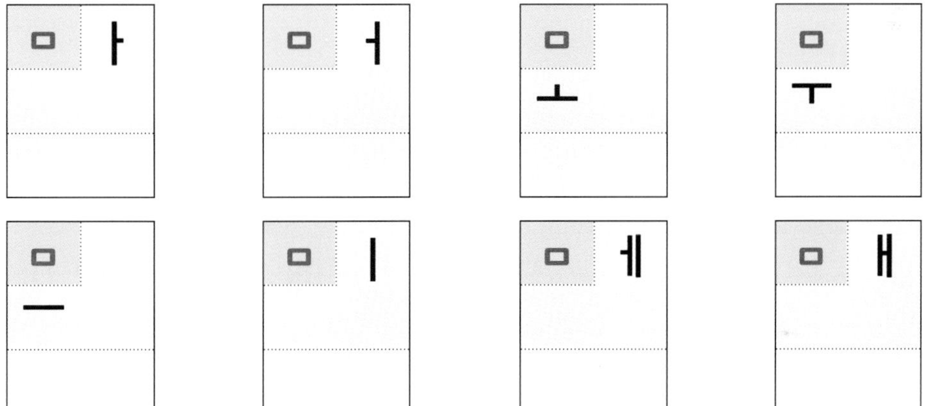

② 글자 소리 듣고 자음과 모음 연결하여 쓰기

/모/ =〉 / / =〉

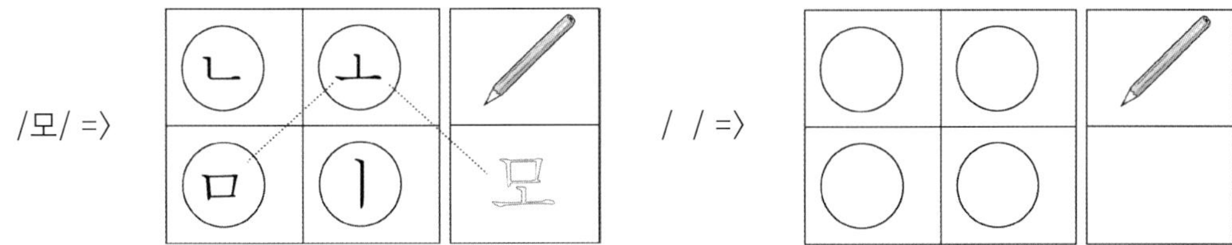

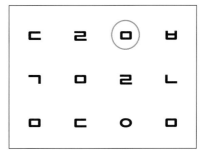

3단계

• 목표 자음과 다양한 모음 합성하여 의미 낱말 해독하기

<1수준>

이 마 ● ●	머 리 ● ●	나 무 ● ●	거 미 ● ●	마 무 리 ● ● ●

<2수준>

이 마 →	머 리 →	나 무 →	거 미 →	마 무 리 →

4단계

• 목표 자음과 다양한 모음 합성하여 무의미 낱말 해독하기

<1수준>

마 머 ● ●	무 메 ● ●	미 모 ● ●	매 므 ● ●	모 마 ● ●

<2수준>

마 머 →	무 메 →	미 모 →	매 므 →	모 마 →

5단계

<목표 자음 찾고 문장 해독하기>

① 거미가 나무에 내려와.

② 이마에 매미가 기어가.

③ 머리가 가려워.

④ 이미 마무리

⑤ 내가 무대에 가.

평가낱말

	목표 낱말	중재 전	중재 후		목표 낱말	중재 전	중재 후
1	어머			6	미 무		
2	고모			7	모 므		
3	개미			8	마 메		
4	마녀			9	모 머		
5	모기			10	머 무		

연습

• 문장이나 짧은 단락글에서 'ㅁ' 찾으며 /ㅁ/ 소리 내기

예: 할머니가 만든 만두는 정말 맛있다.

• 초성자음 'ㅁ'이 들어 있는 낱말을 읽고 써 보기
• 자음 주사위나 빙고 게임 등을 활용하여 낱말 해독 반복 연습하기

(6) 초성자음: ㅂ

세부 목표

- 목표 자음 'ㅂ'의 소리를 알고 글자-소리 연결하기
- 목표 자음 'ㅂ'과 모음을 합성하여 의미 낱말 해독하기
- 목표 자음 'ㅂ'과 모음을 합성하여 무의미 낱말 해독하기
- 목표 자음 'ㅂ'이 포함된 받침 없는 문장 해독하기

1단계

<소리-입모양-글자>

① 목표 자음 'ㅂ'의 소리 특징과 입모양 알아보기

소리	입모양		글자
/ㅂ/			ㅂ

② 글자-소리 연결하기

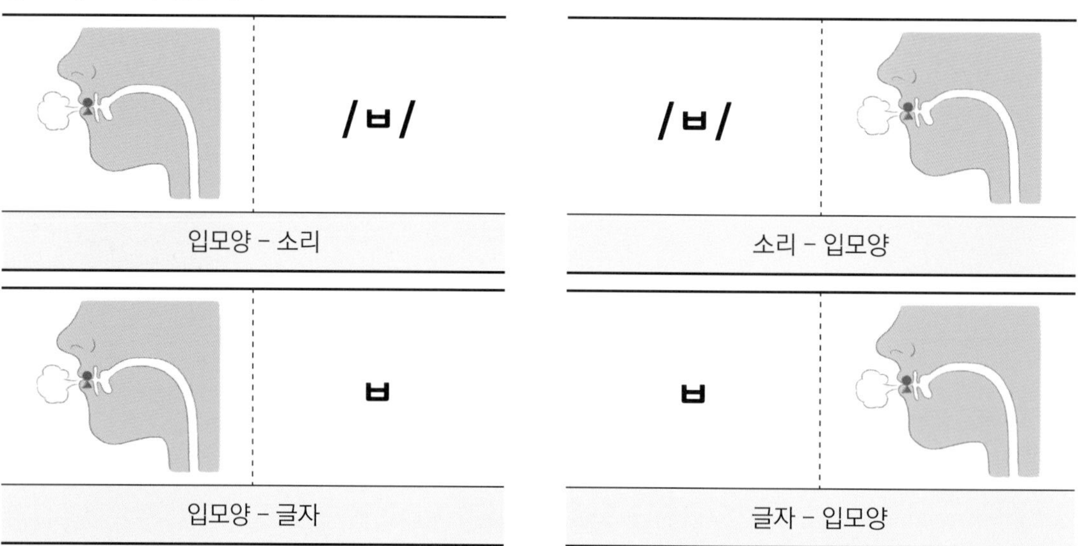

③ 목표 자음 'ㅂ' 연결하며 /ㅂ/ 소리 내기, /ㅂ/ 소리 내며 글자 찾기

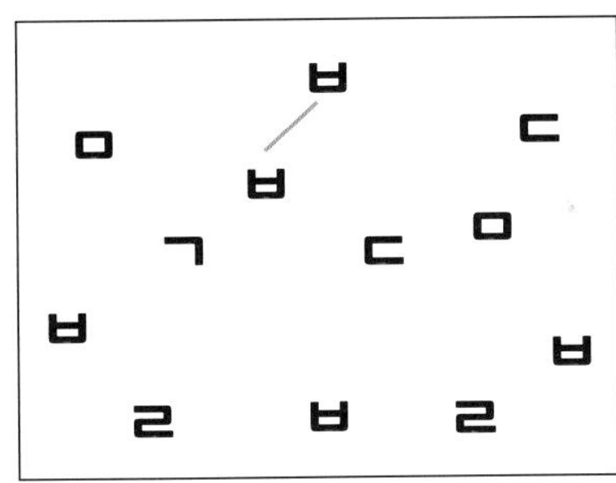

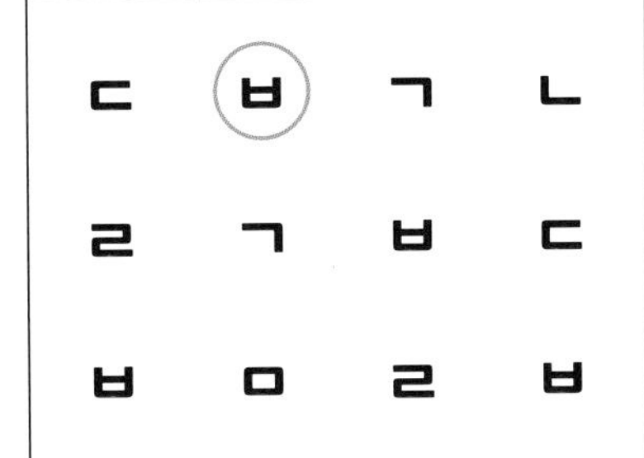

2단계

① 엘코닌 상자에서 목표 자음과 다양한 모음 합성하기(자석 글자 이용)

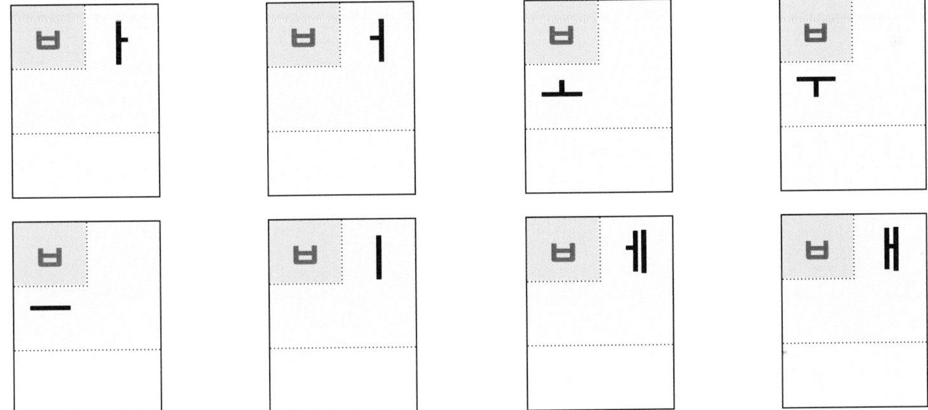

② 글자 소리 듣고 자음과 모음 연결하여 쓰기

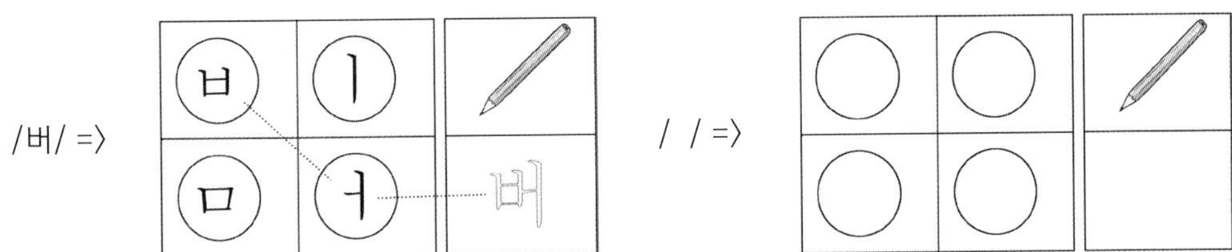

3단계

• 목표 자음과 다양한 모음 합성하여 의미 낱말 해독하기

<1수준>

어 부 ● ●	브 이 ● ●	보 여 ● ●	바 다 ● ●	비 누 ● ●

<2수준>

어 부 →	브 이 →	보 여 →	바 다 →	비 누 →

4단계

• 목표 자음과 다양한 모음 합성하여 무의미 낱말 해독하기

<1수준>

버 브 ● ●	부 베 ● ●	비 보 ● ●	바 배 ● ●	보 비 ● ●

<2수준>

버 브 →	부 베 →	비 보 →	바 배 →	보 비 →

5단계

<목표 자음 찾고 문장 해독하기>

① 바다가 보여.

② 비버가 기어가.

③ 어부가 바다에 가.

④ 비누 버려.

⑤ 배구 이겨 브이

평가낱말

	목표 낱말	중재 전	중재 후		목표 낱말	중재 전	중재 후
1	배우			6	바 버		
2	보배			7	비 부		
3	벼루			8	배 보		
4	보라			9	보 부		
5	베개			10	바 베		

연습

- 문장이나 짧은 단락글에서 'ㅂ' 찾으며 /ㅂ/ 소리 내기

예: 바다가 보이는 언덕을 부지런히 오른다.

- 초성자음 'ㅂ'이 들어 있는 낱말을 읽고 써 보기
- 자음 주사위나 빙고 게임 등을 활용하여 낱말 해독 반복 연습하기

(7) 초성자음: ㅅ

세부 목표

- 목표 자음 'ㅅ'의 소리를 알고 글자-소리 연결하기
- 목표 자음 'ㅅ'과 모음을 합성하여 의미 낱말 해독하기
- 목표 자음 'ㅅ'과 모음을 합성하여 무의미 낱말 해독하기
- 목표 자음 'ㅅ'이 포함된 받침 없는 문장 해독하기

1단계

<소리-입모양-글자>

① 목표 자음 'ㅅ'의 소리 특징과 입모양 알아보기

소리	입모양	글자
/ㅅ/		ㅅ

② 글자-소리 연결하기

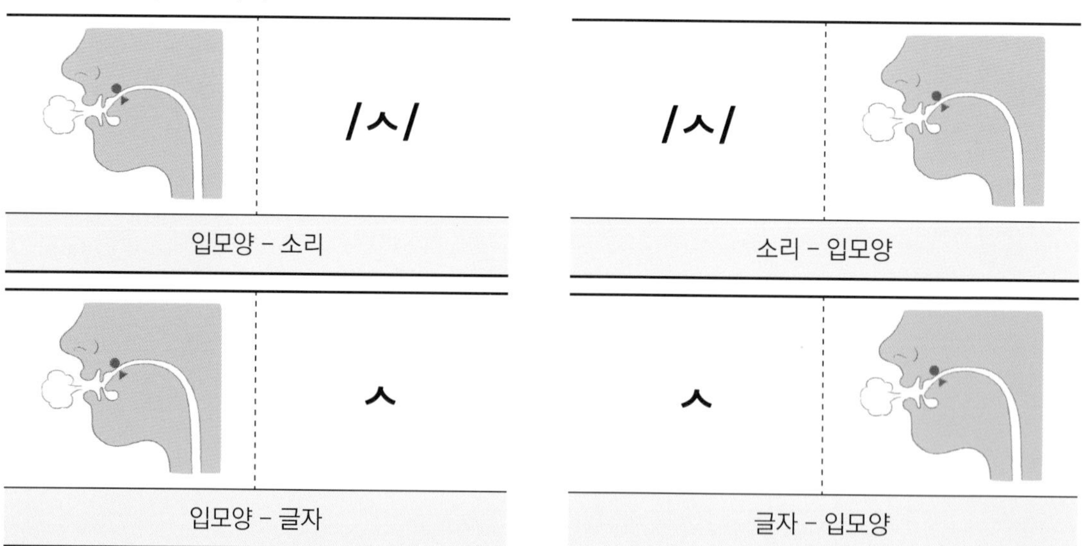

③ 목표 자음 'ㅅ' 연결하며 /ㅅ/ 소리 내기, /ㅅ/ 소리 내며 글자 찾기

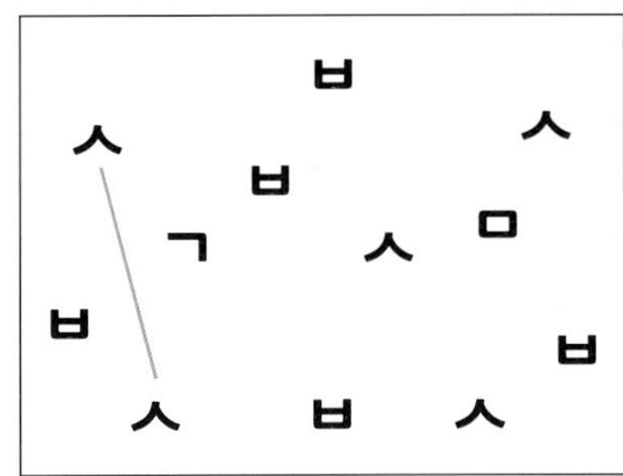

2단계

① 엘코닌 상자에서 목표 자음과 다양한 모음 합성하기(자석 글자 이용)

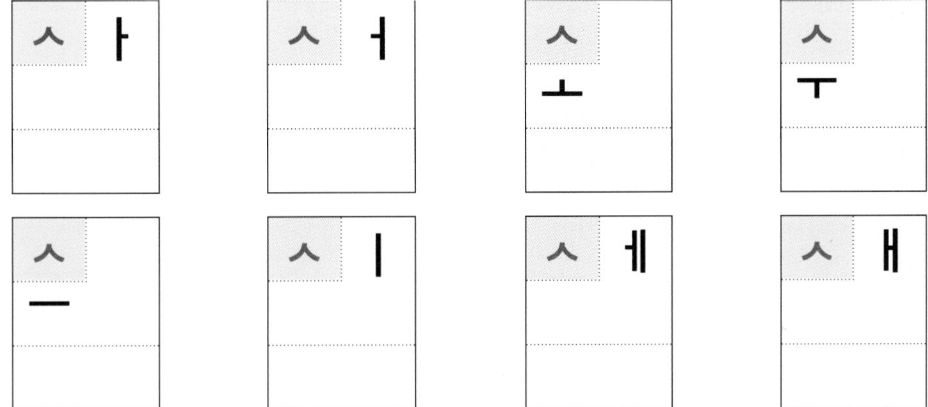

② 글자 소리 듣고 자음과 모음 연결하여 쓰기

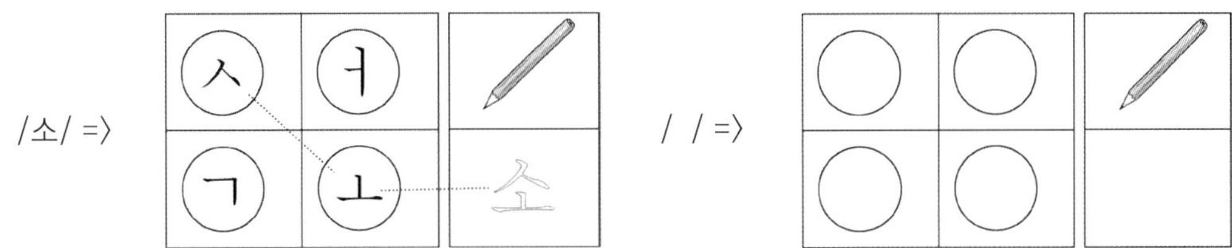

3단계

- 목표 자음과 다양한 모음 합성하여 의미 낱말 해독하기

<1수준>

이 사 ● ●	어 서 ● ●	소 라 ● ●	수 레 ● ●	어 느 새 ● ● ●

<2수준>

이 사 →	어 서 →	소 라 →	수 레 →	어 느 새 →

4단계

- 목표 자음과 다양한 모음 합성하여 무의미 낱말 해독하기

<1수준>

서 스 ● ●	시 세 ● ●	새 수 ● ●	스 사 ● ●	사 소 ● ●

<2수준>

서 스 →	시 세 →	새 수 →	스 사 →	사 소 →

5단계

<목표 자음 찾고 문장 해독하기>

① 스르르 기어가.

② 바다에서 소라게가 기어가.

③ 수레로 이사 가.

④ 여러 수도에 더 가 보자.

⑤ 어서 어서 가요.

평가낱말

	목표 낱말	중재 전	중재 후		목표 낱말	중재 전	중재 후
1	소리			6	사 서		
2	사고			7	소 사		
3	수도			8	스 세		
4	스스로			9	시 서		
5	보세요			10	수 새		

연습

- 문징이나 짧은 단락글에서 'ㅅ' 찾으며 /ㅅ/ 소리내기

예: 일어나서 스스로 세수하고 옷 입자.

- 초성자음 'ㅅ'이 들어 있는 낱말을 읽고 써 보기
- 자음 주사위나 빙고 게임 등을 활용하여 낱말 해독 반복 연습하기

(8) 초성자음: ㅈ

세부 목표

- 목표 자음 'ㅈ'의 소리를 알고 글자-소리 연결하기
- 목표 자음 'ㅈ'과 모음을 합성하여 의미 낱말 해독하기
- 목표 자음 'ㅈ'과 모음을 합성하여 무의미 낱말 해독하기
- 목표 자음 'ㅈ'이 포함된 받침 없는 문장 해독하기

1단계

<소리-입모양-글자>

① 목표 자음 'ㅈ'의 소리 특징과 입모양 알아보기

소리	입모양	글자
/ㅈ/		ㅈ

② 글자-소리 연결하기

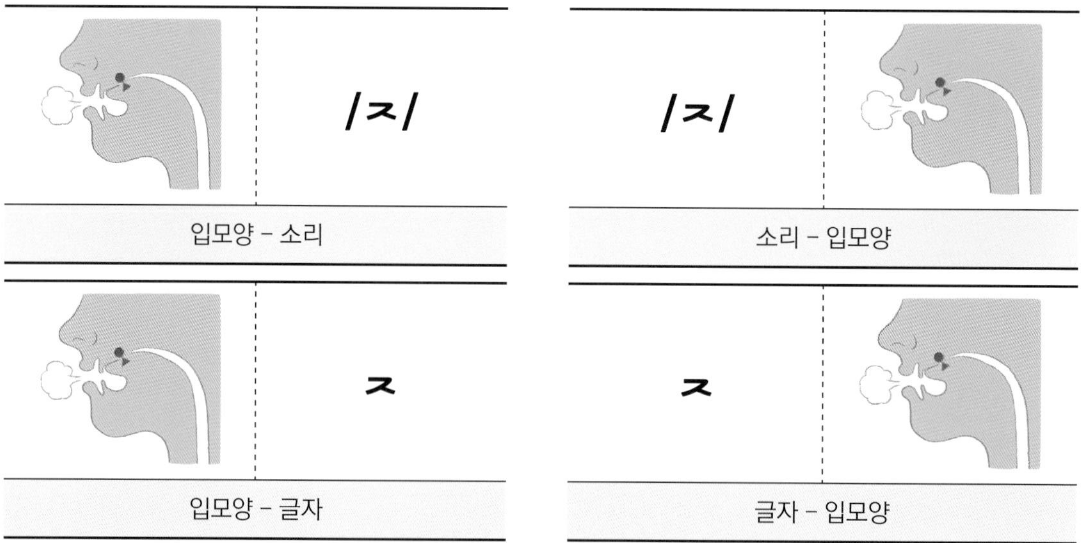

③ 목표 자음 'ㅈ' 연결하며 /ㅈ/ 소리 내기, /ㅈ/ 소리 내며 글자 찾기

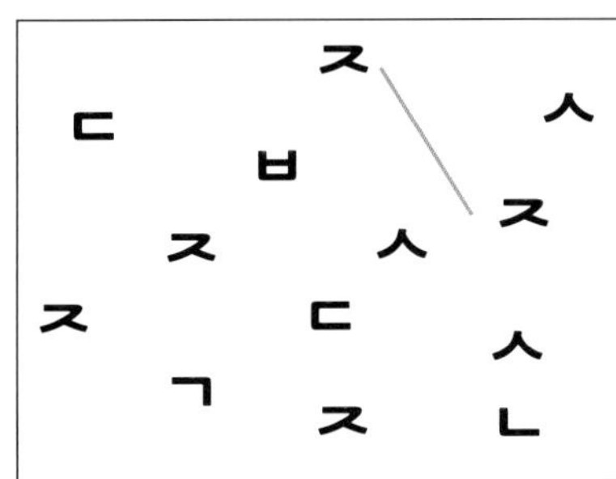

2단계

① 엘코닌 상자에서 목표 자음과 다양한 모음 합성하기(자석 글자 이용)

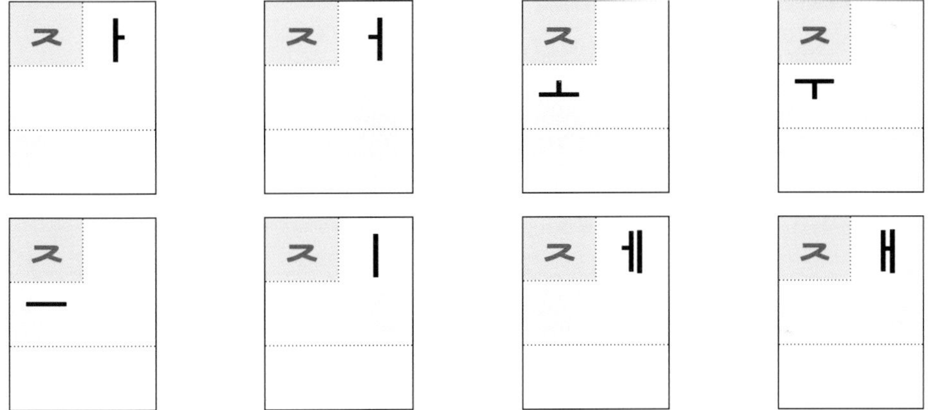

② 글자 소리 듣고 자음과 모음 연결하여 쓰기

/저/ =〉

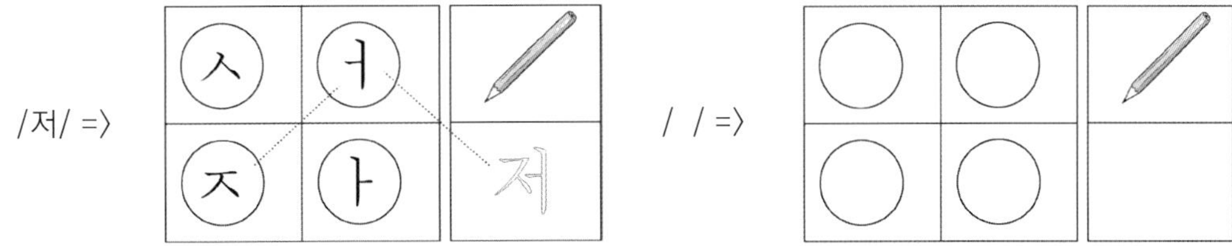

/ / =〉

3단계

• 목표 자음과 다양한 모음 합성하여 의미 낱말 해독하기

<1수준>

아 주	여 자	저 리	구 조	제 자 리
• •	• •	• •	• •	• • •

<2수준>

아 주	여 자	저 리	구 조	제 자 리
→	→	→	→	→

4단계

• 목표 자음과 다양한 모음 합성하여 무의미 낱말 해독하기

<1수준>

지 즈	조 주	저 재	즈 제	자 조
• •	• •	• •	• •	• •

<2수준>

지 즈	조 주	저 재	즈 제	자 조
→	→	→	→	→

5단계

<목표 자음 찾고 문장 해독하기>

① 그 여자에게 주세요.

② 가재가 이리저리

③ 이제 제자리에 가요.

④ 우주가 아주 가까이 보여요.

⑤ 저기 구조대가 와.

평가낱말

	목표 낱말	중재 전	중재 후		목표 낱말	중재 전	중재 후
1	주위			6	자 저		
2	조개			7	지 즈		
3	지구			8	주 재		
4	가자			9	조 자		
5	재주			10	제 주		

연습

- 문장이나 짧은 단락 글에서 'ㅈ' 찾으며 /ㅈ/ 소리 내기

예: 자전거 타고 과자 사러 가지요.

- 초성자음 'ㅈ'이 들어 있는 낱말을 읽고 써 보기
- 자음 주사위나 빙고 게임 등을 활용하여 낱말 해독 반복 연습하기

2. 격음

1) 회기 계획서

목표

자음 소리를 알고 받침 없는 자소-음소 일치 낱말과 문장을 정확하게 해독하기

세부 목표

- 목표 자음의 소리를 알고 글자-소리 연결하기
- 목표 자음과 모음을 합성하여 의미 낱말 해독하기
- 목표 자음과 모음을 합성하여 무의미 낱말 해독하기
- 목표 자음이 포함된 받침 없는 문장 해독하기

(1) 목표 글자 소개하기

- 오늘의 목표 자음 글자를 소개하고(자석 글자를 준비한다) 자음의 이름과 소릿값을 알고 있는지 알아본다.
  예: "이 글자의 이름을 알고 있나요?" "소리는 어떻게 나나요?"
- 목표 자음의 소릿값을 알려 준다.
  예: "이 글자의 이름은 '키읔'이고 소리는 /ㅋ/로 나요."

(2) 글자-소리 연결하기

- 자석 글자를 이용하거나 미리 목표 자음이 포함된 낱말 카드를 준비한다.
- 선생님이 목표 자음을 가리키며 소리(예: 'ㅋ'을 /ㅋ/ 소리로)를 들려준다. 소리를 듣고 글자 찾기, 읽기, 쓰기를 반복하며 소리와 글자를 연결할 수 있도록 돕는다.

① 〈입모양-소리〉

㉮ 선생님의 시범과 입모양 카드로 소리의 특성을 이해한다.

㉯ 선생님이 먼저 목표 자음의 소리를 내고 아동도 똑같이 따라 소리를 내도록 한다. 이때 소리의 입모양과 세기 등 소리의 특징에 대해 이야기 나눈다. "입술이 붙었어요?

떨어졌어요?" "혀는 어디에 있어요?" "바람이 약해요? 세요?" "코가 울리나요?"와 같은 질문을 하고 입모양 카드를 보며 목표 자음의 소리의 특성을 자세하게 설명한다.

㉰ 입모양 카드(앞모습, 옆모습)를 제시하여 아동의 입모양과 비교한다.

② 〈소리–입모양〉

- 목표 자음의 입모양 카드와 다른 자음의 입모양 카드를 준비해서 소리를 들려주고 해당하는 카드를 찾는다(2개에서 4개까지 준비).
- "선생님이 들려주는 자음 소리의 입모양을 찾아보세요."

③ 〈입모양–글자〉

- 입모양 그림대로 소리 내어 보고 소리에 해당하는 글자를 찾아본다.
  - ㉠ "입모양대로 소리 내 보세요."
  - ㉡ "소리 내면서 글자를 찾아보세요."
  - ㉢ "소리 내면서 입모양 위에 손가락으로 글자를 써 보세요."

④ 〈글자–입모양〉

- 목표 자음의 글자를 제시하여 해당하는 입모양을 찾아본다.
  - ㉠ "이 글자의 소리를 내 보세요."
  - ㉡ "소리 내면서 입모양을 찾아보세요."
  - ㉢ "소리 내면서 입모양 위에 손가락으로 글자를 써 보세요."

(3) 합성하여 해독하기

- 엘코닌 상자에서 자석 글자로 목표 자음과 모음을 무작위로 조합하여 해독해 본다. 의미가 포함되어 있지 않아도 된다.
- 목표 자음의 소리를 다시 한번 들려주고, 각 모음의 소리와 합성하여 CV 구조 낱말을 소리 내어 보도록 한다(예: "이 글자는 '키읔'이에요. 소리는 /ㅋ/예요. 이 모음은 '아'라고 소리 내요. 두 글자를 합쳐서 소리 내 볼까요?" "ㅋ~아, ㅋ아, 카.").
- 아동이 엘코닌 상자에서 자석 글자를 조합하면서 스스로 소리를 합성해 보도록 한다.
- 처음에는 자음과 단모음 1음절로 시작하여 2, 3음절로 점차 난이도를 확장하여 제시한다. 만약 아동이 해독하기 어려워한다면, 소리를 떠올릴 수 있을 만한 단서(입모양, 코의 울림 등)를 제시하거나 글자의 소리를 다시 상기시켜 준다.
- 2음절 이상 낱말 수준에서 합성하여 해독할 때, 처음에는 음절 하나하나를 손가락으로 짚으며 정확하게 읽은 후 음절을 부드럽게 이어 낱말을 한 번에 읽도록 한다.

(4) 수행력 확인하기

- 아동이 오늘의 목표 글자를 적절히 습득하였는지 보기 위해 미리 준비한 낱말을 제시한다. 무의미 낱말도 함께 포함하여 아동이 추측해서 해독한 것인지, 소리-글자를 연결하여 해독한 것인지 확인해 본다. 목표 낱말은 오늘 학습한 글자가 포함된 것으로만 구성한다.

기타사항

- 이 계획서에는 격음 자음 중 'ㅋ'를 대표로 제시했으며 나머지 격음(ㅌ, ㅍ, ㅊ, ㅎ)도 이전과 같은 순서로 진행한다.
- 격음의 소리 특성을 알아볼 때 평음과 격음의 바람 크기를 비교하며 변별해 본다.
  (예: /ㄱ/와 /ㅋ/의 바람 차이)

2) 활동 내용

(1) 초성자음: ㅋ

세부 목표

- 목표 자음 'ㅋ'의 소리를 알고 글자–소리 연결하기
- 목표 자음 'ㅋ'과 모음을 합성하여 의미 낱말 해독하기
- 목표 자음 'ㅋ'과 모음을 합성하여 무의미 낱말 해독하기
- 목표 자음 'ㅋ'이 포함된 받침 없는 문장 해독하기

1단계

<소리-입모양-글자>

① 목표 자음 'ㅋ'의 소리 특징과 입모양 알아보기

소리	입모양	글자
/ㅋ/		ㅋ

- 선생님은 "/ㅋ/는 입술이 붙지 않고 혀가 뒤로 가고 바람이 많이 나요."라고 들려준다.

② 글자–소리 연결하기

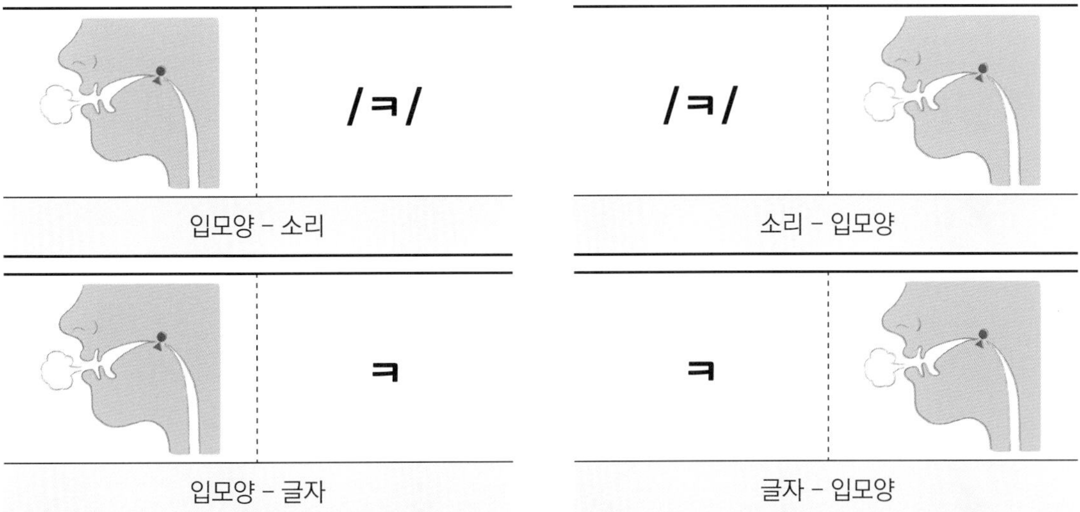

③ 목표 자음 'ㅋ' 연결하며 /ㅋ/ 소리 내기, /ㅋ/ 소리 내며 글자 찾기

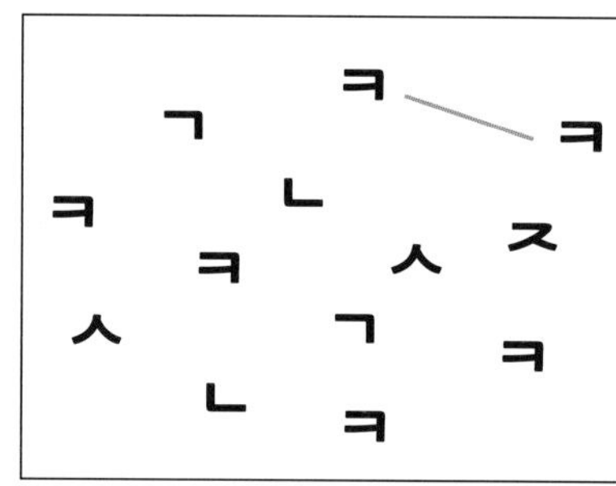

2단계

① 엘코닌 상자에서 목표 자음과 다양한 모음 합성하기(자석 글자 이용)

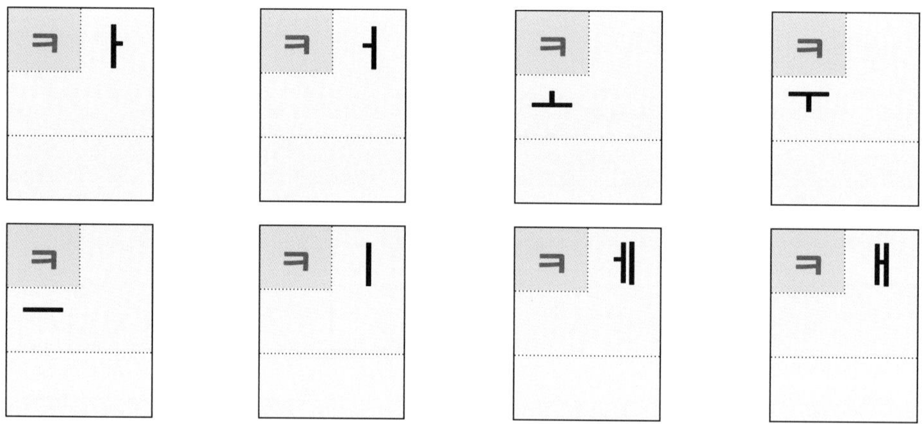

② 글자 소리 듣고 자음과 모음 연결하여 쓰기

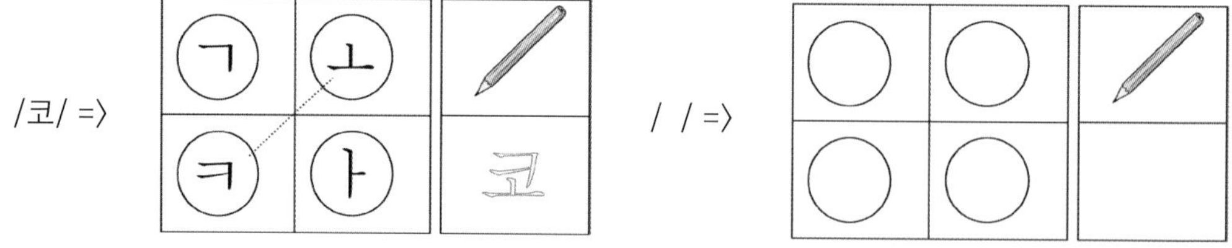

3단계

• 목표 자음과 다양한 모음 합성하여 의미 낱말 해독하기

<1수준>

커 져 ● ●	크 니 ● ●	키 워 ● ●	카 드 ● ●	케 이 크 ● ● ●

<2수준>

커 져 →	크 니 →	키 워 →	카 드 →	케 이 크 →

4단계

• 목표 자음과 다양한 모음 합성하여 무의미 낱말 해독하기

<1수준>

키 크 ● ●	쿠 커 ● ●	케 캐 ● ●	크 커 ● ●	카 코 ● ●

<2수준>

키 크 →	쿠 커 →	케 캐 →	크 커 →	카 코 →

5단계

<목표 자음 찾고 문장 해독하기>

① 카드로 코코아 사요.

② 케이크 자르고 나누자.

③ 아이가 나무 키우네.

④ 키위가 더 더 커져.

⑤ 누나보다 나무가 크니?

평가낱말

	목표 낱말	중재 전	중재 후		목표 낱말	중재 전	중재 후
1	키위			6	쿠카		
2	모카			7	코키		
3	크기			8	크케		
4	캐다			9	커크		
5	쿠키			10	캐커		

연습

- 문장이나 짧은 단락글에서 'ㅋ' 찾으며 /ㅋ/ 소리 내기

> **예:** 아이는 커다란 종이에 크레파스로 그려요.

- 초성자음 'ㅋ'이 들어 있는 낱말을 읽고 써 보기
- 자음 주사위나 빙고 게임 등을 활용하여 낱말 해독 반복 연습하기

(2) 초성자음: ㅌ

세부 목표

- 목표 자음 'ㅌ'의 소리를 알고 글자-소리 연결하기
- 목표 자음 'ㅌ'과 모음을 합성하여 의미 낱말 해독하기
- 목표 자음 'ㅌ'과 모음을 합성하여 무의미 낱말 해독하기
- 목표 자음 'ㅌ'이 포함된 받침 없는 문장 해독하기

1단계

<소리-입모양-글자>

① 목표 자음 'ㅌ'의 소리 특징과 입모양 알아 보기

소리	입모양		글자
/ㅌ/			ㅌ

② 글자-소리 연결하기

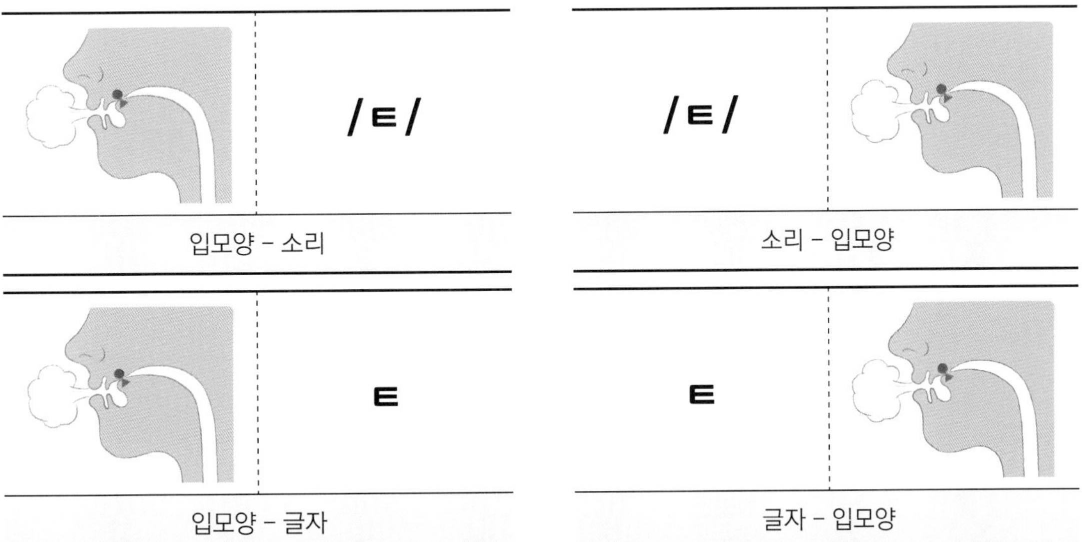

③ 목표 자음 'ㅌ' 연결하며 /ㅌ/ 소리 내기, /ㅌ/ 소리 내며 글자 찾기

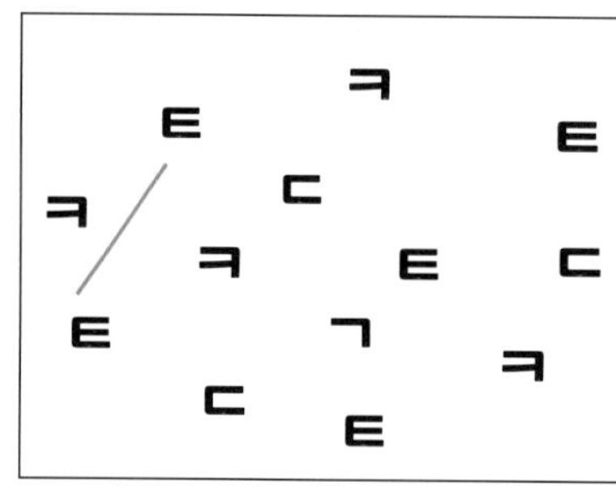

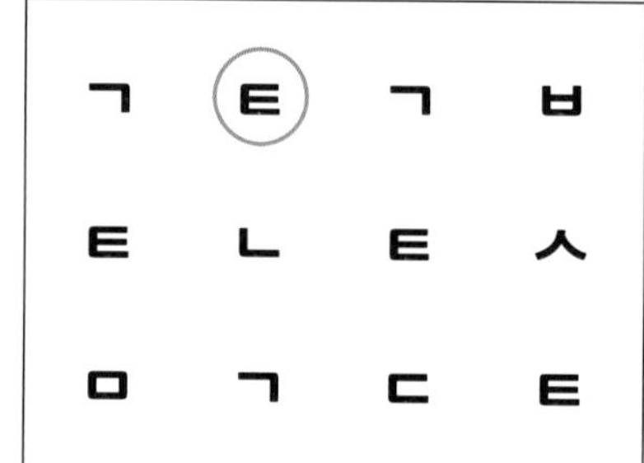

2단계

① 엘코닌 상자에서 목표 자음과 다양한 모음 합성하기(자석 글자 이용)

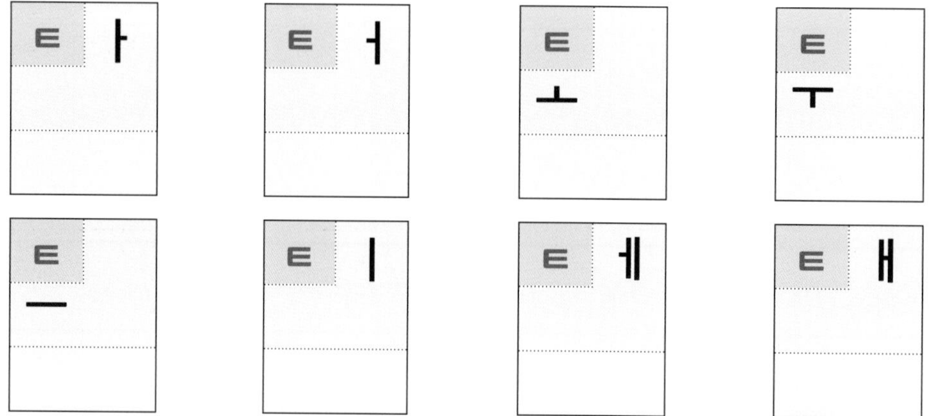

② 글자 소리 듣고 자음과 모음 연결하여 쓰기

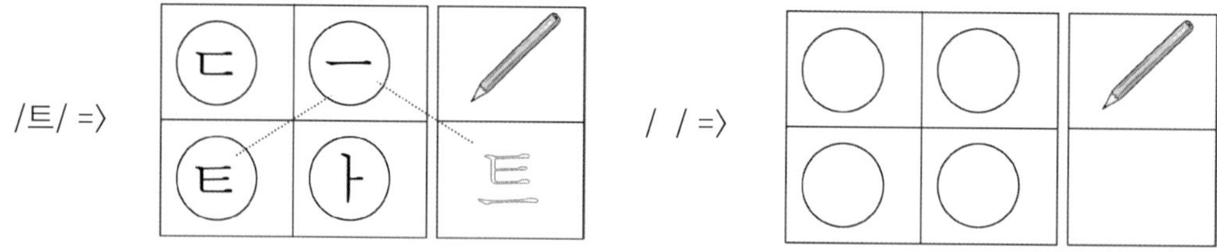

3단계

• 목표 자음과 다양한 모음 합성하여 의미 낱말 해독하기

<1수준>

타 요 ● ●	태 도 ● ●	타 조 ● ●	트 리 ● ●	기 타 ● ●

<2수준>

타 요 →	태 도 →	타 조 →	트 리 →	기 타 →

4단계

• 목표 자음과 다양한 모음 합성하여 무의미 낱말 해독하기

<1수준>

트 투 ● ●	터 티 ● ●	타 토 ● ●	투 태 ● ●	티 테 ● ●

<2수준>

트 투 →	터 티 →	타 토 →	투 태 →	티 테 →

5단계

<목표 자음 찾고 문장 해독하기>

① 버터와 새우

② 태도 바르게 기다려.

③ 타요 버스 가지고 노네요.

④ 토마토 사러 가자.

⑤ 가까이 오니 타조가 아주 커.

평가낱말

	목표 낱말	중재 전	중재 후		목표 낱말	중재 전	중재 후
1	트리			6	타 티		
2	보트			7	터 테		
3	투수			8	트 투		
4	스티커			9	토 터		
5	태우다			10	트 투		

연습

- 문장이나 짧은 단락글에서 'ㅌ' 찾으며 /ㅌ/ 소리 내기

> **예:** 아버지는 트럭 타고 토마토를 사 오셨다.

- 초성자음 'ㅌ'이 들어 있는 낱말을 읽고 써 보기
- 자음 주사위나 빙고 게임 등을 활용하여 낱말 해독 반복 연습하기

(3) 초성자음: ㅍ

세부 목표

- 목표 자음 'ㅍ'의 소리를 알고 글자-소리 연결하기
- 목표 자음 'ㅍ'과 모음을 합성하여 의미 낱말 해독하기
- 목표 자음 'ㅍ'과 모음을 합성하여 무의미 낱말 해독하기
- 목표 자음 'ㅍ'이 포함된 받침 없는 문장 해독하기

1단계

<소리-입모양-글자>

① 목표 자음 'ㅍ'의 소리 특징과 입모양 알아보기

소리	입모양	글자
/ㅍ/		ㅍ

② 글자-소리 연결하기

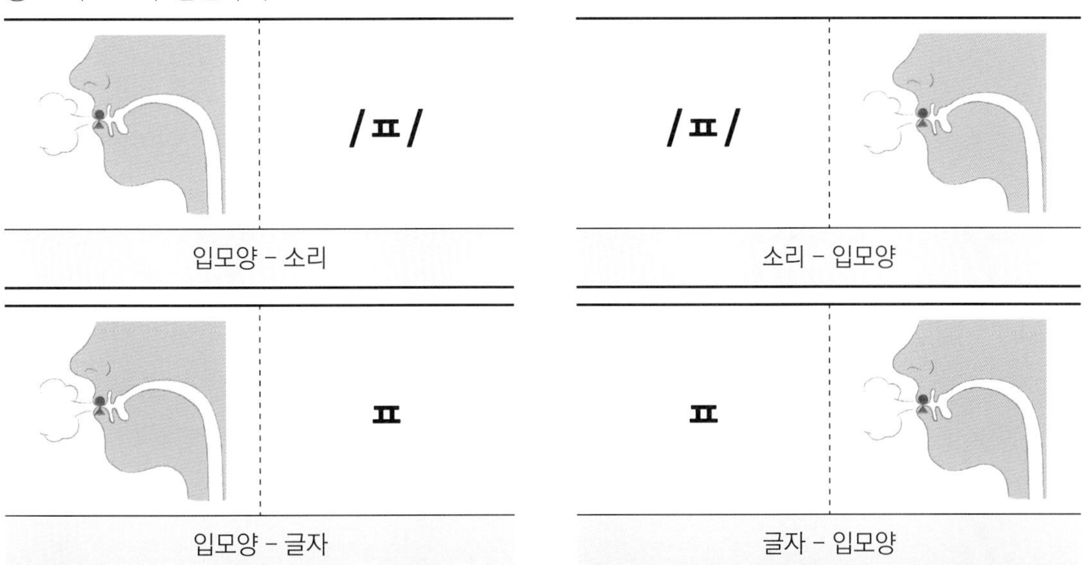

③ 목표 자음 'ㅍ' 연결하며 /ㅍ/ 소리 내기, /ㅍ/ 소리 내며 글자 찾기

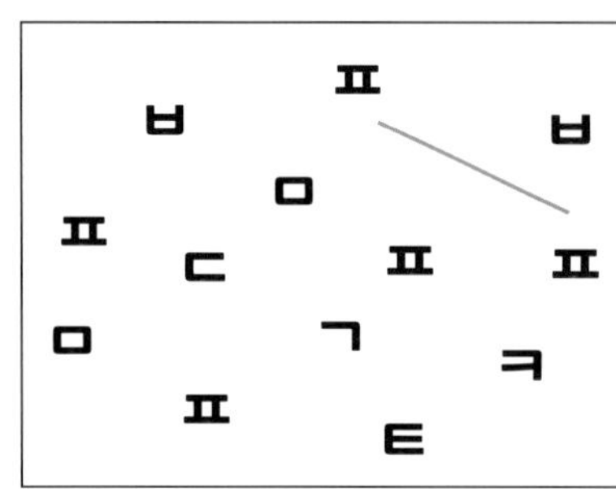

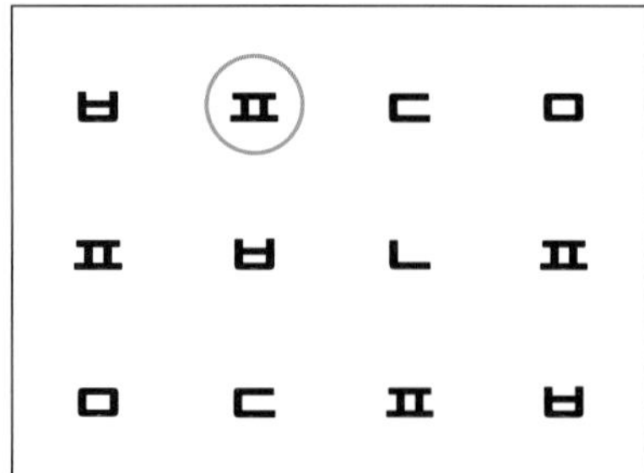

2단계

① 엘코닌 상자에서 목표 자음과 다양한 모음 합성하기(자석 글자 이용)

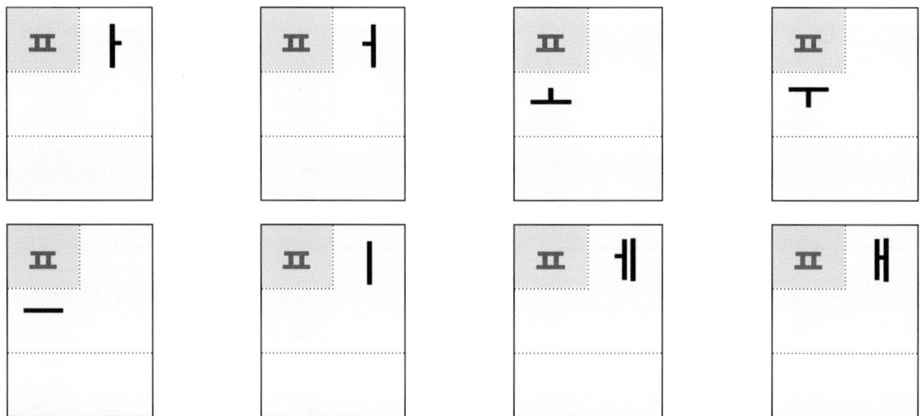

② 글자 소리 듣고 자음과 모음 연결하여 쓰기

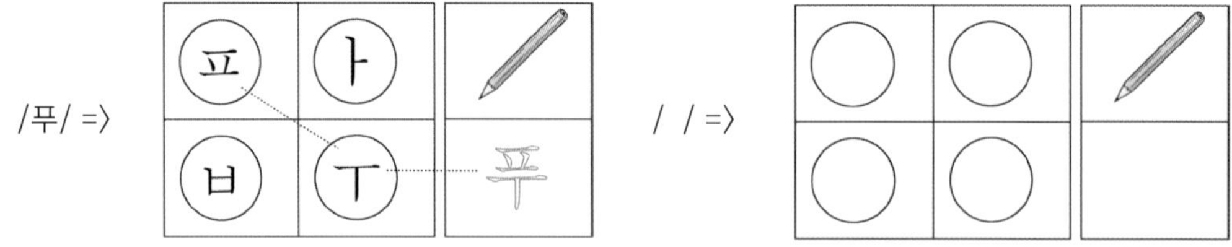

3단계

• 목표 자음과 다양한 모음 합성하여 의미 낱말 해독하기

<1수준>

아 파 ● ●	포 도 ● ●	피 리 ● ●	파 리 ● ●	푸 르 다 ● ● ●

<2수준>

아 파 →	포 도 →	피 리 →	파 리 →	푸 르 다 →

4단계

• 목표 자음과 다양한 모음 합성하여 무의미 낱말 해독하기

<1수준>

피 퍼 ● ●	푸 페 ● ●	포 피 ● ●	파 프 ● ●	프 패 ● ●

<2수준>

피 퍼 →	푸 페 →	포 피 →	파 프 →	프 패 →

5단계

<목표 자음 찾고 문장 해독하기>

① 아기가 아주 아파요.

② 피구 이기고 다리 피자.

③ 나무가 푸르고 푸르다.

④ 파리가 포도에, 파리가 포크에

⑤ 저기에 피리가 보여.

평가낱말

	목표 낱말	중재 전	중재 후		목표 낱말	중재 전	중재 후
1	파도			6	파 푸		
2	피자			7	포 패		
3	대포			8	피 프		
4	포기			9	펴 포		
5	크레파스			10	피 페		

연습

- 문장이나 짧은 단락글에서 'ㅍ' 찾으며 /ㅍ/ 소리 내기

예: 오빠는 피리 불고 동생은 포도 먹고 있다.

- 초성자음 'ㅍ'이 들어 있는 낱말을 읽고 써 보기
- 자음 주사위나 빙고 게임 등을 활용하여 낱말 해독 반복 연습하기

(4) 초성자음: ㅊ

세부 목표

- 목표 자음 'ㅊ'의 소리를 알고 글자–소리 연결하기
- 목표 자음 'ㅊ'과 모음을 합성하여 의미 낱말 해독하기
- 목표 자음 'ㅊ'과 모음을 합성하여 무의미 낱말 해독하기
- 목표 자음 'ㅊ'이 포함된 받침 없는 문장 해독하기

1단계

<소리-입모양-글자>

① 목표 자음 'ㅊ'의 소리 특징과 입모양 알아보기

소리	입모양	글자
/ㅊ/		ㅊ

② 글자–소리 연결하기

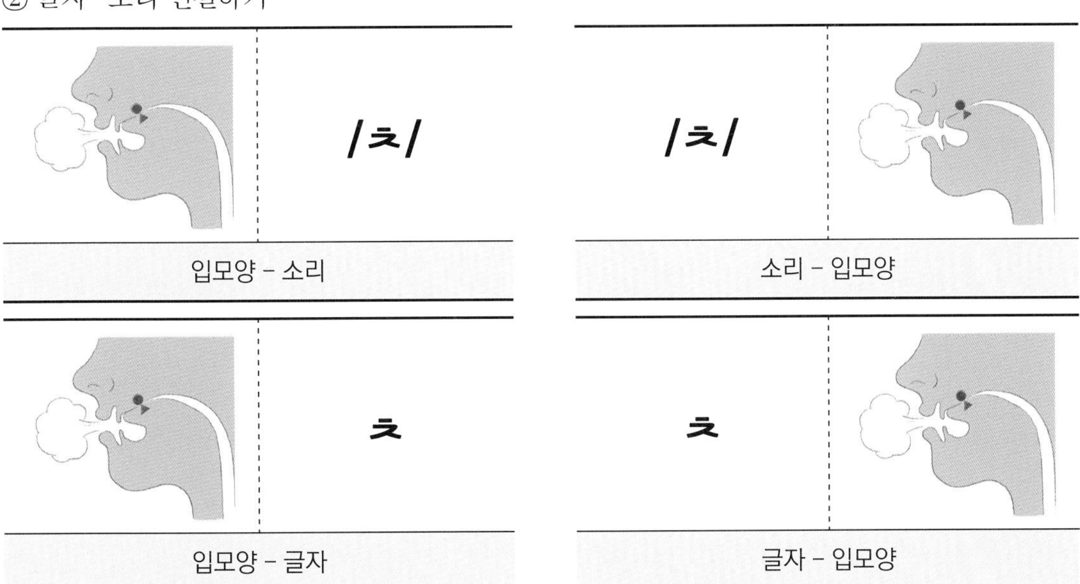

③ 목표 자음 'ㅊ' 연결하며 /ㅊ/ 소리 내기, /ㅊ/ 소리 내며 글자 찾기

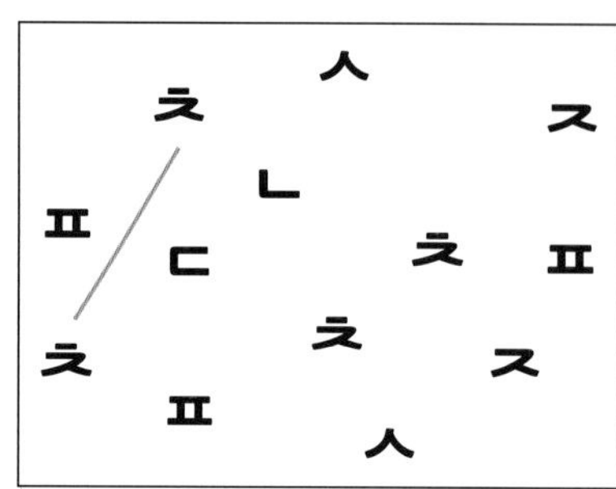

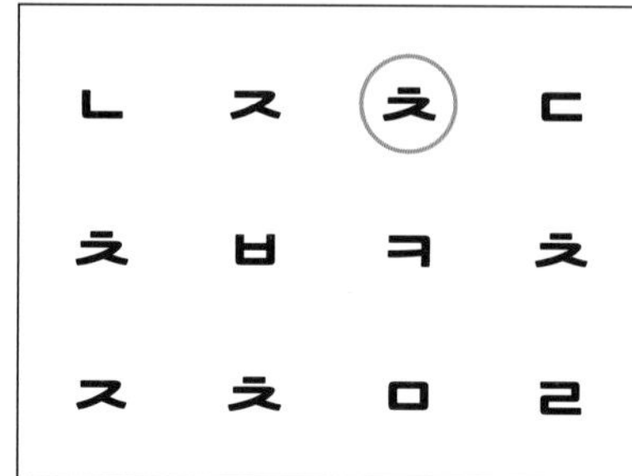

2단계

① 엘코닌 상자에서 목표 자음과 다양한 모음 합성하기(자석 글자 이용)

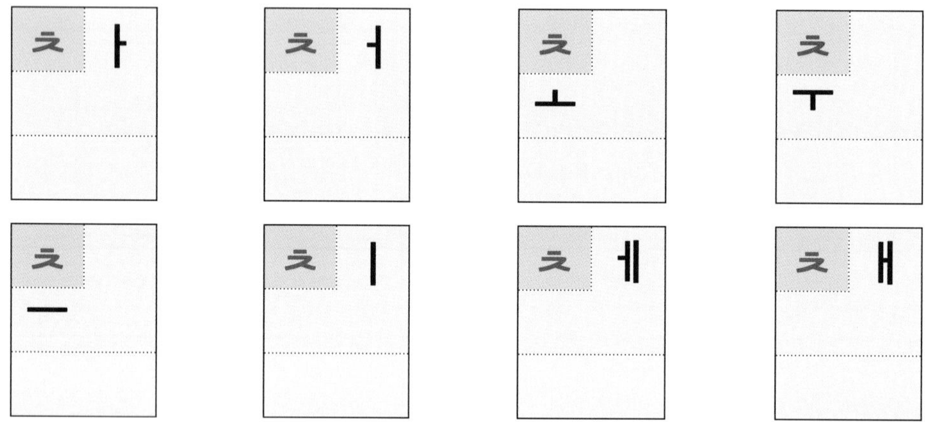

② 글자 소리 듣고 자음과 모음 연결하여 쓰기

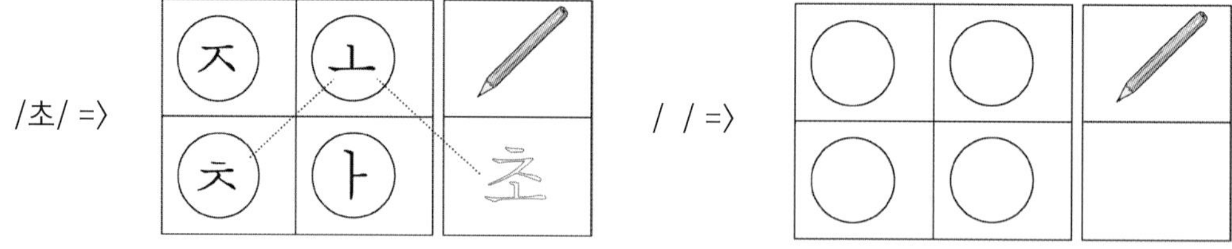

3단계

• 목표 자음과 다양한 모음 합성하여 의미 낱말 해독하기

<1수준>

야 채 ● ●	차 이 ● ●	초 코 ● ●	부 추 ● ●	체 리 ● ●

<2수준>

야 채 →	차 이 →	초 코 →	부 추 →	체 리 →

4단계

• 목표 자음과 다양한 모음 합성하여 무의미 낱말 해독하기

<1수준>

차 처 ● ●	초 치 ● ●	츠 초 ● ●	추 체 ● ●	채 치 ● ●

<2수준>

차 처 →	초 치 →	츠 초 →	추 체 →	채 치 →

5단계

<목표 자음 찾고 문장 해독하기>

① 노래 부르며 추네요.

② 초코 과자 사 주세요.

③ 차도에 내려가지 마.

④ 부추가 야채라서 치워.

⑤ 사과가 체리보다 더 크다.

평가낱말

	목표 낱말	중재 전	중재 후		목표 낱말	중재 전	중재 후
1	차지			6	추 치		
2	대추			7	처 초		
3	셔츠			8	채 차		
4	채소			9	체 츠		
5	치우자			10	차 처		

연습

- 문장이나 짧은 단락글에서 'ㅊ'를 찾으며 /ㅊ/ 소리 내기

> **예:** 이른 아침 친구라고 천천히 산책했다.

- 초성자음 'ㅊ'이 들어 있는 낱말을 읽고 써 보기
- 자음 주사위나 빙고 게임 등을 활용하여 낱말 해독 반복 연습하기

(5) 초성자음: ㅎ

세부 목표

- 목표 자음 'ㅎ'의 소리를 알고 글자-소리 연결하기
- 목표 자음 'ㅎ'과 모음을 합성하여 의미 낱말 해독하기
- 목표 자음 'ㅎ'과 모음을 합성하여 무의미 낱말 해독하기
- 목표 자음 'ㅎ'이 포함된 받침 없는 문장 해독하기

1단계

<소리-입모양-글자>

① 목표 자음 'ㅎ'의 소리 특징과 입모양 알아보기

소리	입모양	글자
/ㅎ/		ㅎ

② 글자-소리 연결하기

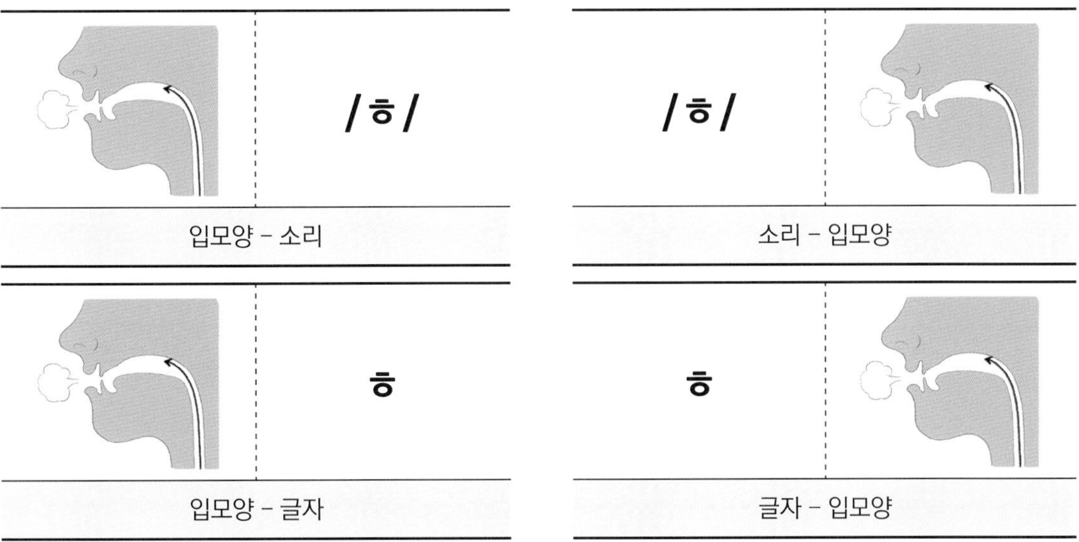

③ 목표 자음 'ㅎ' 연결하며 /ㅎ/ 소리 내기, /ㅎ/ 소리 내며 글자 찾기

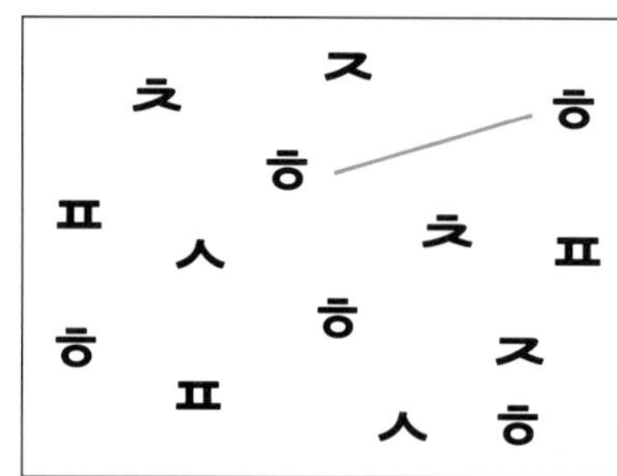

2단계

① 엘코닌 상자에서 목표 자음과 다양한 모음 합성하기(자석 글자 이용)

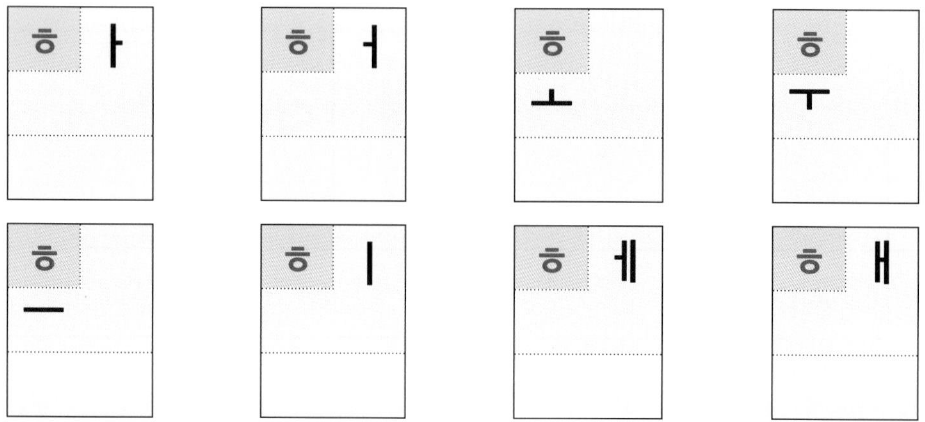

② 글자 소리 듣고 자음과 모음 연결하여 쓰기

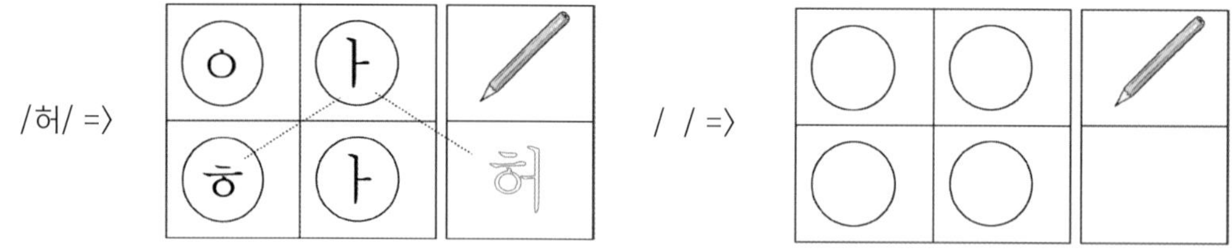

3단계

• 목표 자음과 다양한 모음 합성하여 의미 낱말 해독하기

<1수준>

아 하 • •	야 호 • •	허 리 • •	새 해 • •	후 추 • •

<2수준>

아 하 →	야 호 →	허 리 →	새 해 →	후 추 →

4단계

• 목표 자음과 다양한 모음 합성하여 무의미 낱말 해독하기

<1수준>

허 헤 • •	히 하 • •	흐 해 • •	허 호 • •	후 히 • •

<2수준>

허 헤 →	히 하 →	흐 해 →	허 호 →	후 히 →

5단계

<목표 자음 찾고 문장 해독하기>

① 아하, 후추가 매워요.

② 야호, 소리 지르자.

③ 새해가 되어서 커지다.

④ 누나가 허리 아프대요.

⑤ 하하, 호호, 헤헤 소리 나.

평가낱말

	목표 낱말	중재 전	중재 후		목표 낱말	중재 전	중재 후
1	하마			6	호 후		
2	후후			7	하 히		
3	호두			8	헤 헤		
4	하수도			9	흐 허		
5	해바라기			10	허 후		

연습

- 문장이나 짧은 단락글에서 'ㅎ' 찾으며 /ㅎ/ 소리 내기

예: 저기 하늘 좀 봐요. 비행기가 올라가요.

- 초성자음 'ㅎ'이 들어 있는 낱말을 읽고 써 보기
- 자음 주사위나 빙고 게임 등을 활용하여 낱말 해독 반복 연습하기

3. 경음

1) 회기 계획서

목표

자음 소리를 알고 받침 없는 자소-음소 일치 낱말과 문장을 정확하게 해독하기

세부 목표

- 목표 자음의 소리를 알고 글자-소리 연결하기
- 목표 자음과 모음을 합성하여 의미 낱말 해독하기
- 목표 자음과 모음을 합성하여 무의미 낱말 해독하기
- 목표 자음이 포함된 받침 없는 문장 해독하기

(1) 목표 글자 소개하기

- 오늘의 목표 자음 글자를 소개하고(자석 글자를 준비한다.) 자음의 이름과 소릿값을 알고 있는지 알아본다.
  예: "이 글자의 이름을 알고 있나요?" "소리는 어떻게 나나요?"
- 목표 자음의 소릿값을 알려 준다.
  예: "이 글자의 이름은 '쌍기역'이고 소리는 /ㄲ/로 나요."

(2) 글자-소리 연결하기

- 자석 글자를 이용하거나 미리 목표 자음이 포함된 낱말 카드를 준비한다.
- 선생님이 목표 자음을 가리키며 소리(예: 'ㄲ'를 /ㄲ/ 소리로)를 들려준다. 소리를 듣고 글자 찾기, 읽기, 쓰기를 반복하며 소리와 글자를 연결할 수 있도록 돕는다.

① 〈입모양-소리〉

㉮ 선생님의 시범과 입모양 카드로 소리의 특성을 이해한다.

㉯ 선생님이 먼저 목표 자음의 소리를 내고 아동도 똑같이 따라 소리를 내도록 한다. 이때 소리의 입모양과 세기 등 소리의 특징에 대해 이야기 나눈다. "입술이 붙었어요?

떨어졌어요?" "혀는 어디에 있어요?" "바람이 약해요? 세요?" "코가 울리나요?"와 같은 질문을 하고 입모양 카드를 보며 목표 자음의 소리의 특성을 자세하게 설명한다.

㉰ 입모양 카드(앞모습, 옆모습)를 제시하여 아동의 입모양과 비교한다.

② 〈소리-입모양〉

- 목표 자음의 입모양 카드와 다른 자음의 입모양 카드를 준비해서 소리를 들려주고 해당하는 카드를 찾는다(2개에서 4개까지 준비).
- "선생님이 들려주는 자음 소리의 입모양을 찾아보세요."

③ 〈입모양-글자〉

- 입모양 그림대로 소리 내어 보고 소리에 해당하는 낱자를 찾아본다.

㉮ "입모양대로 소리 내 보세요."

㉯ "소리 내면서 글자를 찾아보세요."

㉰ "소리 내면서 입모양 위에 손가락으로 글자를 써 보세요."

④ 〈글자-입모양〉

- 목표 자음의 글자를 제시하여 해당하는 입모양을 찾아본다.

㉮ "이 글자의 소리를 내 보세요."

㉯ "소리 내면서 입모양을 찾아보세요."

㉰ "소리 내면서 입모양 위에 손가락으로 글자를 써 보세요."

(3) 합성하여 해독하기

- 엘코닌 상자에서 자석글자로 목표 자음과 모음을 무작위로 조합하여 해독해 본다. 의미가 포함되어 있지 않아도 된다.
- 목표 자음의 소리를 다시 한번 들려주고, 각 모음의 소리와 합성하여 CV 구조 낱말을 소리 내어 보도록 한다(예: "이 글자는 '쌍기역'이에요. 소리는 /ㄲ/예요. 이 모음은 '아'라고 소리 내요. 두 글자를 합쳐서 소리 내 볼까요." "ㄲ~아, ㄲ아, 까.").
- 아동이 엘코닌 상자에서 자석 글자를 조합하면서 스스로 합성해 보도록 한다.
- 처음에는 자음과 단모음 1음절로 시작하여 2, 3음절로 점차 난이도를 확장하여 제시한다. 만약 아동이 해독하기 어려워한다면, 소리를 떠올릴 수 있을 만한 단서(입모양, 코의 울림 등)를 제시하거나 글자의 소리를 다시 상기시켜 준다.
- 2음절 이상 낱말 수준에서 합성하여 해독할 때, 처음에는 음절 하나하나를 손가락으로 짚으며 정확하게 읽은 후 음절을 부드럽게 이어 낱말을 한 번에 읽도록 한다.

(4) 수행력 확인하기

- 아동이 오늘의 목표 글자를 적절히 습득하였는지 보기 위해 미리 준비한 낱말을 제시한다. 무의미 낱말도 함께 포함하여 아동이 추측해서 해독한 것인지, 소리-글자를 연결하여 해독한 것인지 확인해 본다. 목표 낱말은 오늘 학습한 글자가 포함된 것으로만 구성한다.

기타사항

- 이 계획서에는 경음 자음 중 'ㄲ'을 대표로 제시했으며 나머지 경음(ㄸ, ㅃ, ㅆ, ㅉ)도 이전과 같은 순서로 진행한다.
- 경음의 소리 특성을 알아볼 때 평음과 격음, 경음의 바람 크기와 세기를 비교하며 변별해 본다(예: /ㄱ/, /ㅋ/, /ㄲ/의 바람과 세기 차이).

2) 활동 내용

(1) 초성자음: ㄲ

세부 목표

- 목표 자음 'ㄲ'의 소리를 알고 글자-소리 연결하기
- 목표 자음 'ㄲ'과 모음을 합성하여 의미 낱말 해독하기
- 목표 자음 'ㄲ'과 모음을 합성하여 무의미 낱말 해독하기
- 목표 자음 'ㄲ'이 포함된 받침 없는 문장 해독하기

1단계

<소리-입모양-글자>

① 목표 자음 'ㄲ'의 소리 특징과 입모양 알아보기

소리	입모양		글자
/ㄲ/			ㄲ

선생님은 "/ㄲ/는 입술이 붙지 않고 혀가 뒤로 가고 힘이 들어가요."라고 들려준다.

② 글자-소리 연결하기

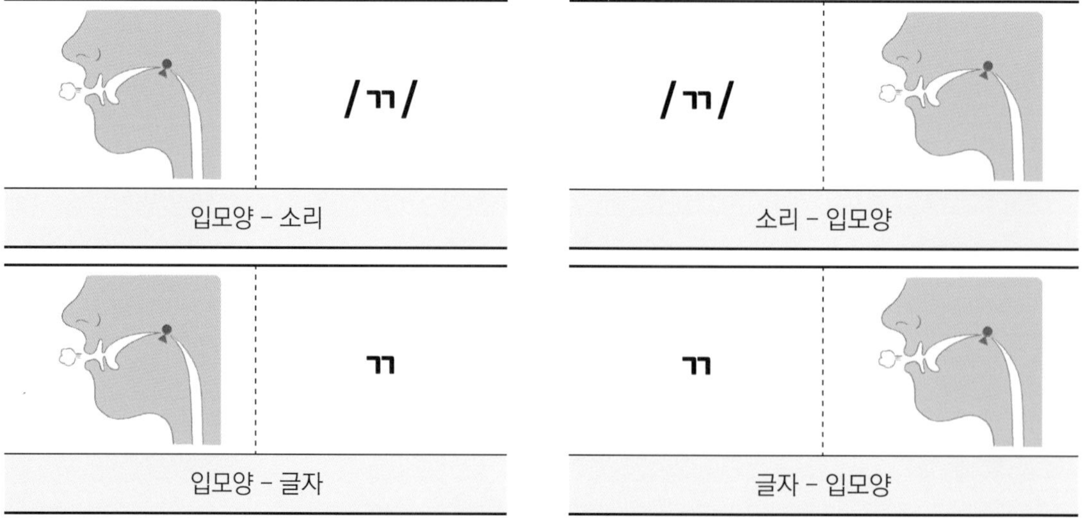

③ 목표 자음 'ㄲ' 연결하며 /ㄲ/ 소리 내기, /ㄲ/ 소리 내며 글자 찾기

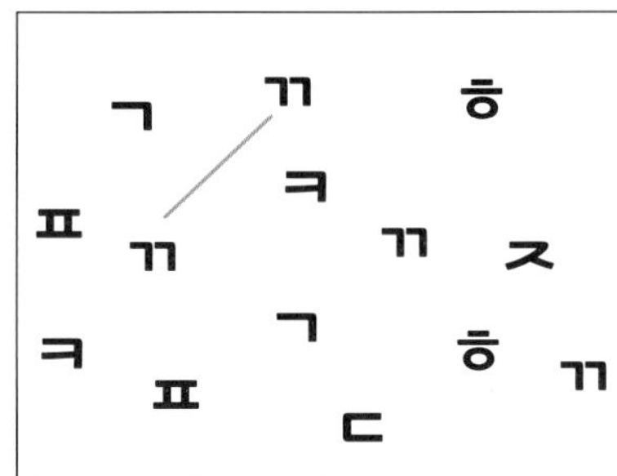

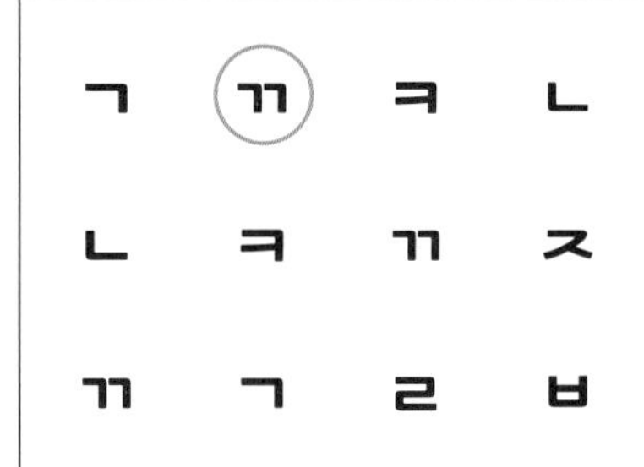

2단계

① 엘코닌 상자에서 목표 자음과 다양한 모음 합성하기(자석 글자 이용)

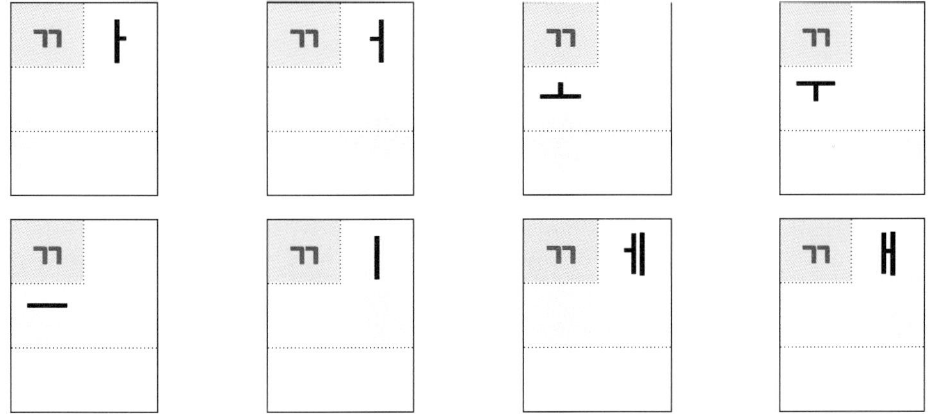

② 글자 소리 듣고 자음과 모음 연결하여 쓰기

/까/ =〉 / / =〉

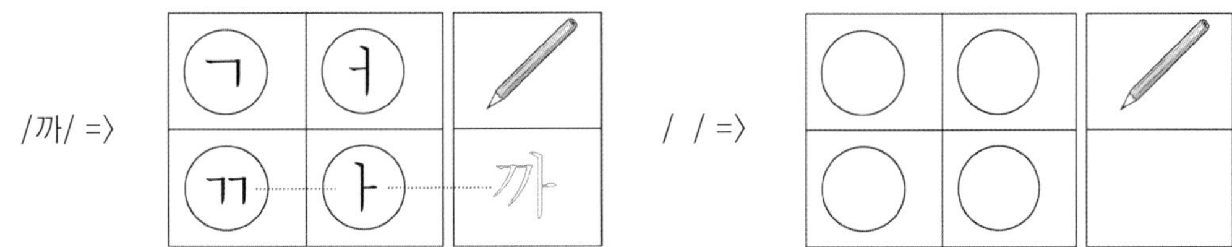

3단계

- 목표 자음과 다양한 모음 합성하여 의미 낱말 해독하기

<1수준>

아 까 ● ●	꼬 마 ● ●	까 치 ● ●	두 께 ● ●	두 꺼 비 ● ● ●

<2수준>

아 까 →	꼬 마 →	까 치 →	두 께 →	두 꺼 비 →

4단계

- 목표 자음과 다양한 모음 합성하여 무의미 낱말 해독하기

<1수준>

꼬 끼 ● ●	께 꾸 ● ●	까 꾸 ● ●	끄 꺼 ● ●	깨 끄 ● ●

<2수준>

꼬 끼 →	께 꾸 →	까 꾸 →	끄 꺼 →	깨 끄 →

5단계

<목표 자음 찾고 문장 해독하기>

① 비가 와서 두꺼비가 나와요.

② 도끼의 두께가 두꺼워.

③ 도자기가 구르다 깨져.

④ 스티커를 아껴 써요.

⑤ 여기저기서 까치가 보여요.

평가낱말

	목표 낱말	중재 전	중재 후		목표 낱말	중재 전	중재 후
1	꼬리			6	꾸 끼		
2	까치			7	까 꼬		
3	꾸러미			8	끄 끼		
4	느끼다			9	꺼 끄		
5	도깨비			10	께 깨		

연습

- 문장이나 짧은 단락글에서 'ㄲ' 찾으며 /ㄲ/ 소리 내기

예: 장난꾸러기 동생이 텔리비전을 꺼 버렸다.

- 초성자음 'ㄲ'이 들어 있는 낱말을 읽고 써 보기
- 자음 주사위나 빙고 게임 등을 활용하여 낱말 해독 반복 연습하기

(2) 초성자음: ㄸ

세부 목표

- 목표 자음 'ㄸ'의 소리를 알고 글자-소리 연결하기
- 목표 자음 'ㄸ'과 모음을 합성하여 의미 낱말 해독하기
- 목표 자음 'ㄸ'과 모음을 합성하여 무의미 낱말 해독하기
- 목표 자음 'ㄸ'이 포함된 받침 없는 문장 해독하기

1단계

<소리-입모양-글자>

① 목표 자음 'ㄸ'의 소리 특징과 입모양 알아보기

소리	입모양		글자
/ㄸ/			ㄸ

② 글자-소리 연결하기

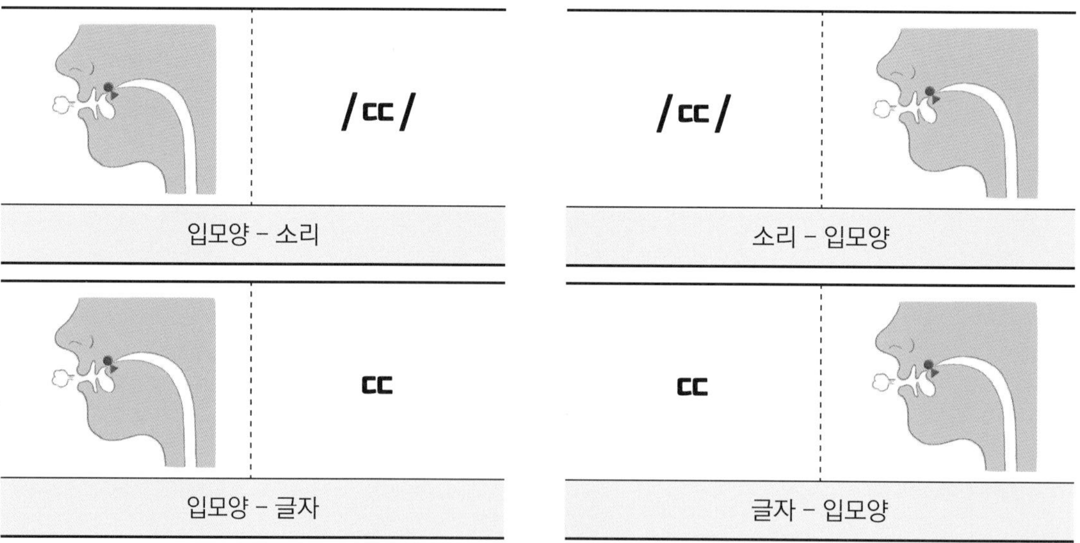

③ 목표 자음 'ㄸ' 연결하며 /ㄸ/ 소리 내기, /ㄸ/ 소리 내며 글자 찾기

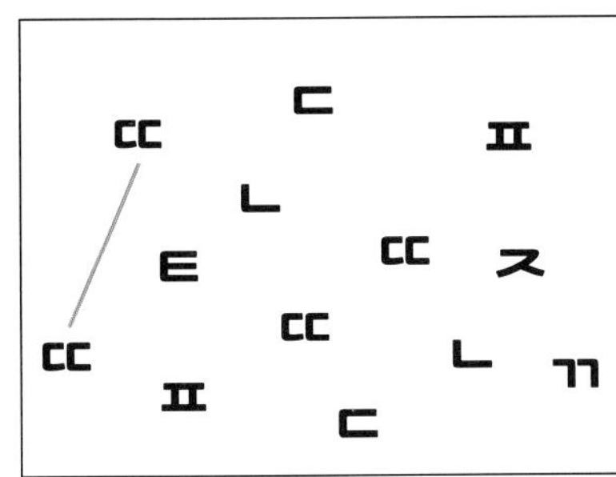

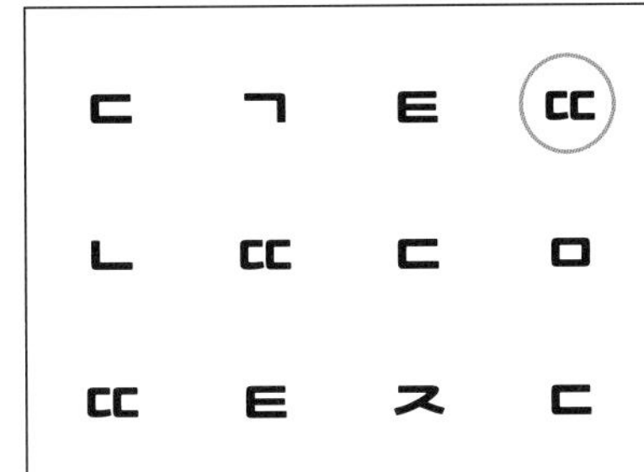

2단계

① 엘코닌 상자에서 목표 자음과 다양한 모음 합성하기(자석 글자 이용)

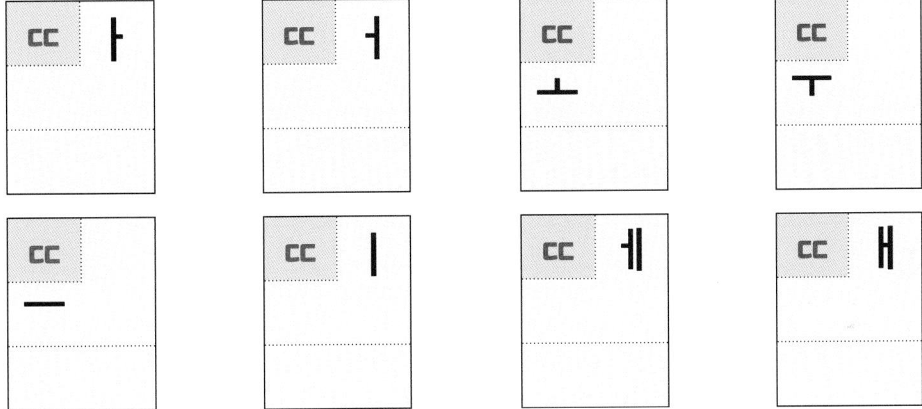

② 글자 소리 듣고 자음과 모음 연결하여 쓰기

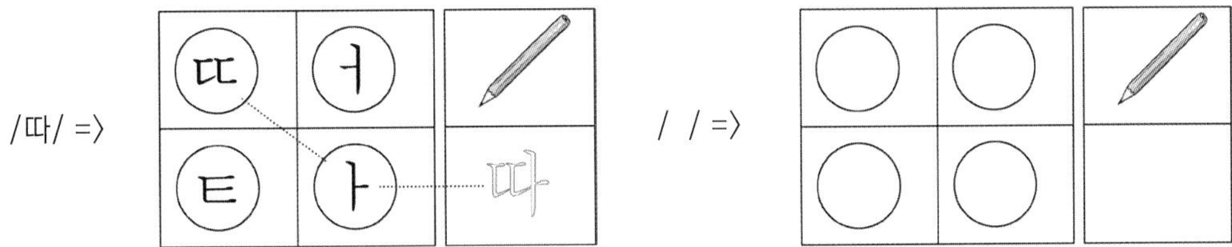

3단계

- 목표 자음과 다양한 모음 합성하여 의미 낱말 해독하기

<1수준>

이 때 ● ●	따 요 ● ●	떠 요 ● ●	뜨 다 ● ●	또 래 ● ●

<2수준>

이 때 →	따 요 →	떠 요 →	뜨 다 →	또 래 →

4단계

- 목표 자음과 다양한 모음 합성하여 무의미 낱말 해독하기

<1수준>

띠 뚜 ● ●	뜨 떼 ● ●	따 뚜 ● ●	또 때 ● ●	때 뜨 ● ●

<2수준>

띠 뚜 →	뜨 떼 →	따 뚜 →	또 때 →	때 뜨 →

5단계

<목표 자음 찾고 문장 해독하기>

① 누나가 보라 머리띠 또 해요.

② 또래끼리 모여서 가자.

③ 따라서 노래 부르네.

④ 사다리 오르고 사과 따요.

⑤ 배가 바다에 떠다녀요.

평가낱말

	목표 낱말	중재 전	중재 후		목표 낱말	중재 전	중재 후
1	어때			6	또 뚜		
2	따개			7	따 뜨		
3	떠서			8	띠 띠		
4	메뚜기			9	떠 뚜		
5	뜨거워			10	때 떼		

연습

- 문장이나 짧은 단락글에서 'ㄸ' 찾으며 /ㄸ/ 소리 내기

> 예: 떠드는 소리 때문에 머리가 아프다.

- 초성자음 'ㄸ'이 들어 있는 낱말을 읽고 써 보기
- 자음 주사위나 빙고 게임 등을 활용하여 낱말 해독 반복 연습하기

(3) 초성자음: ㅃ

세부 목표

- 목표 자음 'ㅃ'의 소리를 알고 글자-소리 연결하기
- 목표 자음 'ㅃ'과 모음을 합성하여 의미 낱말 해독하기
- 목표 자음 'ㅃ'과 모음을 합성하여 무의미 낱말 해독하기
- 목표 자음 'ㅃ'이 포함된 받침 없는 문장 해독하기

1단계

<소리-입모양-글자>

① 목표 자음 'ㅃ'의 소리 특징과 입모양 알아보기

소리	입모양		글자
/ㅃ/			ㅃ

② 글자-소리 연결하기

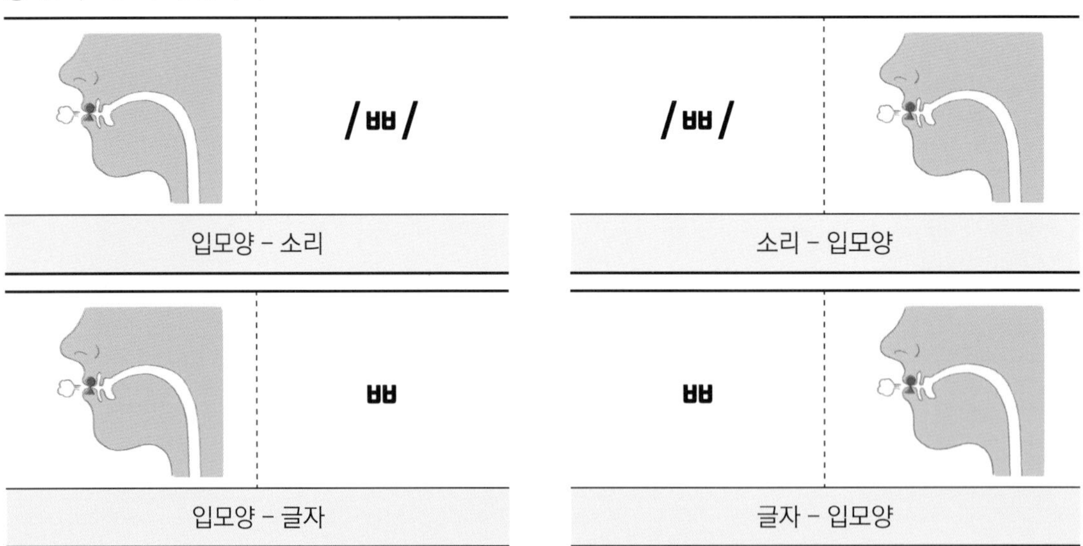

③ 목표 자음 'ㅃ' 연결하며 /ㅃ/ 소리 내기, /ㅃ/ 소리 내며 글자 찾기

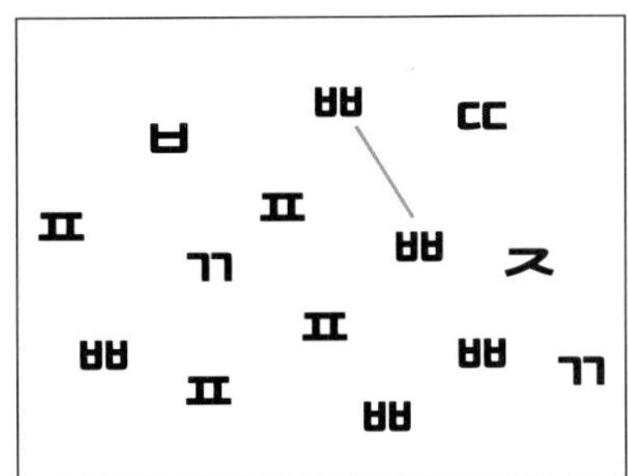

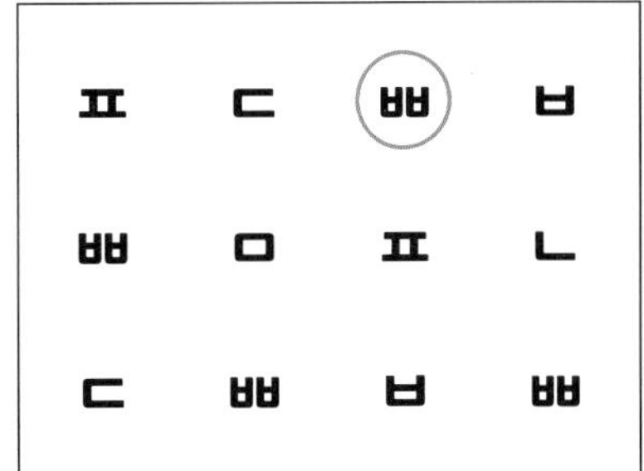

2단계

① 엘코닌 상자에서 목표 자음과 다양한 모음 합성하기(자석 글자 이용)

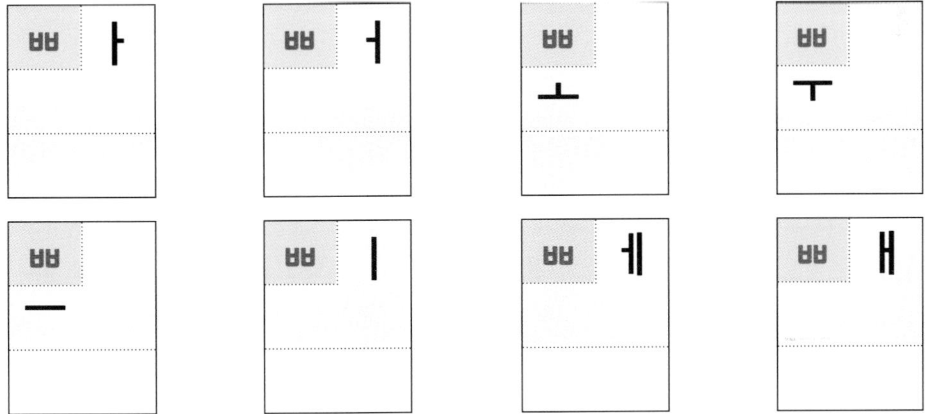

② 글자 소리 듣고 자음과 모음 연결하여 쓰기

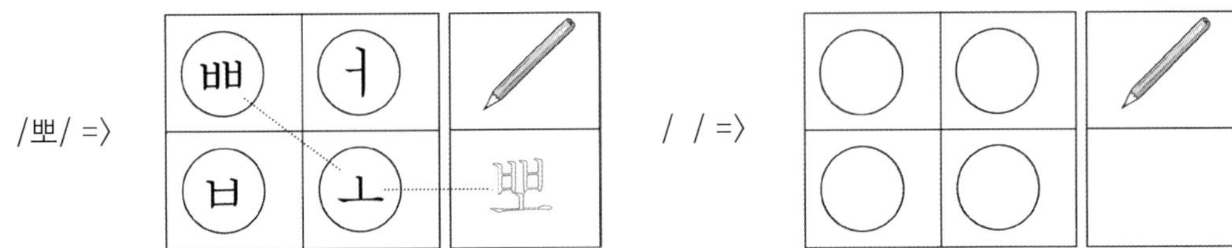

3단계

- 목표 자음과 다양한 모음 합성하여 의미 낱말 해독하기

<1수준>

나 빠 ● ●	기 뻐 ● ●	빼 요 ● ●	뿌 리 ● ●	빠 져 ● ●

<2수준>

나 빠 →	기 뻐 →	빼 요 →	뿌 리 →	빠 져 →

4단계

- 목표 자음과 다양한 모음 합성하여 무의미 낱말 해독하기

<1수준>

뿌 삐 ● ●	뻬 쁘 ● ●	빠 뻐 ● ●	쁘 빼 ● ●	뽀 뻐 ● ●

<2수준>

뿌 삐 →	뻬 쁘 →	빠 뻐 →	쁘 빼 →	뽀 뻐 →

5단계

<목표 자음 찾고 문장 해독하기>

① 내가 나쁘다고 누나가 삐져요.

② 나무뿌리가 빠져나와요.

③ 아빠가 예쁘다고 뽀뽀해 주네.

④ 지수가 삐기고 다녀서 화나요.

⑤ 다시 보게 되어서 기뻐요.

평가낱말

	목표 낱말	중재 전	중재 후		목표 낱말	중재 전	중재 후
1	바빠			6	빠 삐		
2	빼서			7	쁘 뿌		
3	뿌리고			8	삐 빼		
4	삐지다			9	뻬 뻐		
5	뻐꾸기			10	뽀 뿌		

연습

- 문장이나 짧은 단락글에서 'ㅃ' 찾으며 /ㅃ/ 소리 내기

> 예: "바쁘다, 바빠"하며 아버지가 빨리 나가시네.

- 초성자음 'ㅃ'이 들어 있는 낱말을 읽고 써 보기
- 자음 주사위나 빙고 게임 등을 활용하여 낱말 해독 반복 연습하기

(4) 초성자음: ㅆ

세부 목표

- 목표 자음 'ㅆ'의 소리를 알고 글자-소리 연결하기
- 목표 자음 'ㅆ'과 모음을 합성하여 의미 낱말 해독하기
- 목표 자음 'ㅆ'과 모음을 합성하여 무의미 낱말 해독하기
- 목표 자음 'ㅆ'이 포함된 받침 없는 문장 해독하기

1단계

<소리-입모양-글자>

① 목표 자음 'ㅆ'의 소리 특징과 입모양 알아보기

소리	입모양		글자
/ㅆ/			ㅆ

② 글자-소리 연결하기

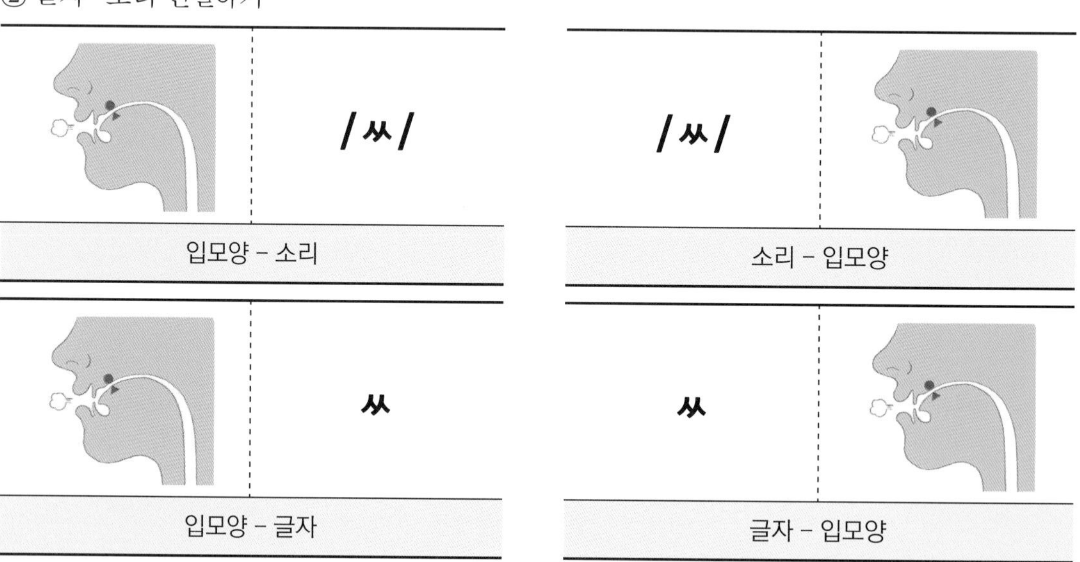

③ 목표 자음 'ㅆ' 연결하며 /ㅆ/ 소리 내기, /ㅆ/ 소리 내며 글자 찾기

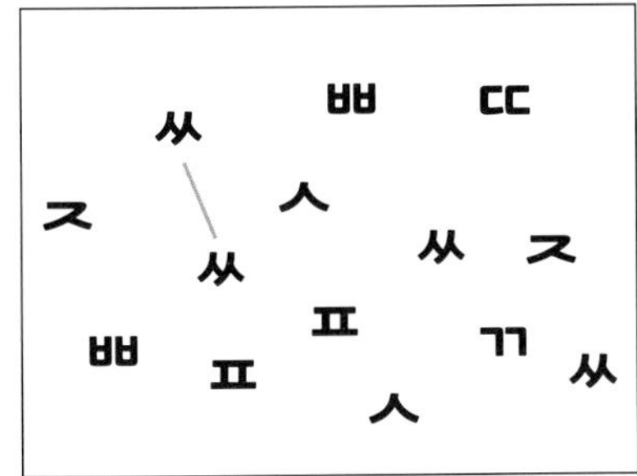

2단계

① 엘코닌 상자에서 목표 자음과 다양한 모음 합성하기(자석 글자 이용)

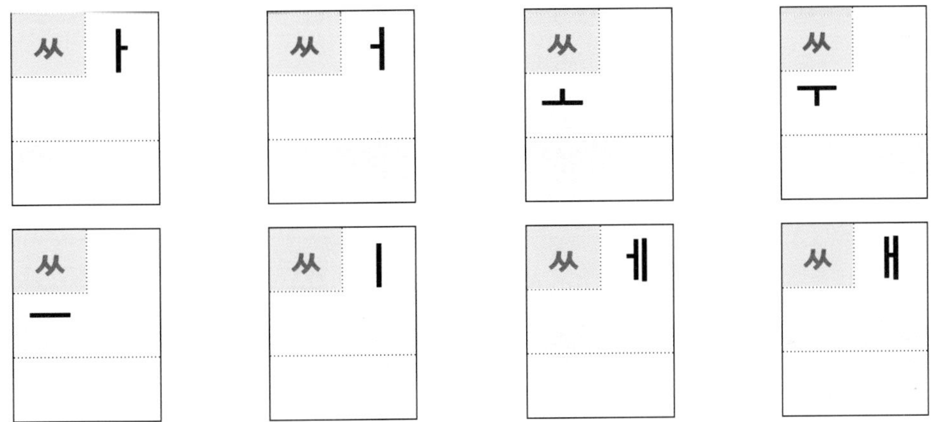

② 글자 소리 듣고 자음과 모음 연결하여 쓰기

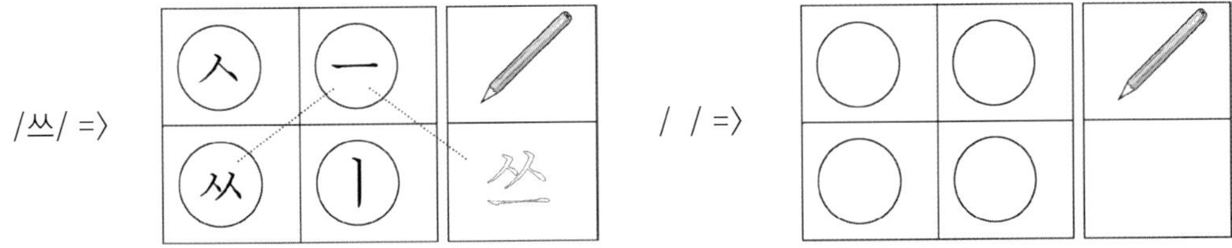

3단계

• 목표 자음과 다양한 모음 합성하여 의미 낱말 해독하기

<1수준>

쏘 아 ● ●	써 요 ● ●	쓰 다 ● ●	쌔 다 ● ●	싸 우 고 ● ● ●

<2수준>

쏘 아 →	써 요 →	쓰 다 →	쌔 다 →	싸 우 고 →

4단계

• 목표 자음과 다양한 모음 합성하여 무의미 낱말 해독하기

<1수준>

싸 쓰 ● ●	씨 쎄 ● ●	쌔 쏘 ● ●	쑤 써 ● ●	쏘 싸 ● ●

<2수준>

싸 쓰 →	씨 쎄 →	쌔 쏘 →	쑤 써 →	쏘 싸 →

5단계

<목표 자음 찾고 문장 해독하기>

① 아기야 모자 쓰자.

② 예쁘게 보자기로 싸요.

③ 이쑤시개로 이 쑤셔요.

④ 나무가 부러져서 쓰러져요.

⑤ 해파리가 쏘아서 다리가 아파요.

평가낱말

	목표 낱말	중재 전	중재 후		목표 낱말	중재 전	중재 후
1	싸요			6	쓰 싸		
2	애써			7	씨 쑤		
3	쑤셔			8	쏘 쎄		
4	아저씨			9	사 쌔		
5	쓰레기			10	써 쑤		

연습

- 문장이나 짧은 단락글에서 'ㅆ' 찾으며 /ㅆ/ 소리 내기

> 예: 씨앗을 심고 물을 주었더니 싹이 나요.

- 초성자음 'ㅆ'이 들어 있는 낱말을 읽고 써 보기
- 자음 주사위나 빙고 게임 등을 활용하여 낱말 해독 반복 연습하기

(5) 초성자음: ㅉ

세부 목표

- 목표 자음 'ㅉ'의 소리를 알고 글자-소리 연결하기
- 목표 자음 'ㅉ'과 모음을 합성하여 의미 낱말 해독하기
- 목표 자음 'ㅉ'과 모음을 합성하여 무의미 낱말 해독하기
- 목표 자음 'ㅉ'이 포함된 받침 없는 문장 해독하기

1단계

<소리-입모양-글자>

① 목표 자음 'ㅉ'의 소리 특징과 입모양 알아보기

소리	입모양	글자
/ㅉ/		ㅉ

② 글자-소리 연결하기

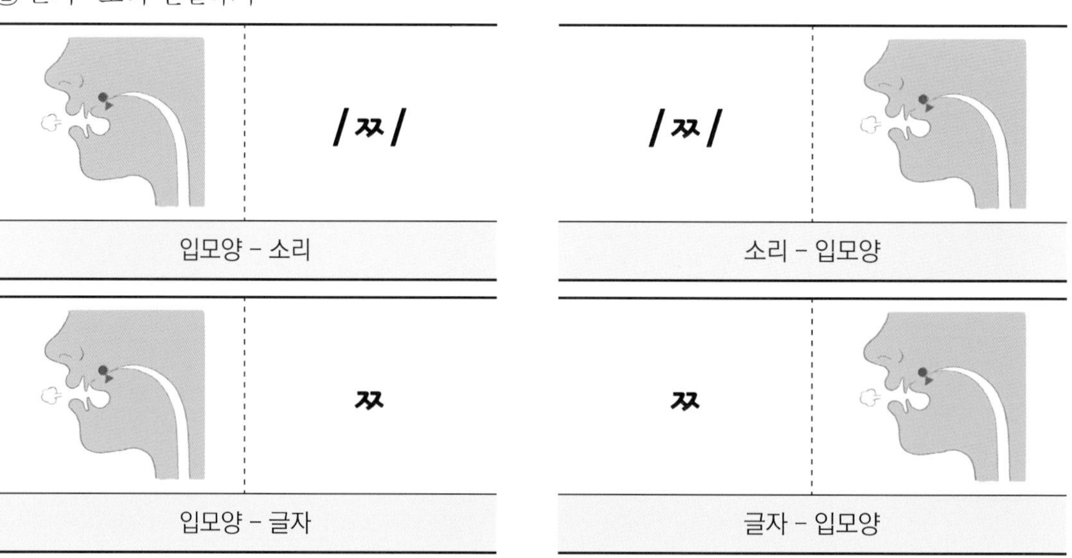

③ 목표 자음 'ㅉ' 연결하며 /ㅉ/ 소리 내기, /ㅉ/ 소리 내며 글자 찾기

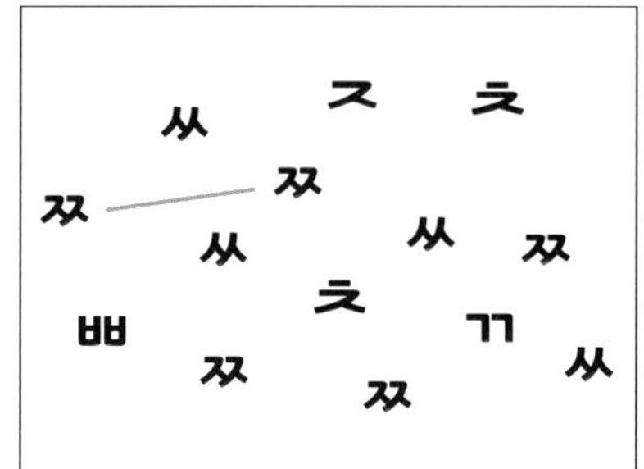

2단계

① 엘코닌 상자에서 목표 자음과 다양한 모음 합성하기(자석 글자 이용)

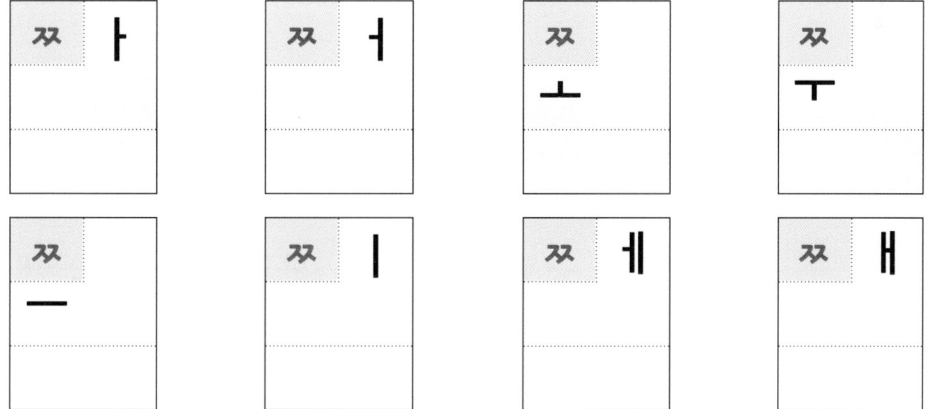

② 글자 소리 듣고 자음과 모음 연결하여 쓰기

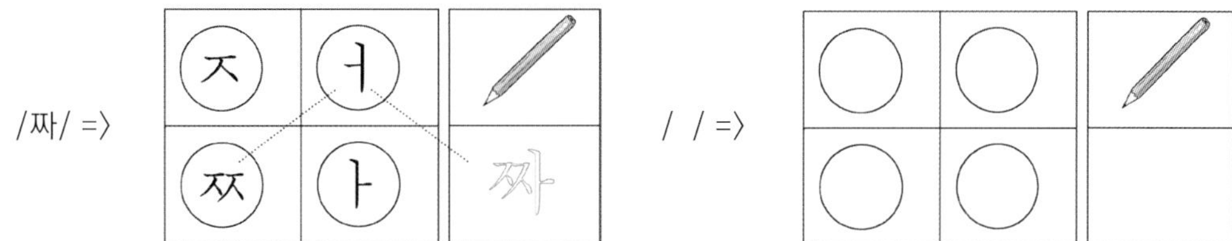

3단계

• 목표 자음과 다양한 모음 합성하여 의미 낱말 해독하기

<1수준>

어 찌 ● ●	찌 다 ● ●	가 짜 ● ●	쪼 다 ● ●	어 쩌 고 ● ● ●

<2수준>

어 찌 →	찌 다 →	가 짜 →	쪼 다 →	어 쩌 고 →

4단계

• 목표 자음과 다양한 모음 합성하여 무의미 낱말 해독하기

<1수준>

쯔 짜 ● ●	쩌 쪼 ● ●	찌 째 ● ●	쩨 짜 ● ●	쭈 쩨 ● ●

<2수준>

쯔 짜 →	쩌 쪼 →	찌 째 →	쩨 짜 →	쭈 쩨 →

5단계

<목표 자음 찾고 문장 해독하기>

① 아빠가 바다가 아주 짜다고 해요.

② 아기가 쭈그려서 개미 보네요.

③ 새가 나무 다음에서 도토리 쪼아요.

④ 가짜 사자가 째려봐서 무서워요.

⑤ 어찌하다 찌개가 타지?

평가낱말

	목표 낱말	중재 전	중재 후		목표 낱말	중재 전	중재 후
1	짜다			6	짜 찌		
2	째요			7	쯔 쩌		
3	쭈꾸미			8	쪼 쩨		
4	쪼그려			9	쭈 째		
5	찌꺼기			10	쩨 찌		

연습

- 문장이나 짧은 단락글에서 'ㅉ' 찾으며 /ㅉ/ 소리 내기

예: 짝꿍이랑 사진 찍고 쭈쭈바 먹자.

- 초성자음 'ㅉ'이 들어 있는 낱말을 읽고 써 보기
- 자음 주사위나 빙고 게임 등을 활용하여 낱말 해독 반복 연습하기

제 4 장

자소-음소 일치 낱말 해독: 받침

1. 대표 받침

1) 받침: ㅇ

(1) 회기 계획서

목표

받침소리가 포함된 사소-음소 일치 낱말을 정확하세 해독하기

세부 목표

- 받침 'ㅇ'의 소리를 알고 글자-소리 연결하기
- 목표 받침소리를 알고 VC 음절 해독하기
- 목표 받침소리를 알고 CVC 음절 해독하기
- 목표 받침소리를 알고 자소-음소 일치 낱말(목표받침만) 해독하기
- 목표 받침소리가 포함된 짧은 문장 해독하기

① 목표 글자 소개하기

- 선생님은 "오늘은 받침 'ㅇ'에 대해서 말해 줄게요."라고 말한다.

② 소리-입모양-글자 연결하기

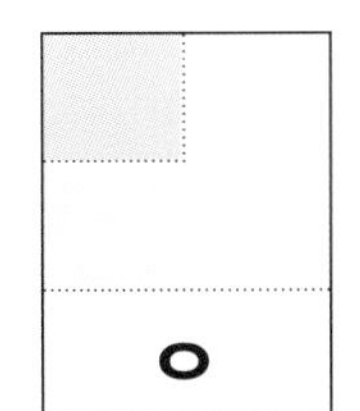

㉮ 선생님이 아동에게 "이응 글자는 받침에 오면 /응/ 소리가 나요."라고 설명하며 엘코닌 상자의 받침 위치에 글자 'ㅇ'을 올려서 보여 준다. 아동에게 받침 'ㅇ'의 소리를 따라 말하도록 하거나 선생님이 글자를 가리키면 아동이 소리를 말하는 활동으로 글자와 소리를 연결한다.

㉯ 선생님이 아동에게 혀 등이 입천장 뒤쪽에 붙어 나는 소리의 특징을 이해할 수 있도록 받침 'ㅇ'의 입모양 그림을 보여 주며 소리를 들려준다. 아동이 소리를 따라 말하도록 하고 입모양, 코의 울림(비음) 등의 특징에 대해 함께 이야기한다.

㉰ 목표 받침소리와 입모양 연결을 확인한 후, 입모양 그림에 자석 글자를 올려놓거나 글자를 손가락으로 그리면서 소리 내어 보도록 한다.

㉱ 목표 받침소리를 듣고 글자 찾기, 읽기, 쓰기를 반복하며 소리-입모양-받침 글자를 연결할 수 있도록 돕는다.

③ 합성하여 해독하기

㉮ VC-1음절 낱말을 해독한다.

㉠ 단모음 글자와 받침 'ㅇ'을 차례로 짚으면서 소리 합성 과정을 설명한다. 예를 들어, '앙'의 경우 선생님이 '아'와 받침 'ㅇ'의 입모양을 차례로 짚으면서 /아~응/, /아응/, /앙/ 순서로 소리를 들려준다. 소리에 해당하는 입모양 그림과 글자를 보여 주고 아동이 따라서 소리 낼 수 있도록 한다.

㉡ 아동이 입모양 그림 없이 VC 1음절 낱말을 보고 글자를 짚으며 소리 합성 과정을 떠올려 해독한다. 만약 아동이 해독하기 어려워한다면, 소리를 떠올릴 수 있을 만한 다감각적 단서(입모양, 혀의 위치, 코의 울림 등)를 제시하거나 글자의 소리를 다시 상기시켜 준다.

㉯ CVC-1음절 낱말을 해독한다.

㉠ 선생님이 CVC 1음절 낱말에 해당하는 그림 카드를 보여 주면 아동이 정확한 소리로 이름을 말한다. 아동이 말한 소리에 해당하는 1음절 글자를 고르도록 하고 소리와 글자의 연결을 확인한다.

㉡ 아동이 CVC 1음절 낱말을 보고 글자를 짚으며 소리 합성 과정을 떠올려 정확한 소리로 해독한다.

㉰ 다음절 낱말을 해독한다.

- 받침 위치, 포함 개수, 음절 수 조절로 난이도를 확장하여 낱말을 제시한다.

④ 낱말 해독 수행력 확인하기

- 아동이 오늘의 목표 받침 글자 말소리 이해와 낱말 해독을 적절히 습득하였는지 보기 위해 목표 받침 글자가 포함된 낱말목록을 제시한다. 무의미 낱말도 함께 포함하여 추측해서 해독한 것인지, 소리-글자를 연결하여 해독한 것인지 확인한다. 목표 낱말은 오늘 학습한 받침 글자가 포함된 것으로만 구성한다.

⑤ 문장 해독하기

- 목표 받침 글자가 포함된 낱말 단위에서 정확한 해독을 확인한 후, 문장 단위에서 해독한다. 아동이 읽는 동안 목표 받침이 정확하게 발음되는지 잘 듣고, 정확하게 읽지 못한 낱말은 따로 기록해 두었다가 읽기, 쓰기를 반복하며 소리-입모양-글자를 연결할 수 있도록 돕는다.

(2) 활동 내용

세부 목표

- 받침 'ㅇ'의 소리를 알고 글자-소리 연결하기
- 목표 받침소리를 알고 VC 음절 해독하기
- 목표 받침소리를 알고 CVC 음절 해독하기
- 목표 받침소리를 알고 자소-음소 일치 낱말(목표 받침만) 해독하기
- 목표 받침소리가 포함된 짧은 문장 해독하기

1단계

소리	입모양	글자
/응/	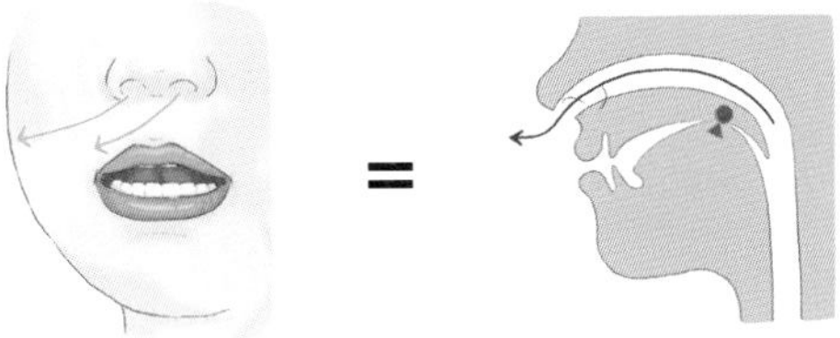 =	ㅇ

2단계

① VC 1음절 낱말 받침소리 확인하기

소리	입모양	글자
/앙/	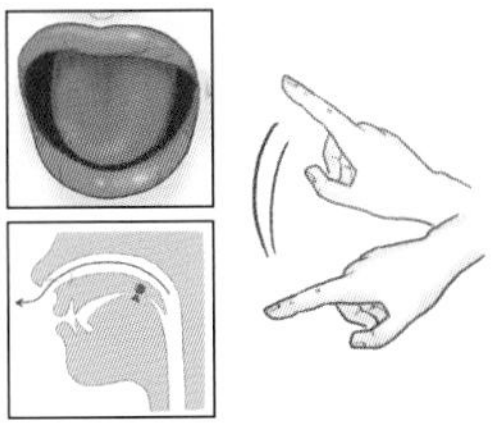	ㅇ ㅏ ㅇ
/엉/	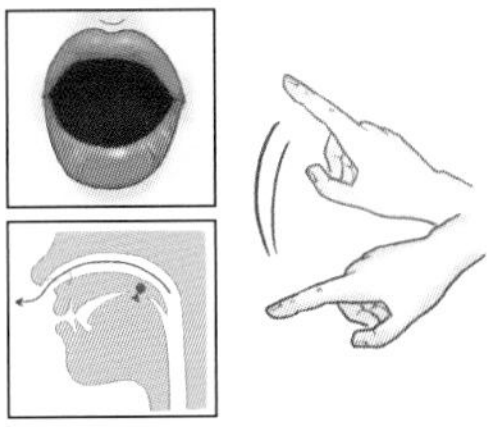	ㅇ ㅓ ㅇ
/옹/	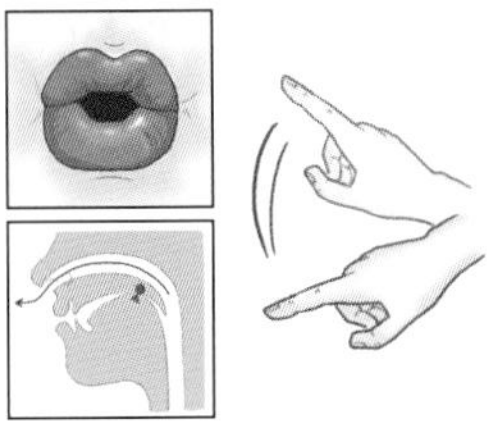	ㅇ ㅗ ㅇ
/웅/	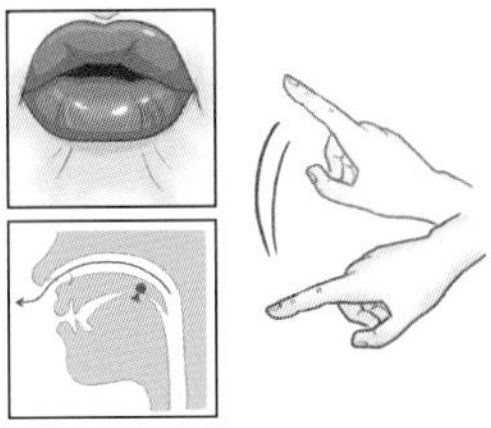	ㅇ ㅜ ㅇ

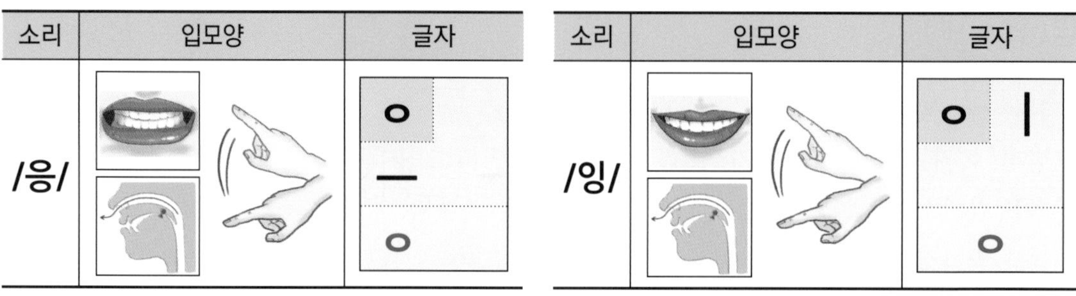

② VC 1음절 낱말 해독하기

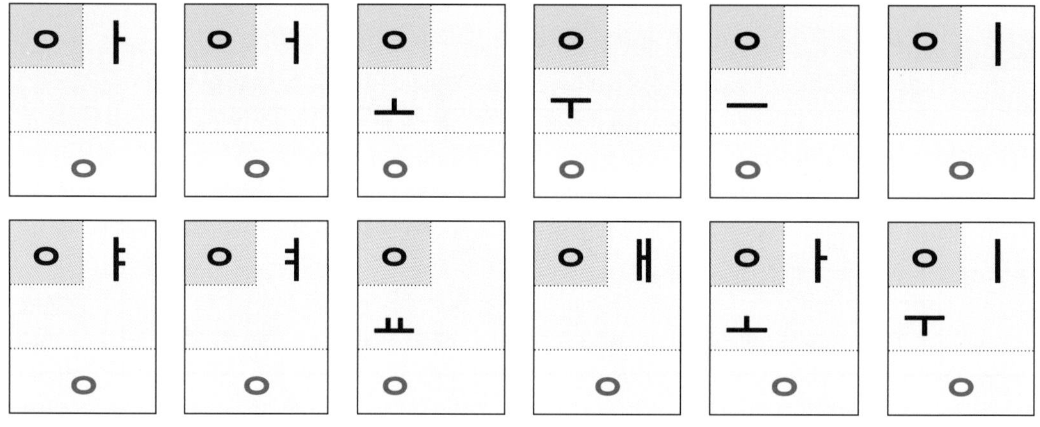

3단계

① CVC 1음절 낱말 소리-글자 연결 확인하기

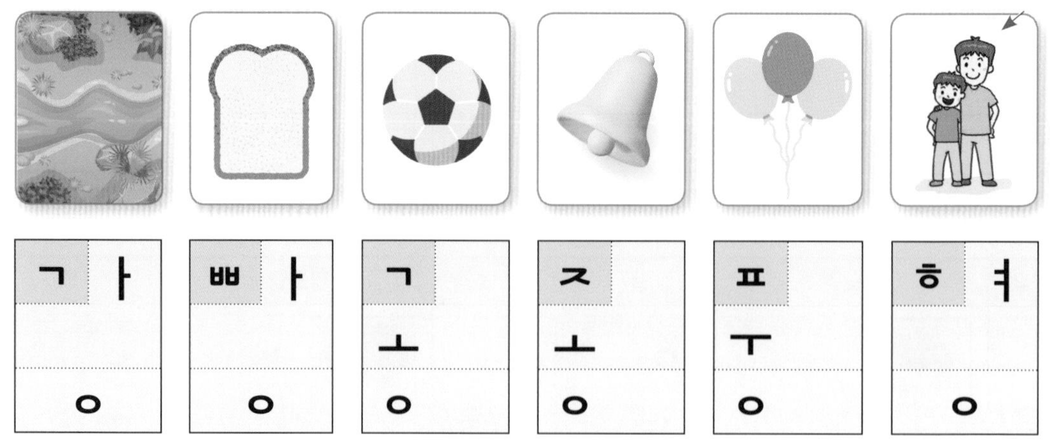

② CVC 1음절 낱말 해독하기

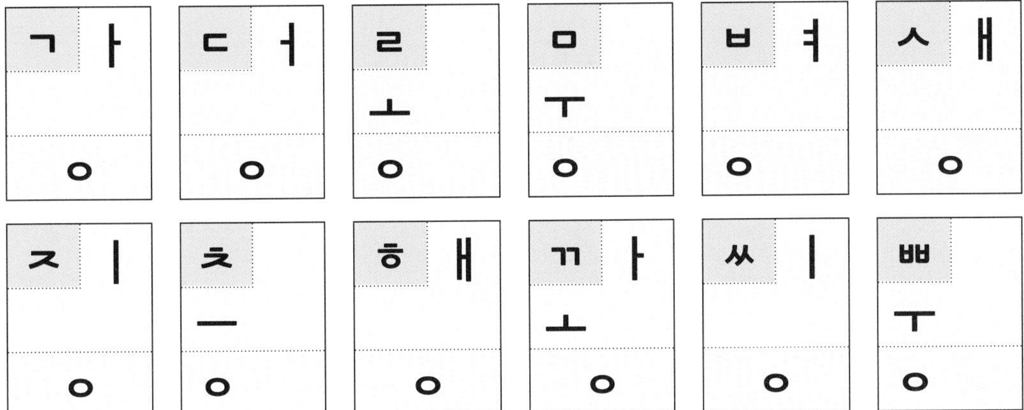

③ 다음절 낱말 해독하기

어항, 양보, 왕자, 향기, 상장
고양이, 앵무새, 항아리, 냉장고, 경기장

4단계

① 구명조끼 챙겨서 수영하러 가요.
② 소방차가 등대 방향으로 가요.
③ 냉장고에서 우유랑 빵 꺼내요.
④ 고양이가 지붕 위로 도망가요.
⑤ 파랑 자동차 타고 경기장에 가요.

평가낱말

	목표 낱말	중재 전	중재 후		목표 낱말	중재 전	중재 후
1	앙			6	용기		
2	웅			7	형제		
3	어 잉			8	누룽지		
4	모양			9	송아지		
5	웅바			10	강낭콩		

연습

- 받침 'ㅇ'이 포함된 낱말을 듣고 받침을 써 보세요.
- 받침 'ㅇ'이 포함된 다음절 낱말을 읽어 보세요.
- 받침 'ㅇ'이 포함된 다음절 낱말을 듣고 철자쓰기를 해 보세요.
- 받침 'ㅇ'이 포함된 문장을 읽어 보세요.

2) 받침: ㅁ

(1) 회기 계획서

목표

받침소리가 포함된 자소-음소 일치형 낱말을 정확하게 해독하기

세부 목표

- 받침 'ㅁ'의 소리를 알고 글자-소리 연결하기
- 목표 받침소리를 알고 VC 음절 해독하기
- 목표 받침소리를 알고 CVC 음절 해독하기
- 목표 받침소리를 알고 자소-음소 일치 낱말(목표받침만) 해독하기
- 목표 받침소리를 알고 자소-음소 일치 낱말 해독하기
- 목표 받침소리가 포함된 짧은 문장 해독하기

① 목표 글자 소개하기

선생님은 "오늘은 받침 'ㅁ'에 대해서 말해 줄게요."라고 말한다.

② 소리-입모양-글자 연결하기

㉮ 선생님이 아동에게 "미음 글자는 받침에 오면 /음/ 소리가 나요."라고 설명하며 엘코닌 상자의 받침 위치에 글자 'ㅁ'을 올려서 보여 준다. 아동에게 받침 'ㅁ'의 소리를 따라 말하도록 하거나 선생님이 글자를 가리키면 아동이 소리를 말하는 활동으로 글자와 소리를 연결한다.

ㅁ

㉯ 선생님이 아동에게 입술이 서로 닿으며 나오는 소리의 특징을 이해할 수 있도록 받침 'ㅁ'의 입모양 그림을 보여 주며 소리를 들려준다. 아동이 소리를 따라 말하도록 하고 입모양, 코의 울림(비음) 등의 특징에 대해 함께 이야기한다.

㉰ 목표 받침소리와 입모양 연결을 확인한 후, 입모양 그림에 자석글자를 올려놓거나 글자를 손가락으로 그리면서 소리 내어 보도록 한다.

㉱ 목표 받침소리를 듣고 글자 찾기, 읽기, 쓰기를 반복하며 소리-입모양-받침 글자를 연결할 수 있도록 돕는다.

③ 합성하여 해독하기

㉮ VC-1음절 낱말을 해독한다.

㉠ 단모음 글자와 받침 'ㅁ'을 차례로 짚으면서 소리 합성 과정을 설명한다. 소리에 해당하는 입모양 그림과 글자를 보여 주고 아동이 따라서 소리 낼 수 있도록 한다.

㉡ 아동이 입모양 그림 없이 VC 1음절 낱말을 보고 글자를 짚으며 소리 합성 과정을 떠올려 해독한다.

㉯ CVC-1음절 낱말을 해독한다.

㉠ 선생님이 CVC 1음절 낱말에 해당하는 그림 카드를 보여 주면 아동이 정확한 소리로 이름을 말한다. 아동이 말한 소리에 해당하는 1음절 글자를 고르도록 하고 소리와 글자의 연결을 확인한다.

㉡ 아동이 CVC 1음절 낱말을 보고 글자를 짚으며 소리 합성 과정을 떠올려 정확한 소리로 해독한다.

㉰ 다음절 낱말을 해독한다.

- 받침의 위치, 포함 개수, 음절 수 조절로 난이도를 확장하여 제시한다.

④ 낱말 해독 수행력 확인하기

- 아동이 오늘의 목표 받침 글자 말소리 이해와 낱말 해독을 적절히 습득하였는지 보기 위해 목표 받침 글자가 포함된 낱말 목록을 제시한다. 무의미 낱말도 함께 포함하여 추측해서 해독한 것인지, 소리-글자를 연결하여 해독한 것인지 확인한다. 목표 낱말은 오늘 학습한 받침 글자가 포함된 것으로 제시하고 아동의 수행력에 따라 먼저 학습한 받침 글자가 포함된 낱말을 함께 제시하여 난이도를 확장한다.

⑤ 문장 해독하기

- 목표 받침 글자가 포함된 낱말 단위에서 정확한 해독을 확인한 후, 문장 단위에서 해독한다. 아동이 읽는 동안 목표 받침이 정확하게 발음되는지 잘 듣고, 정확하게 읽지 못한 단어는 따로 기록해 두었다가 읽기, 쓰기를 반복하며 소리-입모양-글자를 연결할 수 있도록 돕는다.

(2) 활동 내용

세부 목표

- 받침 'ㅁ'의 소리를 알고 글자-소리 연결하기
- 목표 받침소리를 알고 VC 음절 해독하기
- 목표 받침소리를 알고 CVC 음절 해독하기
- 목표 받침소리를 알고 자소-음소 일치 낱말(목표 받침만) 해독하기
- 목표 받침소리를 알고 자소-음소 일치 낱말 해독하기
- 목표 받침소리가 포함된 짧은 문장 해독하기

1단계

소리	입모양	글자
/음/	=	ㅁ

2단계

① VC 1음절 낱말 받침소리 확인하기

소리	입모양	글자
/암/		ㅇ ㅏ ㅁ

소리	입모양	글자
/엄/		ㅇ ㅓ ㅁ

소리	입모양	글자
/옴/		ㅇ ㅗ ㅁ

소리	입모양	글자
/움/		ㅇ ㅜ ㅁ

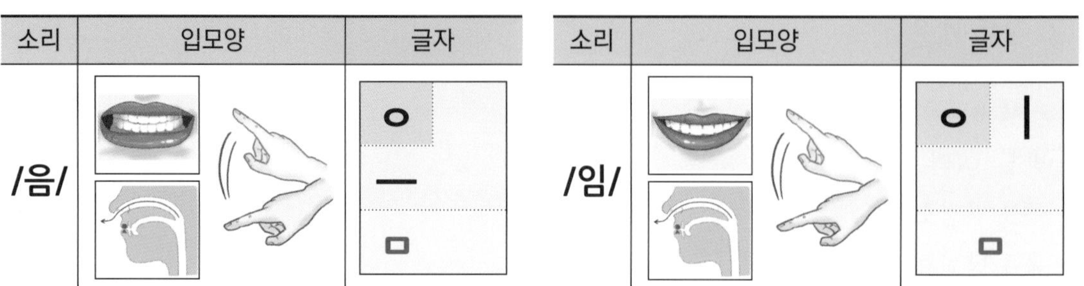

② VC 1음절 낱말 해독하기

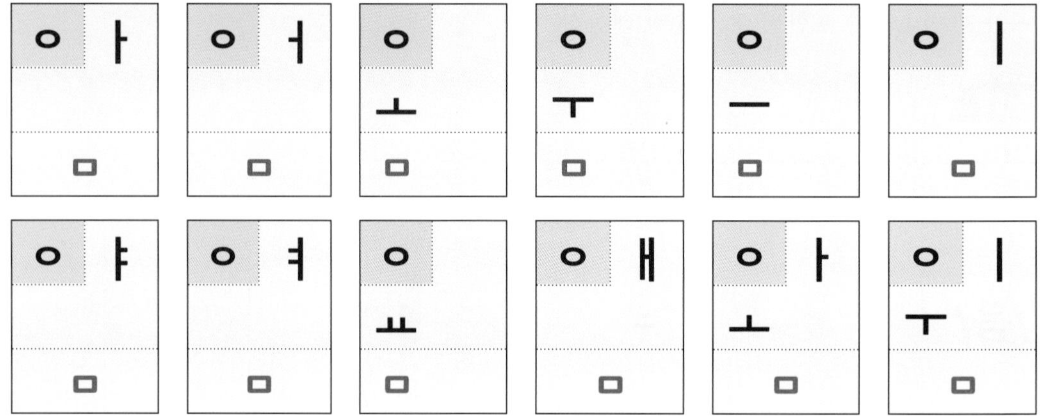

3단계

① CVC 1음절 낱말 소리-글자 연결 확인하기

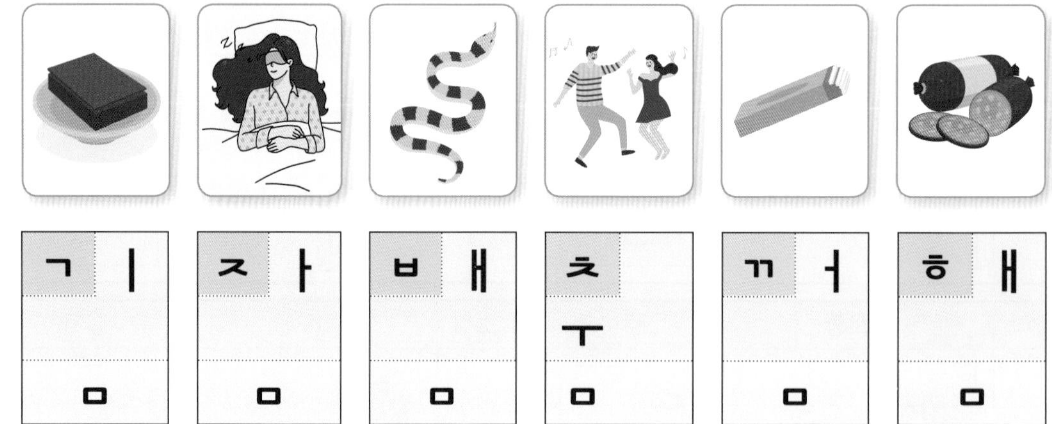

② CVC 1음절 낱말 해독하기

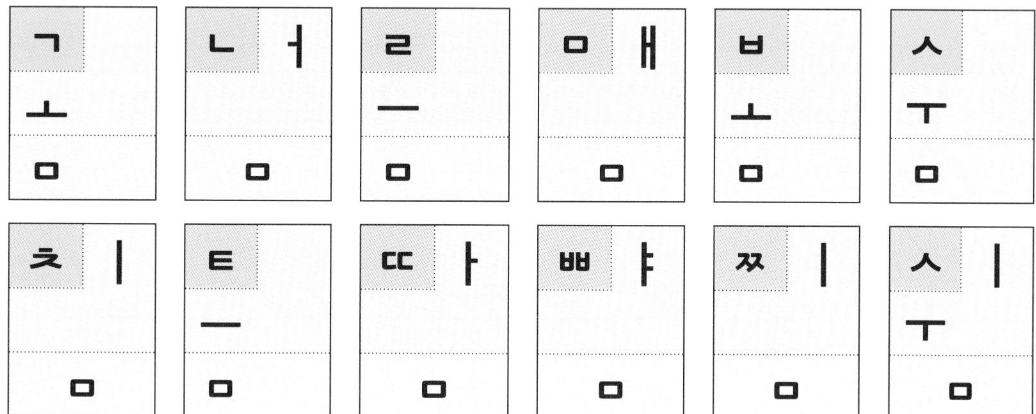

③ 다음절 낱말 해독하기

아침, 바람, 냄비, 샴푸, 점심 고드름, 부모님, 휘파람, 다람쥐, 잠수함

④ 다양한 받침이 포함된 낱말 해독하기

영감, 감동, 금방, 농담, 형님 밤송이, 솜사탕, 붕어찜, 크림빵, 명탐정

4단계

① 엄마와 함께 감 따요.

② 감자튀김 위에 소금과 후추 뿌려요.

③ 다람쥐 두 마리가 몸부림치며 싸워요.

④ 고양이가 표범처럼 빠르게 도망가요.

⑤ 햄버거랑 망고 아이스크림 사러 가요.

평가낱말

	목표 낱말	중재 전	중재 후		목표 낱말	중재 전	중재 후
1	암			6	내밤		
2	임			7	점수		
3	이 엄			8	폼 디		
4	수염			9	그림자		
5	옴 두			10	탐험가		

연습

- 받침 'ㅁ'이 포함된 낱말을 듣고 받침을 써 보세요.
- 받침 'ㅁ'이 포함된 다음절 낱말을 읽어 보세요.
- 받침 'ㅁ'이 포함된 다음절 낱말을 듣고 철자쓰기를 해 보세요.
- 받침 'ㅁ'이 포함된 문장을 읽어 보세요.

3) 받침: ㄴ

(1) 회기 계획서

목표

받침소리가 포함된 자소-음소 일치 낱말을 정확하게 해독하기

세부 목표

- 받침 'ㄴ'의 소리를 알고 글자-소리 연결하기
- 목표 받침소리를 알고 VC 음절 해독하기
- 목표 받침소리를 알고 CVC 음절 해독하기
- 목표 받침소리를 알고 자소-음소 일치 낱말(목표 받침만) 해독하기
- 목표 받침소리를 알고 자소-음소 일치 낱말 해독하기
- 목표 받침소리가 포함된 짧은 문장 해독하기

① 목표 글자 소개하기

- 선생님은 "오늘은 받침 'ㄴ'에 대해서 말해 줄게요."라고 말한다.

② 소리-입모양-글자 연결하기

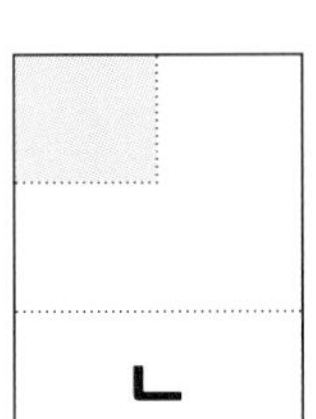

㉮ 선생님이 아동에게 "니은 글자는 받침에 오면 /은/ 소리가 나요."라고 설명하며 엘코닌 상자의 받침 위치에 글자 'ㄴ'을 올려서 보여 준다. 아동에게 받침 'ㄴ'의 소리를 따라 말하도록 하거나 선생님이 글자를 가리키면 아동이 소리를 말하는 활동으로 글자와 소리를 연결한다.

㉯ 선생님이 아동에게 혀끝이 윗니 뒤쪽에 붙어 나는 소리의 특징을 이해할 수 있도록 받침 'ㄴ'의 입모양 그림을 보여 주며 소리를 들려준다. 아동이 소리를 따라 말하도록 하고 입모양, 코의 울림(비음) 등의 특징에 대해 함께 이야기한다.

㉰ 목표 받침소리와 입모양 연결을 확인한 후, 입모양 그림에 자석 글자를 올려놓거나 글자를 손가락으로 그리면서 소리 내어 보도록 한다.

㉱ 목표 받침소리를 듣고 글자 찾기, 읽기, 쓰기를 반복하며 소리-입모양-받침 글자를 연결할 수 있도록 돕는다.

③ 합성하여 해독하기

㉮ VC-1음절 낱말을 해독한다.

㉠ 단모음 글자와 받침 'ㄴ'을 차례로 짚으면서 소리 합성 과정을 설명한다. 소리에 해당하는 입모양 그림과 글자를 보여 주고 아동이 따라서 소리 낼 수 있도록 한다.

㉡ 아동이 입모양 그림 없이 VC 1음절 낱말을 보고 직접 글자를 짚으며 소리 합성 과정을 떠올려 해독한다.

㉯ CVC-1음절 낱말을 해독한다.

㉠ 선생님이 CVC 1음절 낱말에 해당하는 그림 카드를 보여 주면 아동이 정확한 소리로 이름을 말한다. 아동이 말한 소리에 해당하는 1음절 글자를 고르도록 하고 소리와 글자의 연결을 확인한다.

㉡ 아동이 CVC 1음절 낱말을 보고 글자를 짚으며 소리 합성 과정을 떠올려 정확한 소리로 해독한다.

㉢ 다음절 낱말을 해독한다.

– 받침의 위치, 포함 개수, 음절 수 조절로 난이도를 확장하여 제시한다.

④ 낱말 해독 수행력 확인하기

• 아동이 오늘의 목표 받침 글자 말소리 이해와 낱말 해독을 적절히 습득하였는지 보기 위해 목표 받침 글자가 포함된 낱말목록을 제시한다. 무의미 낱말도 함께 포함하여 추측해서 해독한 것인지, 소리-글자를 연결하여 해독한 것인지 확인한다. 목표 낱말은 오늘 학습한 받침 글자가 포함된 것으로 제시하고 아동의 수행력에 따라 먼저 학습한 받침 글자가 포함된 낱말을 함께 제시하여 난이도를 확장한다.

⑤ 문장 해독하기

• 목표 받침 글자가 포함된 낱말 단위에서 정확한 해독을 확인한 후, 문장 단위에서 해독한다. 아동이 읽는 동안 목표 받침이 정확하게 발음되는지 잘 듣고, 정확하게 읽지 못한 단어는 따로 기록해 두었다가 읽기, 쓰기를 반복하며 소리-입모양-글자를 연결할 수 있도록 돕는다.

(2) 활동 내용

세부 목표

- 받침 'ㄴ'의 소리를 알고 글자–소리 연결하기
- 목표 받침소리를 알고 VC 음절 해독하기
- 목표 받침소리를 알고 CVC 음절 해독하기
- 목표 받침소리를 알고 자소–음소 일치 낱말(목표 받침만) 해독하기
- 목표 받침소리를 알고 자소–음소 일치 낱말 해독하기
- 목표 받침소리가 포함된 짧은 문장 해독하기

1단계

소리	입모양	글자
/은/	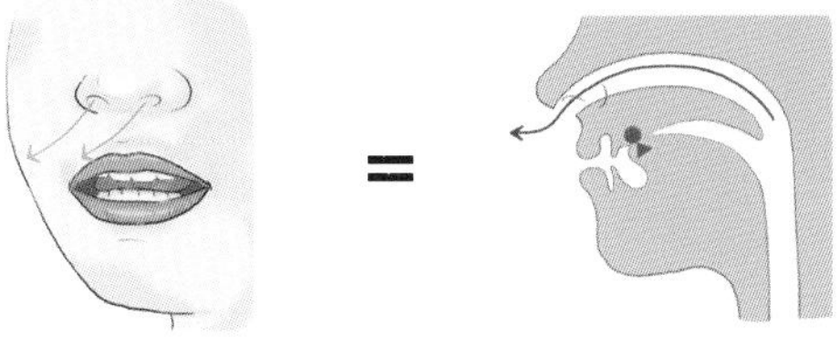 =	ㄴ

2단계

① VC 1음절 낱말 받침소리 확인하기

소리	입모양	글자
/안/	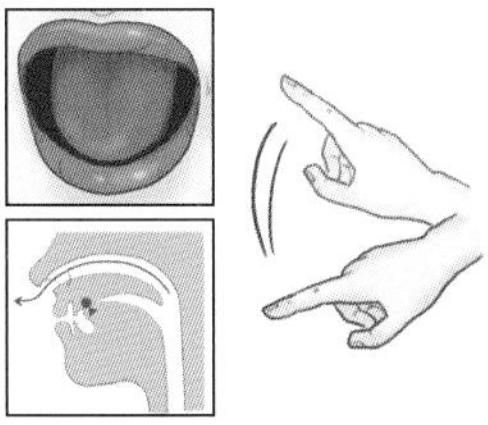	ㅇ ㅏ ㄴ

소리	입모양	글자
/언/	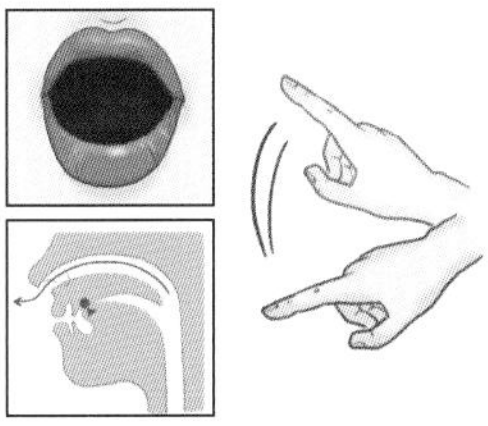	ㅇ ㅓ ㄴ

소리	입모양	글자
/온/	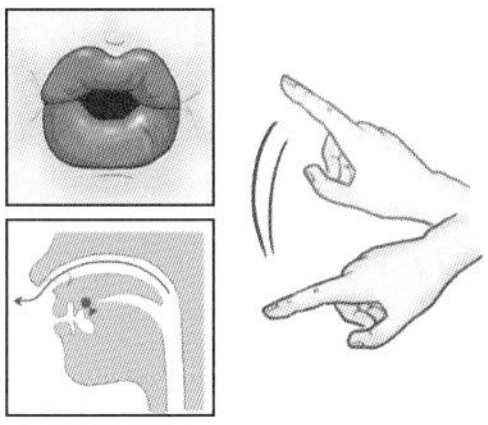	ㅇ ㅗ ㄴ

소리	입모양	글자
/운/	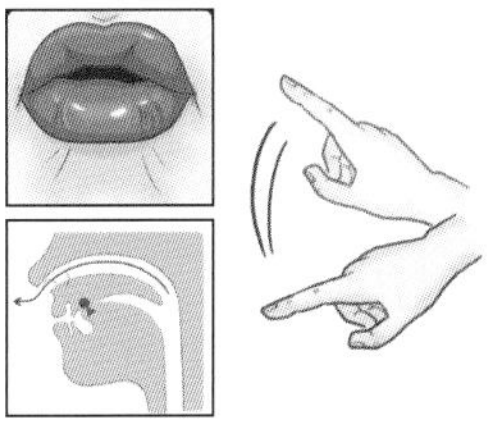	ㅇ ㅜ ㄴ

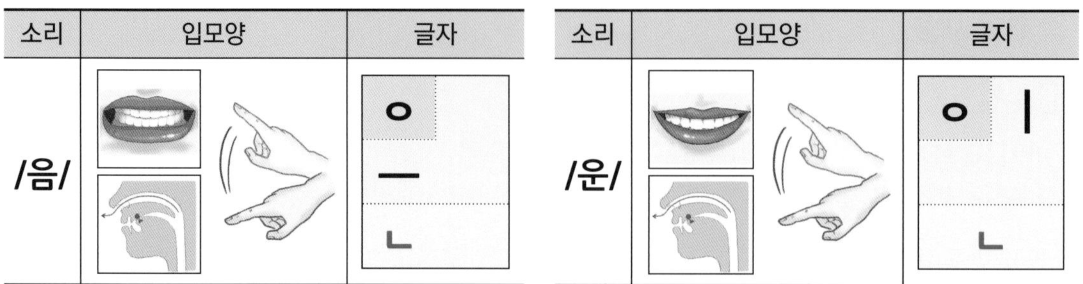

② VC 1음절 낱말 해독하기

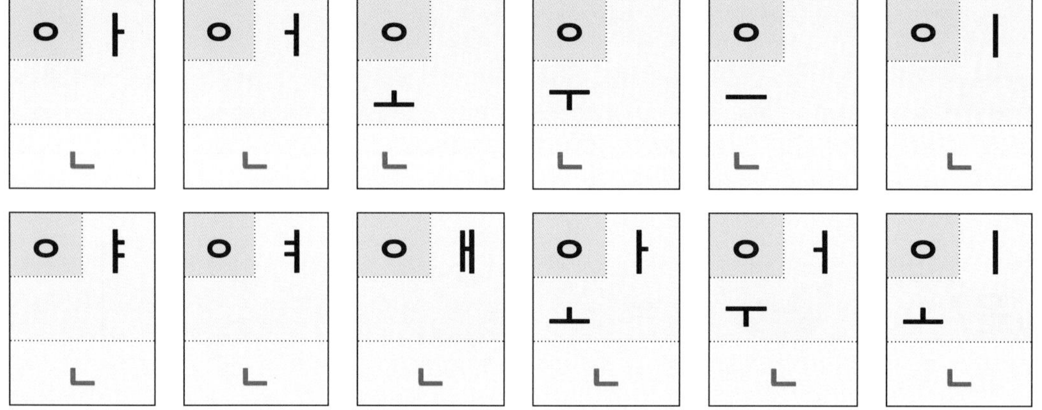

3단계

① CVC 1음절 낱말 소리-글자 연결 확인하기

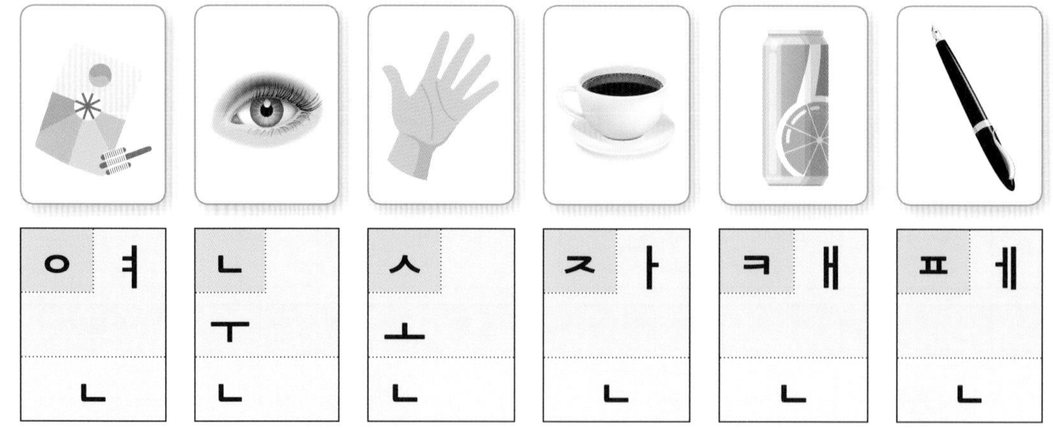

② CVC 1음절 낱말 해독하기

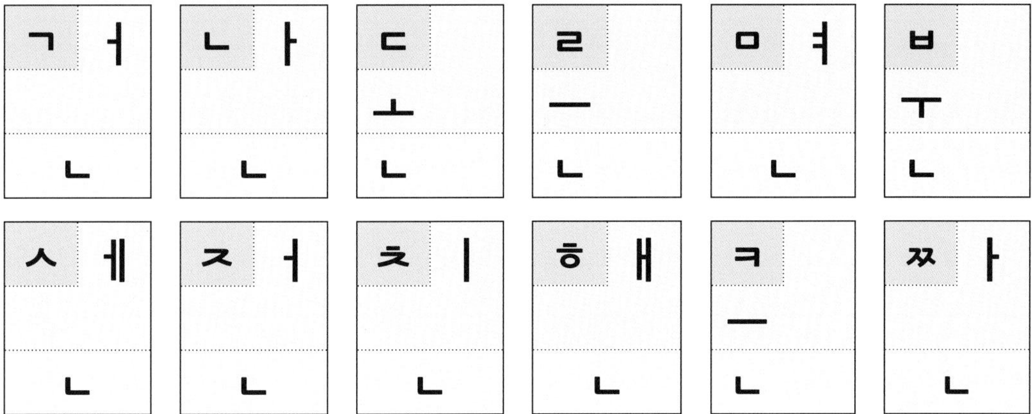

③ 다음절 낱말 해독하기

미안, 화분, 연주, 먼저, 신문
도서관, 시원해, 은하수, 회전문, 건전지

④ 다양한 받침이 포함된 낱말 해독하기

안녕, 동전, 빙산, 점선, 한숨
완두콩, 사냥꾼, 선풍기, 선생님, 풍선껌

4단계

① 주전자에서 시끄러운 소리가 나요.

② 위인전 먼저 보고 태권도 가요.

③ 손 흔드는 키 큰 친구는 누구야?

④ 치과에서 본 예쁜 간호사 선생님

⑤ 엄마와 함께 만든 안경 쓴 인형

평가낱말

	목표 낱말	중재 전	중재 후		목표 낱말	중재 전	중재 후
1	안			6	유 던		
2	온			7	시간		
3	어 인			8	분수		
4	미안			9	주전자		
5	은 바			10	안전모		

연습

- 받침 'ㄴ'이 포함된 낱말을 듣고 받침을 써 보세요.
- 받침 'ㄴ'이 포함된 다음절 낱말을 읽어 보세요.
- 받침 'ㄴ'이 포함된 다음절 낱말을 듣고 철자쓰기를 해 보세요.
- 받침 'ㄴ'이 포함된 문장을 읽어 보세요.

4) 받침: ㄹ

(1) 회기 계획서

목표

받침소리가 포함된 자소-음소 일치 낱말을 정확하게 해독하기

세부 목표

- 받침 'ㄹ'의 소리를 알고 글자-소리 연결하기
- 목표 받침소리를 알고 VC 음절 해독하기
- 목표 받침소리를 알고 CVC 음절 해독하기
- 목표 받침소리를 알고 자소-음소 일치 낱말(목표 받침만) 해독하기
- 목표 받침소리를 알고 자소-음소 일치 낱말 해독하기
- 목표 받침소리가 포함된 짧은 문장 해독하기

① 목표 글자 소개하기

- 선생님은 "오늘은 받침 'ㄹ'에 대해서 말해 줄게요."라고 말한다.

② 소리-입모양-글자 연결하기

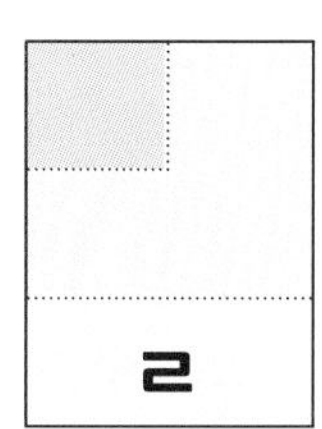

㉮ 선생님이 아동에게 "리을 글자는 받침에 오면 /을/ 소리가 나요."라고 설명하며 엘코닌 상자의 받침 위치에 글자 'ㄹ'을 올려서 보여 준다. 아동에게 받침 'ㄹ'의 소리를 따라 말하도록 하거나 선생님이 글자를 가리키면 아동이 소리를 말하는 활동으로 글자와 소리를 연결한다.

㉯ 선생님이 아동에게 받침 'ㄹ' 소리의 특징을 이해할 수 있도록 받침 'ㄹ'의 입모양 그림을 보여 주며 소리를 들려준다. 아동이 소리를 따라 말하도록 하고 입모양, 혀의 위치 등의 특징에 대해 함께 이야기한다.

㉰ 목표 받침소리와 입모양 연결을 확인한 후, 입모양 그림에 자석 글자를 올려놓거나 글자를 손가락으로 그리면서 소리 내어 보도록 한다.

㉱ 목표 받침소리를 듣고 글자 찾기, 읽기, 쓰기를 반복하며 소리-입모양-받침 글자를 연결할 수 있도록 돕는다.

③ 합성하여 해독하기

㉮ VC-1음절 낱말을 해독한다.

㉠ 단모음 글자와 받침 'ㄹ'을 차례로 짚으면서 소리 합성 과정을 설명한다. 소리에 해당하는 입모양 그림과 글자를 보여 주고 아동이 따라서 소리 낼 수 있도록 한다.

㉡ 아동이 입모양 그림 없이 VC 1음절 낱말을 보고 글자를 짚으며 소리 합성 과정을 떠올려 해독한다.

㉯ CVC-1음절 낱말을 해독한다.

㉠ 선생님이 CVC 1음절 낱말에 해당하는 그림 카드를 보여 주면 아동이 정확한 소리로 이름을 말한다. 아동이 말한 소리에 해당하는 1음절 글자를 고르도록 하고 소리와 글자의 연결을 확인한다.

㉡ 아동이 CVC 1음절 낱말을 보고 글자를 짚으며 소리 합성 과정을 떠올려 정확한 소리로 해독한다.

㉰ 다음절 낱말을 해독한다.

- 받침의 위치, 포함 개수, 음절 수 조절로 난이도를 확장하여 제시한다.

④ 낱말 해독 수행력 확인하기

- 아동이 오늘의 목표 받침 글자 말소리 이해와 낱말 해독을 적절히 습득하였는지 보기 위해 목표 받침 글자가 포함된 낱말목록을 제시한다. 무의미 낱말도 함께 포함하여 추측해서 해독한 것인지, 소리-글자를 연결하여 해독한 것인지 확인한다. 목표 낱말은 오늘 학습한 받침 글자가 포함된 것으로 제시하고 아동의 수행력에 따라 먼저 학습한 받침 글자가 포함된 낱말을 함께 제시하여 난이도를 확장한다.

⑤ 문장 해독하기

- 목표 받침 글자가 포함된 낱말 단위에서 정확한 해독을 확인한 후, 문장 단위에서 해독한다. 아동이 읽는 동안 목표 받침이 정확하게 발음되는지 잘 듣고, 정확하게 읽지 못한 단어는 따로 기록해 두었다가 읽기, 쓰기를 반복하며 소리-입모양-글자를 연결할 수 있도록 돕는다.

(2) 활동 내용

세부 목표

- 받침 'ㄹ'의 소리를 알고 글자-소리 연결하기
- 목표 받침소리를 알고 VC 음절 해독하기
- 목표 받침소리를 알고 CVC 음절 해독하기
- 목표 받침소리를 알고 자소-음소 일치 낱말(목표 받침만) 해독하기
- 목표 받침소리를 알고 자소-음소 일치 낱말 해독하기
- 목표 받침소리가 포함된 짧은 문장 해독하기

1단계

소리	입모양	글자
/을/	=	ㄹ

2단계

① VC 1음절 낱말 받침소리 확인하기

소리	입모양	글자
/알/		ㅇ ㅏ ㄹ

소리	입모양	글자
/얼/		ㅇ ㅓ ㄹ

소리	입모양	글자
/올/		ㅇ ㅗ ㄹ

소리	입모양	글자
/울/		ㅇ ㅜ ㄹ

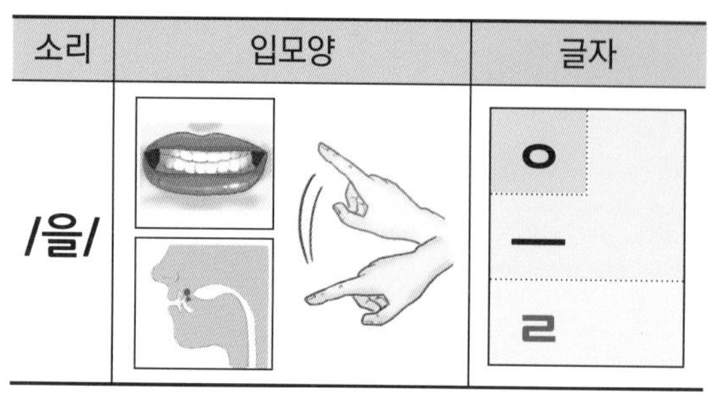

소리	입모양	글자
/을/		ㅇ ㅡ ㄹ

소리	입모양	글자
/일/		ㅇ ㅣ ㄹ

② VC 1음절 낱말 해독하기

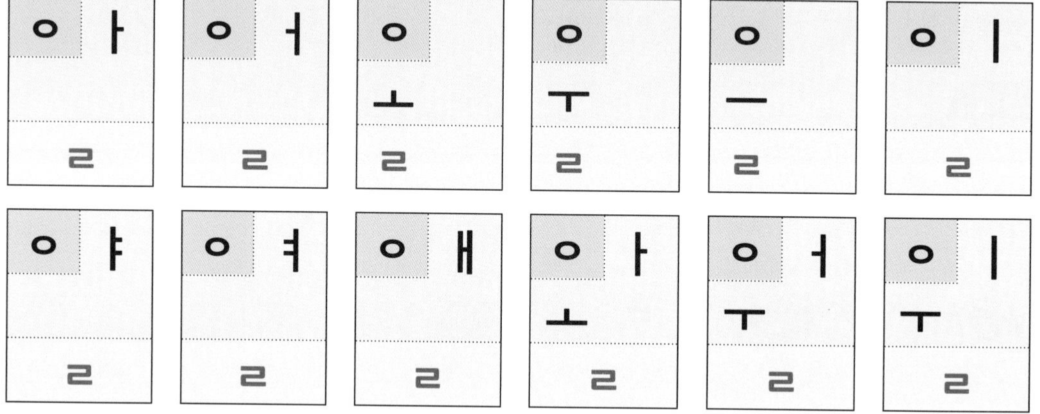

3단계

① CVC 1음절 낱말 소리-글자 연결 확인하기

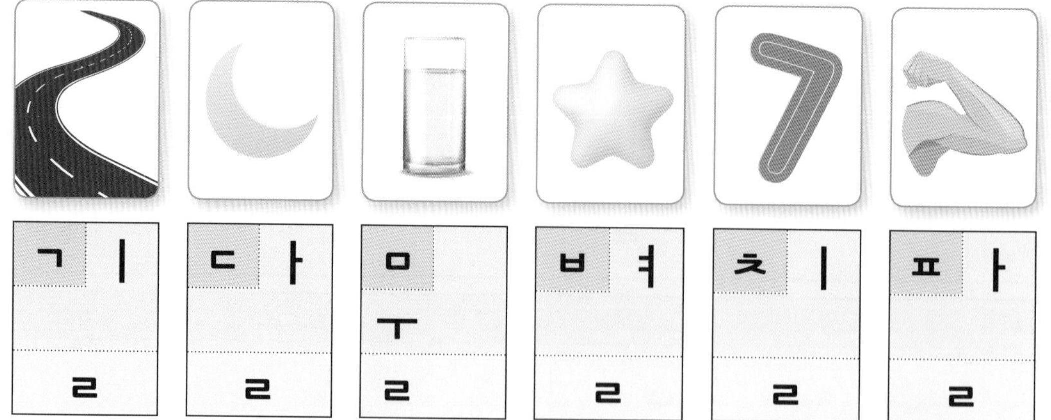

② CVC 1음절 낱말 해독하기

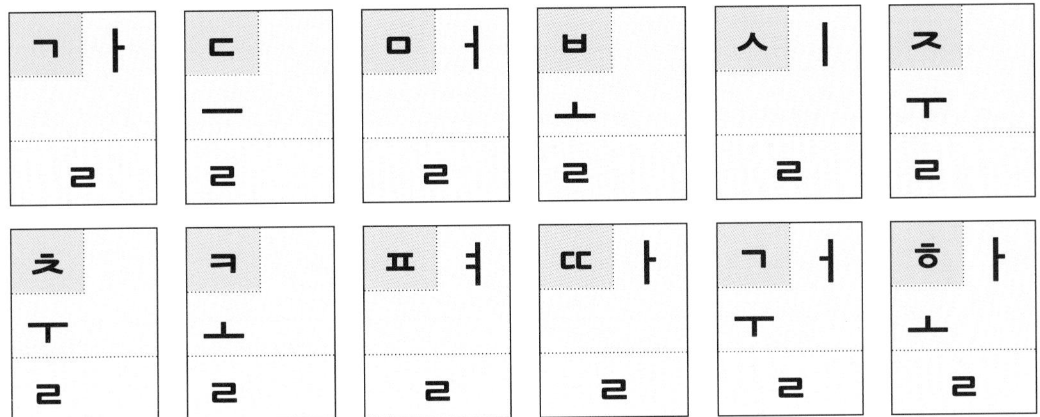

③ 다음절 낱말 해독하기

내일, 교실, 열매, 멀리, 출발
고무줄, 소설가, 올라가, 슬리퍼, 물썰매

④ 다양한 받침이 포함된 낱말 해독하기

양말, 설탕, 몸살, 말씀, 한글
화장실, 보름달, 민들레, 실로폰, 반장실

4단계

① 발 다음 화살표 따라서 갈래.
② 시골길 따라 달리며 비둘기를 봐요.
③ 꿀벌 떼를 피해서 멀리 둘러서 가야 해.
④ 마을 사람들도 즐거운 줄다리기를 구경해요.
⑤ 동생에게 줄 새콤달콤 솜사탕을 사러 가는 길

평가낱말

	목표 낱말	중재 전	중재 후		목표 낱말	중재 전	중재 후
1	알			6	가 슬		
2	을			7	날짜		
3	어 올			8	열기구		
4	겨울			9	거미줄		
5	열 배			10	말미잘		

연습

- 받침 'ㄹ'이 포함된 낱말을 듣고 받침을 써 보세요.
- 받침 'ㄹ'이 포함된 다음절 낱말을 읽어 보세요.
- 받침 'ㄹ'이 포함된 다음절 낱말을 듣고 철자쓰기를 해 보세요.
- 받침 'ㄹ'이 포함된 문장을 읽어 보세요.

5) 받침: ㅂ

(1) 회기 계획서

목표

받침소리가 포함된 자소-음소 일치 낱말을 정확하게 해독하기

세부 목표

- 받침 'ㅂ'의 소리를 알고 글자-소리 연결하기
- 목표 받침소리를 알고 VC 음절 해독하기
- 목표 받침소리를 알고 CVC 음절 해독하기
- 목표 받침소리를 알고 자소-음소 일치 낱말(목표 받침만) 해독하기
- 목표 받침소리를 알고 자소-음소 일치 낱말 해독하기
- 목표 받침소리가 포함된 짧은 문장 해독하기

① 목표 글자 소개하기

- 선생님은 "오늘은 받침 'ㅂ'에 대해서 말해 줄게요."라고 말한다.

② 소리-입모양-글자 연결하기

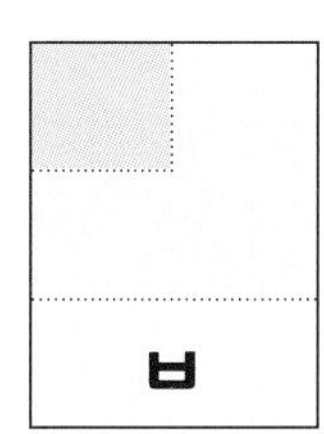

㉮ 선생님이 아동에게 "비읍 글자는 받침에 오면 /읍/ 소리가 나요."라고 설명하며 엘코닌 상자의 받침 위치에 글자 'ㅂ'을 올려서 보여 준다. 아동에게 받침 'ㅂ'의 소리를 따라 말하도록 하거나 선생님이 글자를 가리키면 아동이 소리를 말하는 활동으로 글자와 소리를 연결한다.

㉯ 선생님이 아동에게 입술이 만나면서 나는 소리의 특징을 이해할 수 있도록 받침 'ㅂ'의 입모양 그림을 보여 주며 소리를 들려준다. 아동이 소리를 따라 말하도록 하고 입모양 등의 특징에 대해 함께 이야기한다.

㉰ 목표 받침소리와 입모양 연결을 확인한 후, 입모양 그림에 자석 글자를 올려놓거나 글자를 손가락으로 그리면서 소리 내어 보도록 한다.

㉱ 목표 받침소리를 듣고 글자 찾기, 읽기, 쓰기를 반복하며 소리-입모양-받침 글자를 연결할 수 있도록 돕는다.

③ 합성하여 해독하기

㉮ VC-1음절 낱말을 해독한다.

㉠ 단모음 글자와 받침 'ㅂ'을 차례로 짚으면서 소리 합성 과정을 설명한다. 소리에 해당하는 입모양 그림과 글자를 보여 주고 아동이 따라서 소리 낼 수 있도록 한다.

㉡ 아동이 입모양 그림 없이 VC 1음절 낱말을 보고 글자를 짚으며 소리 합성 과정을 떠올려 해독한다.

㉯ CVC-1음절 낱말을 해독한다.

㉠ 선생님이 CVC 1음절 낱말에 해당하는 그림 카드를 보여 주면 아동이 정확한 소리로 이름을 말한다. 아동이 말한 소리에 해당하는 1음절 글자를 고르도록 하고 소리와 글자의 연결을 확인한다.

㉡ 아동이 CVC 1음절 낱말을 보고 글자를 짚으며 소리 합성 과정을 떠올려 정확한 소리로 해독한다.

㉰ 다음절 낱말을 해독한다.

- 받침의 위치, 포함 개수, 음절 수 조절로 난이도를 확장하여 제시한다.

④ 낱말 해독 수행력 확인하기

- 아동이 오늘의 목표 받침 글자 말소리 이해와 낱말 해독을 적절히 습득하였는지 보기 위해 목표 받침 글자가 포함된 낱말목록을 제시한다. 무의미 낱말도 함께 포함하여 추측해서 해독한 것인지, 소리-글자를 연결하여 해독한 것인지 확인한다. 목표 낱말은 오늘 학습한 받침 글자가 포함된 것으로 제시하고 아동의 수행력에 따라 먼저 학습한 받침 글자가 포함된 낱말을 함께 제시하여 난이도를 확장한다.

⑤ 문장 해독하기

- 목표 받침 글자가 포함된 낱말 단위에서 정확한 해독을 확인한 후, 문장 단위에서 해독한다. 아동이 읽는 동안 목표 받침이 정확하게 발음되는지 잘 듣고, 정확하게 읽지 못한 단어는 따로 기록해 두었다가 읽기, 쓰기를 반복하며 소리-입모양-글자를 연결할 수 있도록 돕는다.

(2) 활동 내용

세부 목표

- 받침 'ㅂ'의 소리를 알고 글자–소리 연결하기
- 목표 받침소리를 알고 VC 음절 해독하기
- 목표 받침소리를 알고 CVC 음절 해독하기
- 목표 받침소리를 알고 자소–음소 일치 낱말(목표 받침만) 해독하기
- 목표 받침소리를 알고 자소–음소 일치 낱말 해독하기
- 목표 받침소리가 포함된 짧은 문장 해독하기

1단계

소리	입모양	글자
/읍/	=	ㅂ

2단계

① VC 1음절 낱말 받침소리 확인하기

소리	입모양	글자
/압/		ㅇ ㅏ ㅂ

소리	입모양	글자
/업/		ㅇ ㅓ ㅂ

소리	입모양	글자
/옵/		ㅇ ㅗ ㅂ

소리	입모양	글자
/웁/		ㅇ ㅜ ㅂ

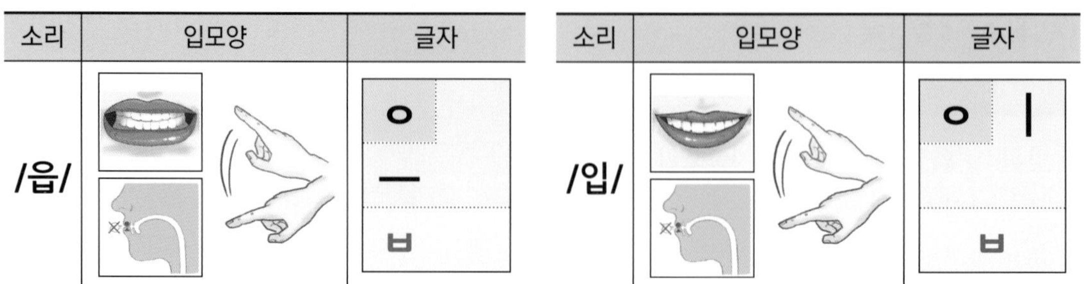

소리	입모양	글자	소리	입모양	글자
/읍/		ㅇ ㅡ ㅂ	**/입/**		ㅇ ㅣ ㅂ

② VC 1음절 낱말 해독하기

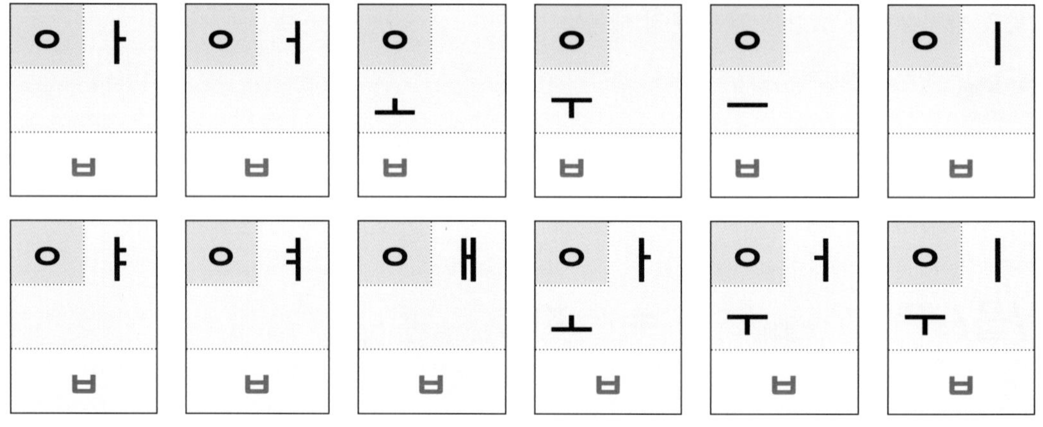

3단계

① CVC 1음절 낱말 소리-글자 연결 확인하기

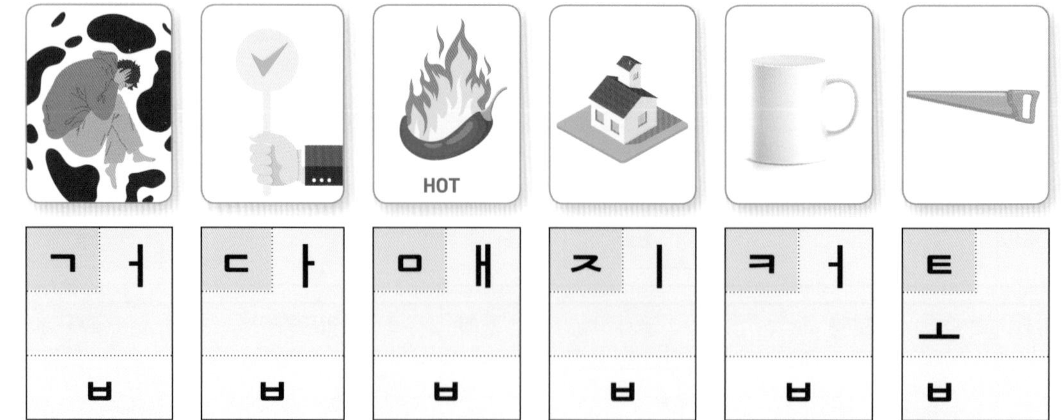

② CVC 1음절 낱말 해독하기

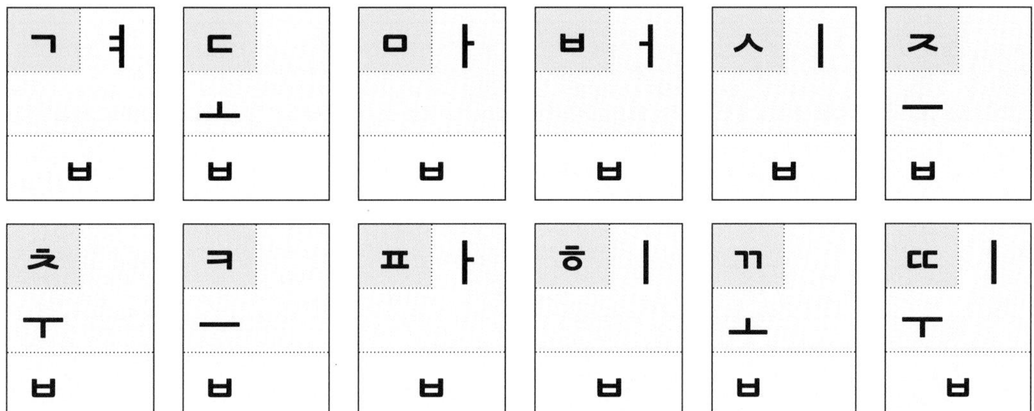

③ 다음절 낱말 해독하기

수업, 아홉, 매듭, 조립, 넙치 유리컵, 구급차, 시계탑, 랍스터, 마법사

④ 다양한 받침이 포함된 낱말 해독하기

압정, 연습, 팝콘, 벌집, 튤립 모종삽, 종이컵, 사진첩, 삼겹살, 합창단

4단계

① 아홉 개의 유리컵과 접시

② 수첩 보며 넙치와 랍스터 아홉 마리 사요.

③ 방과 후 수업 마치고 시계탑 가요.

④ 함께 합창단 공연 연습 구경해요.

⑤ 어린 왕자에 나오는 바오밥나무 모양 입체 퍼즐

평가낱말

	목표 낱말	중재 전	중재 후		목표 낱말	중재 전	중재 후
1	압			6	와 굽		
2	읍			7	제법		
3	여 읍			8	접시		
4	태엽			9	포도즙		
5	업 도			10	컵밥		

연습

- 받침 'ㅂ'이 포함된 낱말을 듣고 받침을 써 보세요.
- 받침 'ㅂ'이 포함된 다음절 낱말을 읽어 보세요.
- 받침 'ㅂ'이 포함된 다음절 낱말을 듣고 철자쓰기를 해 보세요.
- 받침 'ㅂ'이 포함된 문장을 읽어 보세요.

6) 받침: ㄱ

(1) 회기 계획서

목표

받침소리가 포함된 자소-음소 일치 낱말을 정확하게 해독하기

세부 목표

- 받침 'ㄱ'의 소리를 알고 글자-소리 연결하기
- 목표 받침소리를 알고 VC 음절 해독하기
- 목표 받침소리를 알고 CVC 음절 해독하기
- 목표 받침소리를 알고 자소-음소 일치 낱말(목표 받침만) 해독하기
- 목표 받침소리를 알고 자소-음소 일치 낱말 해독하기
- 목표 받침소리가 포함된 짧은 문장 해독하기

① 목표 글자 소개하기

- 선생님은 "오늘은 받침 'ㄱ'에 대해서 말해 줄게요."라고 말한다.

② 소리-입모양-글자 연결하기

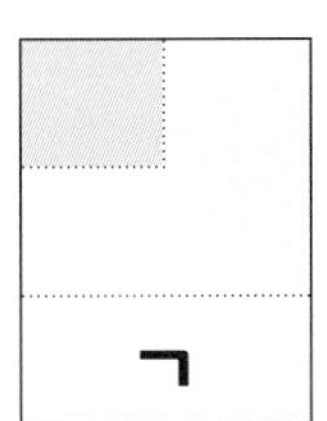

㉮ 선생님이 아동에게 "기역 글자는 받침에 오면 /윽/ 소리가 나요."라고 설명하며 엘코닌 상자의 받침 위치에 글자 'ㄱ'을 올려서 보여 준다. 아동에게 받침 'ㄱ'의 소리를 따라 말하도록 하거나 선생님이 글자를 가리키면 아동이 소리를 말하는 활동으로 글자와 소리를 연결한다.

㉯ 선생님이 아동에게 혀가 입천장을 긁으면서 나는 소리의 특징을 이해할 수 있도록 받침 'ㄱ' 입모양 그림을 보여 주며 소리를 들려준다. 아동이 소리를 따라 말하도록 하고 입모양 등의 특징에 대해 함께 이야기한다.

㉰ 목표 받침소리와 입모양 연결을 확인한 후, 입모양 그림에 자석 글자를 올려놓거나 글자를 손가락으로 그리면서 소리 내어 보도록 한다.

㉱ 목표 받침소리를 듣고 글자 찾기, 읽기, 쓰기를 반복하며 소리-입모양-받침 글자를 연결할 수 있도록 돕는다.

③ 합성하여 해독하기

㉮ VC-1음절 낱말을 해독한다.

㉠ 단모음 글자와 받침 'ㄱ'을 차례로 짚으면서 소리 합성 과정을 설명한다. 소리에 해당하는 입모양 그림과 글자를 보여 주고 아동이 따라서 소리 낼 수 있도록 한다.

㉡ 아동이 입모양 그림 없이 VC 1음절 낱말을 보고 글자를 짚으며 소리 합성 과정을 떠올려 해독한다.

㉯ CVC-1음절 낱말을 해독한다.

㉠ 선생님이 CVC 1음절 낱말에 해당하는 그림 카드를 보여 주면 아동이 정확한 소리로 이름을 말한다. 아동이 말한 소리에 해당하는 1음절 글자를 고르도록 하고 소리와 글자의 연결을 확인한다.

㉡ 아동이 CVC 1음절 낱말을 보고 글자를 짚으며 소리 합성 과정을 떠올려 정확한 소리로 해독한다.

㉰ 다음절 낱말을 해독한다.

- 받침의 위치, 포함 개수, 음절 수 조절로 난이도를 확장하여 제시한다.

④ 낱말 해독 수행력 확인하기

- 아동이 오늘의 목표 받침 글자 말소리 이해와 낱말 해독을 적절히 습득하였는지 보기 위해 목표 받침 글자가 포함된 낱말목록을 제시한다. 무의미 낱말도 함께 포함하여 추측해서 해독한 것인지, 소리-글자를 연결하여 해독한 것인지 확인한다. 목표 낱말은 오늘 학습한 받침 글자가 포함된 것으로 제시하고 아동의 수행력에 따라 먼저 학습한 받침 글자가 포함된 낱말을 함께 제시하여 난이도를 확장한다.

⑤ 문장 해독하기

- 목표 받침 글자가 포함된 낱말 단위에서 정확한 해독을 확인한 후, 문장 단위에서 해독한다. 아동이 읽는 동안 목표 받침이 정확하게 발음되는지 잘 듣고, 정확하게 읽지 못한 단어는 따로 기록해 두었다가 읽기, 쓰기를 반복하며 소리-입모양-글자를 연결할 수 있도록 돕는다.

(2) 활동 내용

세부 목표

- 받침 'ㄱ'의 소리를 알고 글자–소리 연결하기
- 목표 받침소리를 알고 VC 음절 해독하기
- 목표 받침소리를 알고 CVC 음절 해독하기
- 목표 받침소리를 알고 자소–음소 일치 낱말(목표 받침만) 해독하기
- 목표 받침소리를 알고 자소–음소 일치 낱말 해독하기
- 목표 받침소리가 포함된 짧은 문장 해독하기

1단계

소리	입모양	글자
/윽/	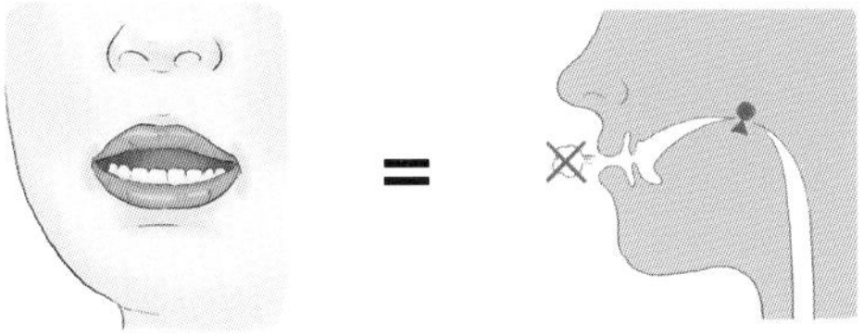 =	ㄱ

2단계

① VC 1음절 낱말 받침소리 확인하기

소리	입모양	글자
/악/	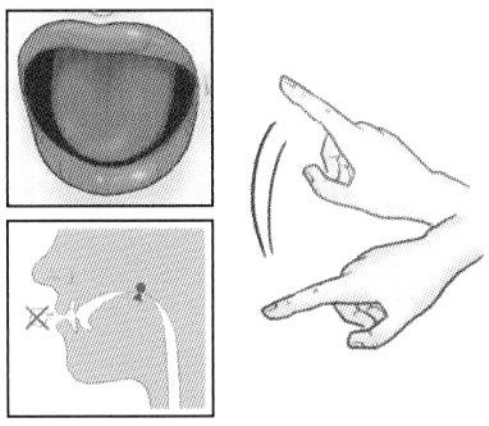	ㅇ ㅏ ㄱ

소리	입모양	글자
/억/	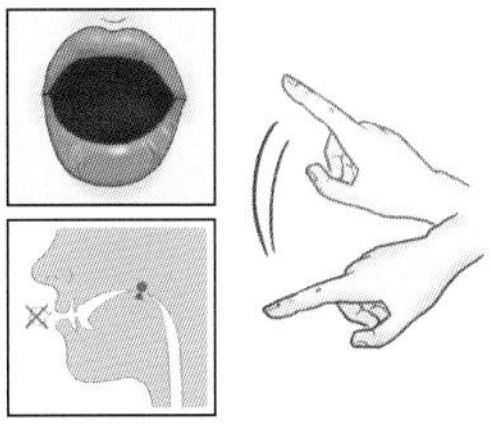	ㅇ ㅓ ㄱ

소리	입모양	글자
/옥/	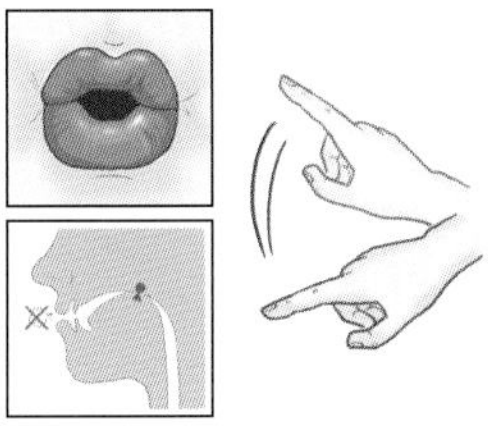	ㅇ ㅗ ㄱ

소리	입모양	글자
/욱/	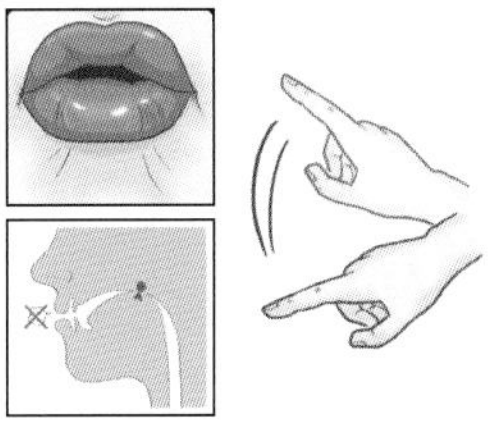	ㅇ ㅜ ㄱ

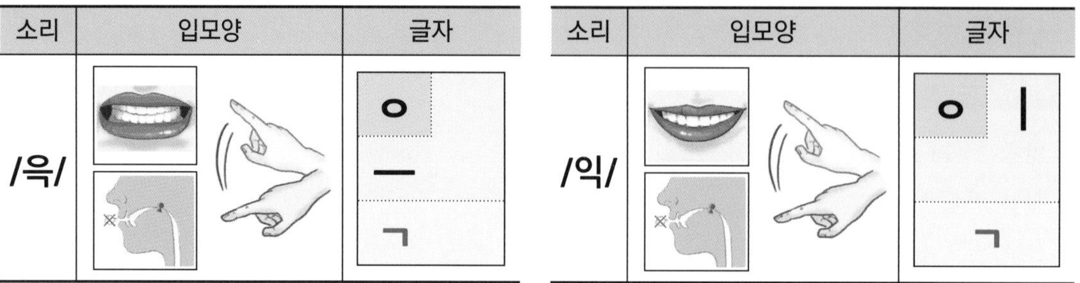

소리	입모양	글자
/윽/		ㅇ ㅡ ㄱ

소리	입모양	글자
/익/		ㅇ ㅣ ㄱ

② VC 1음절 낱말 해독

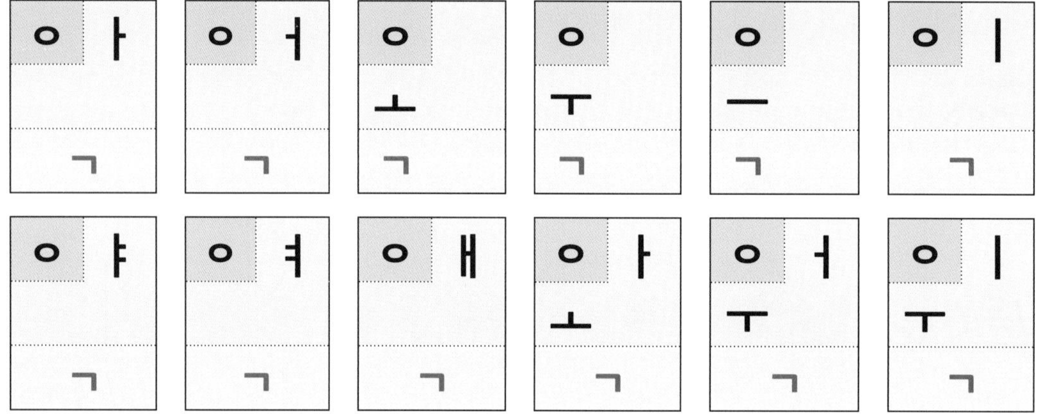

3단계

① CVC 1음절 낱말 소리-글자 연결 확인하기

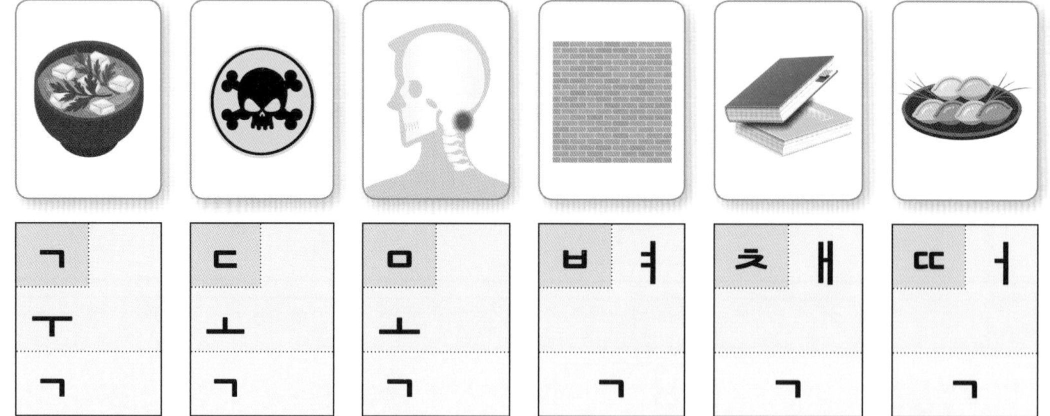

② CVC 1음절 낱말 해독하기

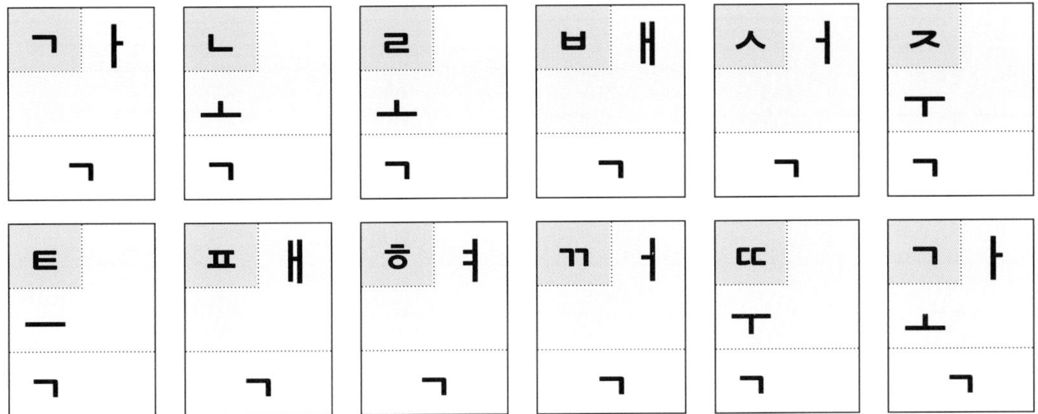

③ 다음절 낱말 해독하기

미역, 보석, 저녁, 액체, 식탁 기차역, 마지막, 호박떡, 계획표, 교육책

④ 다양한 받침이 포함된 낱말 해독하기

음식, 흰색, 짝꿍, 색깔, 반죽 동화책, 빨강색, 검정색, 조각칼, 접착제

4단계

① 아빠 트럭 타고 우체국 가요.
② 모래사막 위에 낙타 두 마리가 보여요.
③ 식탁 바구니에 보라색 포도가 가득!
④ 수박 한 조각 먹고 방학 계획표 만들래.
⑤ 짝꿍과 함께 호박떡 먹고 수학 숙제해요.

평가낱말

	평가낱말	중재 전	중재 후		평가낱말	중재 전	중재 후
1	악			6	유속		
2	액			7	지각		
3	우 역			8	폭포		
4	기억			9	과학책		
5	옥 푸			10	목초지		

연습

- 받침 'ㄱ'이 포함된 낱말을 듣고 받침을 써 보세요.
- 받침 'ㄱ'이 포함된 다음절 낱말을 읽어 보세요.
- 받침 'ㄱ'이 포함된 다음절 낱말을 듣고 철자쓰기를 해 보세요.
- 받침 'ㄱ'이 포함된 문장을 읽어 보세요.

7) 받침: ㄷ

(1) 회기 계획서

목표

받침소리가 포함된 자소-음소 일치 낱말을 정확하게 해독하기

세부 목표

- 받침 'ㄷ'의 소리를 알고 글자-소리 연결하기
- 목표 받침소리를 알고 VC 음절 해독하기
- 목표 받침소리를 알고 CVC 음절 해독하기
- 목표 받침소리를 알고 자소-음소 일치 낱말(목표 받침만) 해독하기
- 목표 받침소리를 알고 자소-음소 일치 낱말 해독하기
- 목표 받침소리가 포함된 짧은 문장 해독하기

① 목표 글자 소개하기

- 선생님은 "오늘은 받침 'ㄷ'에 대해서 말해 줄게요."라고 말한다.

② 소리-입모양-글자 연결하기

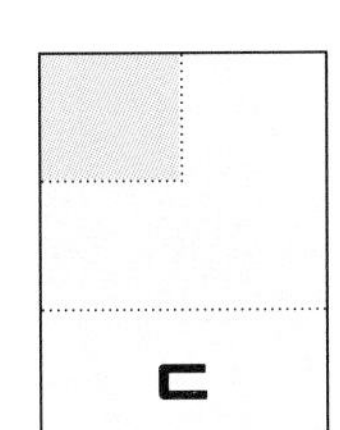

㉮ 선생님이 아동에게 "디귿 글자는 받침에 오면 /읃/ 소리가 나요."라고 설명하며 엘코닌 상자의 받침 위치에 글자 'ㄷ'을 올려서 보여 준다. 아동에게 받침 'ㄷ'의 소리를 따라 말하도록 하거나 선생님이 글자를 가리키면 아동이 소리를 말하는 활동으로 글자와 소리를 연결한다.

㉯ 선생님이 아동에게 혀 끝이 윗니 뒤쪽에 붙어서 나는 소리의 특징을 이해할 수 있도록 받침 'ㄷ'의 입모양 그림을 보여 주며 소리를 들려준다. 아동이 소리를 따라 말하도록 하고 입모양 등의 특징에 대해 함께 이야기한다.

㉰ 목표 받침소리와 입모양 연결을 확인한 후, 입모양 그림에 자석 글자를 올려놓거나 글자를 손가락으로 그리면서 소리 내어 보도록 한다.

㉱ 목표 받침소리를 듣고 글자 찾기, 읽기, 쓰기를 반복하며 소리-입모양-받침 글자를 연결할 수 있도록 돕는다.

③ 합성하여 해독하기

㉮ VC-1음절 낱말을 해독한다.

㉠ 단모음 글자와 받침 'ㄷ'을 차례로 짚으면서 소리 합성 과정을 설명한다. 소리에 해당하는 입모양 그림과 글자를 보여 주고 아동이 따라서 소리 낼 수 있도록 한다.

㉡ 아동이 입모양 그림 없이 VC 1음절 낱말을 보고 글자를 짚으며 소리 합성 과정을 떠올려 해독한다.

㉯ CVC-1음절 낱말을 해독한다.

㉠ 선생님이 CVC 1음절 낱말에 해당하는 그림 카드를 보여 주면 아동이 정확한 소리로 이름을 말한다. 아동이 말한 소리에 해당하는 1음절 글자를 고르도록 하고 소리와 글자의 연결을 확인한다.

㉡ 아동이 CVC 1음절 낱말을 보고 글자를 짚으며 소리 합성 과정을 떠올려 정확한 소리로 해독한다.

㉰ 다음절 낱말을 해독한다.

- 받침의 위치, 포함 개수, 음절수 조절로 난이도를 확장하여 제시한다.

④ 낱말 해독 수행력 확인하기

- 아동이 오늘의 목표 받침 글자 말소리 이해와 낱말 해독을 적절히 습득하였는지 보기 위해 목표 받침 글자가 포함된 낱말목록을 제시한다. 무의미 낱말도 함께 포함하여 추측해서 해독한 것인지, 소리-글자를 연결하여 해독한 것인지 확인한다. 목표 낱말은 오늘 학습한 받침 글자가 포함된 것으로 제시하고 아동의 수행력에 따라 먼저 학습한 받침 글자가 포함된 낱말을 함께 제시하여 난이도를 확장한다.

⑤ 문장 해독하기

- 목표 받침 글자가 포함된 낱말 단위에서 정확한 해독을 확인한 후, 문장 단위에서 해독한다. 아동이 읽는 동안 목표 받침이 정확하게 발음되는지 잘 듣고, 정확하게 읽지 못한 단어는 따로 기록해 두었다가 읽기, 쓰기를 반복하며 소리-입모양-글자를 연결할 수 있도록 돕는다.

(2) 활동 내용

세부 목표

- 받침 'ㄷ'의 소리를 알고 글자–소리 연결하기
- 목표 받침소리를 알고 VC 음절 해독하기
- 목표 받침소리를 알고 CVC 음절 해독하기
- 목표 받침소리를 알고 자소–음소 일치 낱말(목표 받침만) 해독하기
- 목표 받침소리를 알고 자소–음소 일치 낱말 해독하기
- 목표 받침소리가 포함된 짧은 문장 해독하기

1단계

소리	입모양	글자
/읃/	=	ㄷ

2단계

① VC 1음절 낱말 받침소리 확인하기

소리	입모양	글자
/앋/		ㅇ ㅏ ㄷ

소리	입모양	글자
/얻/		ㅇ ㅓ ㄷ

소리	입모양	글자
/옫/		ㅇ ㅗ ㄷ

소리	입모양	글자
/욷/		ㅇ ㅜ ㄷ

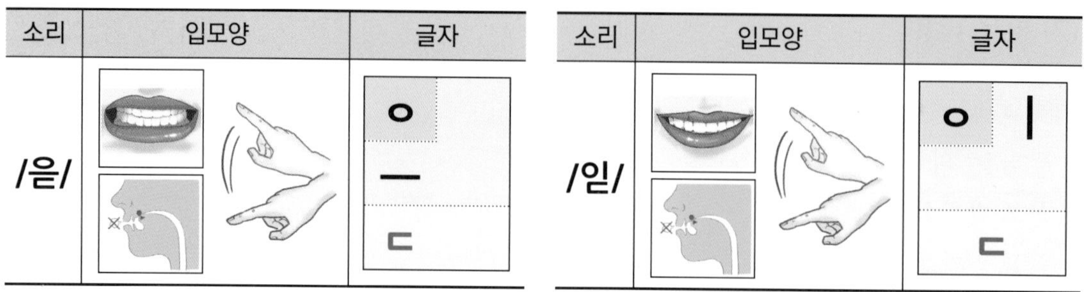

② VC 1음절 낱말 해독하기

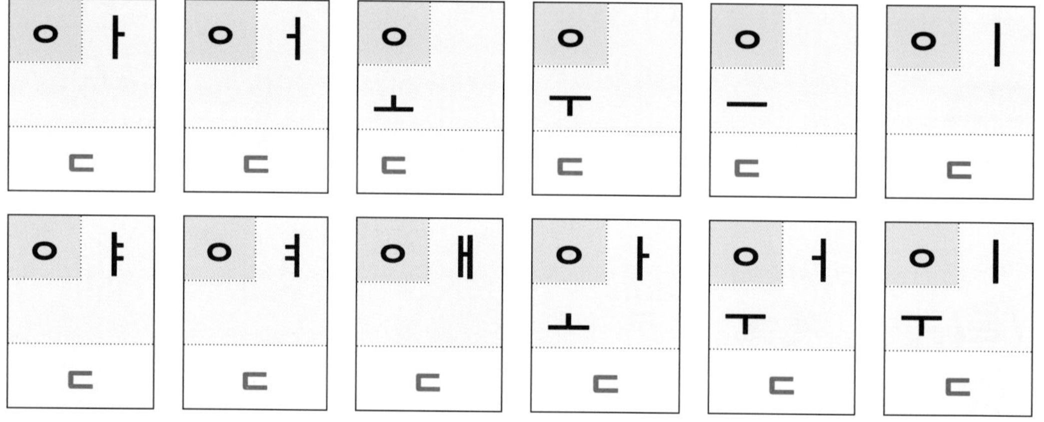

3단계

① CVC 1음절 낱말 소리-글자 연결 확인하기

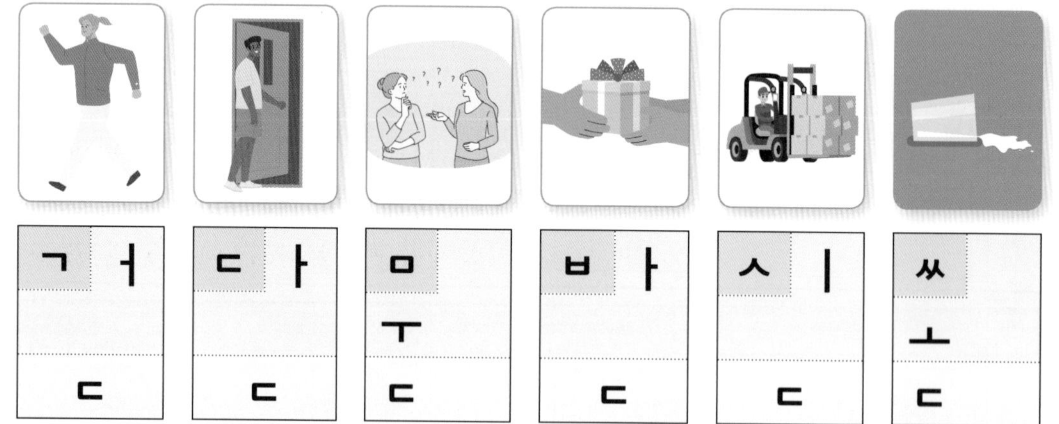

② CVC 1음절 낱말 해독하기

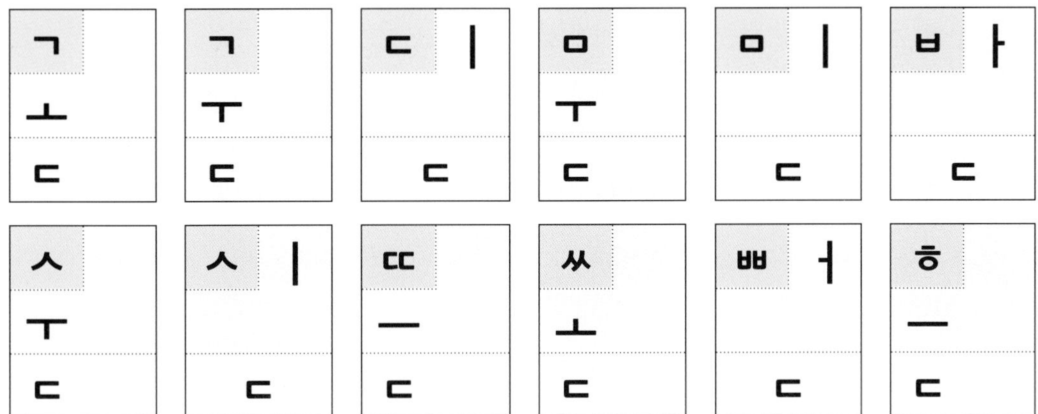

③ 다음절 낱말 해독하기

디귿, 얻다, 닫다, 곧장, 받침
걷다가, 굳세게, 돋구다, 묻지마, 받치다

4단계

① 두 다리 뻗고 시소 타요.
② 파도 소리 듣고 바다 따라 걷기
③ 과자 뜯다가 미끄러져서 쏟고 누나와 치워요.
④ 도움닫기 하고 곧바로 뜀틀 넘기
⑤ 엄마 소리 듣고 순서대로 받침 글자 쓰기

평가낱말

	목표 낱말	중재 전	중재 후		목표 낱말	중재 전	중재 후
1	안			6	어 숟		
2	얻			7	곧게		
3	우 앧			8	묻다		
4	디귿			9	곧바로		
5	읃 처			10	돋보기		

연습

- 받침 'ㄷ'이 포함된 낱말을 듣고 받침을 써 보세요.
- 받침 'ㄷ'이 포함된 다음절 낱말을 읽어 보세요.
- 받침 'ㄷ'이 포함된 다음절 낱말을 듣고 철자쓰기를 해 보세요.
- 받침 'ㄷ'이 포함된 문장을 읽어 보세요.

2. 가족 받침

1) 받침: ㅂ, ㅍ

(1) 회기 계획서

목표

받침소리가 포함된 낱말을 정확하게 해독하기

세부 목표

- 받침 'ㅂ, ㅍ'의 끝소리 규칙 이해하기
- 목표 받침소리를 알고 VC 음절 해독하기
- 목표 받침소리를 알고 CVC 음절 해독하기
- 목표 받침소리를 알고 다음절 낱말 해독하기
- 목표 종성이 포함된 짧은 문장 해독하기

① 목표 글자 소개하기

- 선생님은 먼저 학습한 7종성(ㅇ, ㅁ, ㄴ, ㄹ, ㅂ, ㄱ, ㄷ)의 소리와 글자 연결을 확인하고, 받침소리 중 /읍/, /윽/, /읃/에는 '가족 받침'이 있음을 알려 준다. '가족 받침'은 같은 소리가 나는 받침을 의미하고, 첫 번째 /읍/ 가족 받침에 대해서 학습할 것을 소개한다.

② 소리-입모양-글자 연결하기

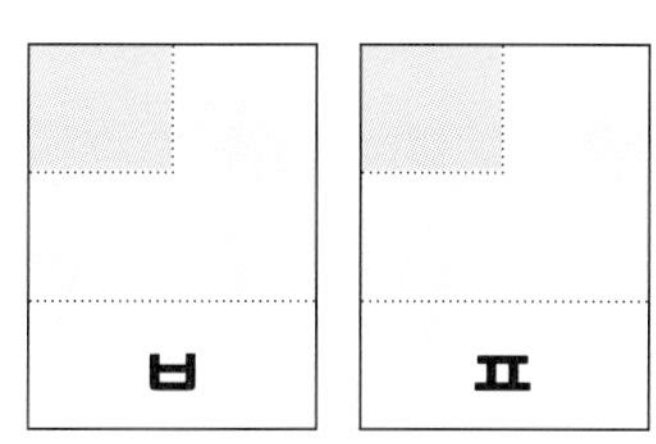

㉮ 선생님이 아동에게 "마지막(받침) 소리에서 /읍/ 소리가 나는 글자는 '비읍'이에요. 받침소리 /읍/에는 가족 받침이 있다고 알려 주었죠? /읍/ 소리가 나는 가족 받침은 '비읍'과 '피읖(/피읍/)'이 있어요."라고 설명한다.

㉯ 엘코닌 상자의 받침 위치에 두 자석 글자를 올리며 '비읍'과 '피읍' 글자 이름이 같은 소리(/읍/)로 끝나는 것을 강조해서 들려준다. 받침 위치에서 같은 소리가 나는 두 글자와 받침소리를 연결할 수 있도록 돕는다.

㉰ 아동이 엘코닌 상자의 받침 위치에 'ㅂ, ㅍ' 자석 글자를 각각 올리며 /읍/ 소리를 말하도록 하거나, 선생님이 함께 글자를 가리키며 소리를 말하도록 한다.

㉱ 받침 위치의 'ㅂ, ㅍ'은 글자는 다르지만, 받침소리가 같음을 아동이 이해할 수 있도록 소리를 듣고 글자 찾기, 읽기, 쓰기를 반복할 수 있다.

③ 합성하여 해독하기

㉮ VC-1음절 낱말을 해독한다.

㉠ 단모음 글자와 받침 'ㅂ' 또는 'ㅍ'을 차례로 짚으면서 소리 합성 과정을 설명한다. 소리에 해당하는 입모양 그림과 글자를 보여 주고 아동이 따라서 소리 낼 수 있도록 한다.

㉡ 입모양 그림 없이 VC 1음절 낱말을 보고 글자를 짚으며 아동 스스로 소리 내어 읽도록 한다.

㉯ CVC-1음절 낱말을 해독한다.

㉠ 선생님이 같은 소리가 나는 1음절 낱말에 해당하는 그림 두 개를 보여 주면 아동이 정확한 소리로 이름을 말한다. 아동이 '의미가 다르지만, 같은 소리가 나는 끝소리 규칙'을 설명하도록 기회를 제공하고, 소리와 낱말의 의미에 맞는 글자의 연결을 확인한다.

㉡ 아동이 CVC 1음절 낱말을 보고 글자를 짚으며 정확한 소리로 해독한다.

㉰ 다음절 낱말을 해독한다.

• 받침의 위치, 포함 개수, 음절수 조절로 난이도를 확장하여 제시한다.

④ 낱말 해독 수행력 확인하기

• 아동이 오늘의 목표 가족 받침 글자 말소리 이해와 낱말 해독을 적절히 습득하였는지 보기 위해 목표 가족 받침 글자가 포함된 낱말목록을 제시한다. 무의미 낱말도 함께 포함하여 추측해서 해독한 것인지, 소리-글자를 연결하여 해독한 것인지 확인한다. 목표 낱말은 오늘 학습한 받침 글자가 포함된 것으로만 구성한다. 아동의 수행력에 따라 먼저 학습한 받침 글자가 함께 포함된 낱말을 제공할 수 있다.

⑤ 문장 해독하기

• 목표 받침 글자가 포함된 낱말 단위에서 정확한 해독을 확인한 후, 문장 단위에서 해독한다. 아동이 읽는 동안 목표 받침이 정확하게 발음되는지 잘 듣고, 정확하게 읽지 못한 단어는 따로 기록해 두었다가 읽기, 쓰기를 반복하며 소리-받침 글자를 연결할 수 있도록 돕는다.

(2) 활동 내용

세부 목표

- 받침 'ㅂ, ㅍ'의 끝소리 규칙 이해하기
- 목표 받침소리를 알고 VC 음절 해독하기
- 목표 받침소리를 알고 CVC 음절 해독하기
- 목표 받침소리를 알고 다음절 낱말 해독하기
- 목표 종성이 포함된 짧은 문장 해독하기

1단계

소리	입모양	글자
/읍/	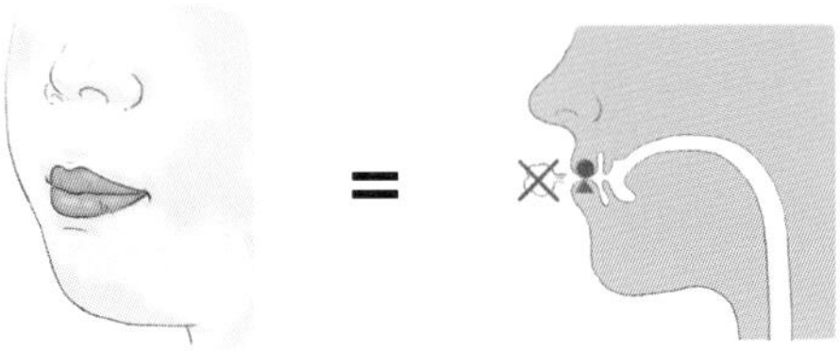 =	ㅂ ㅍ

2단계

① VC 1음절 낱말 받침소리 확인하기

소리	입모양	글자
/압/ 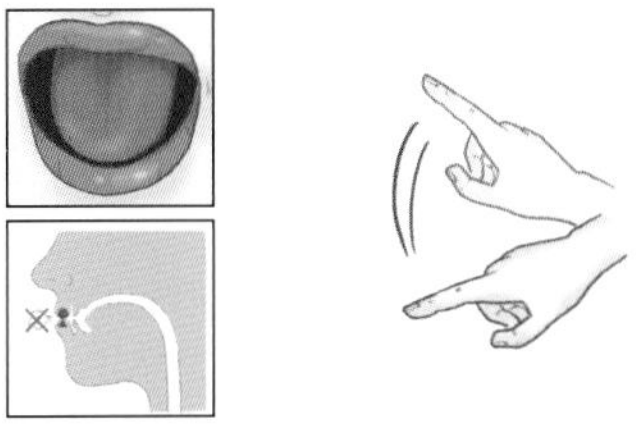		아 ㅂ / 아 ㅍ

소리	입모양	글자
/업/ 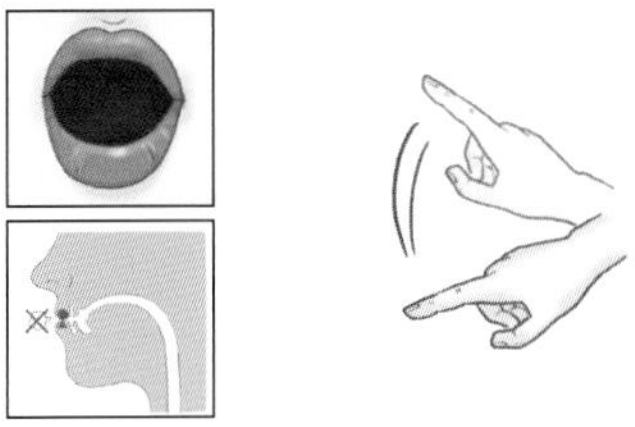		어 ㅂ / 어 ㅍ

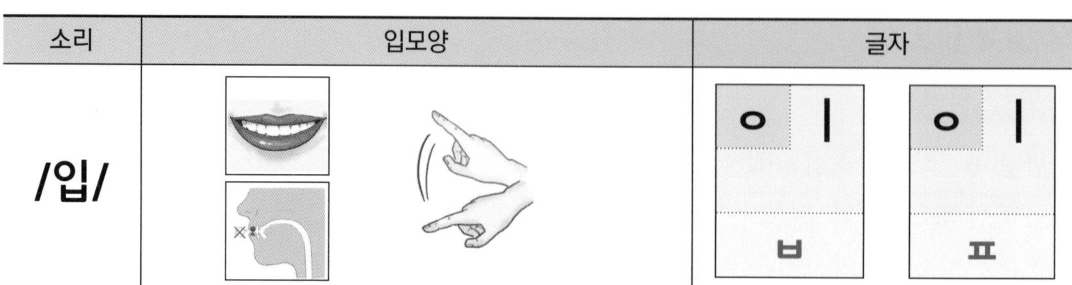

② VC 1음절 낱말 해독하기

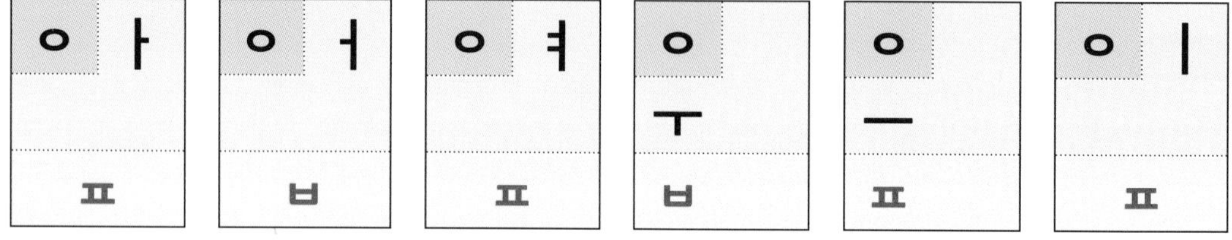

3단계

① CVC 1음절 낱말 소리-글자 연결 확인하기

② CVC 1음절 낱말 해독하기

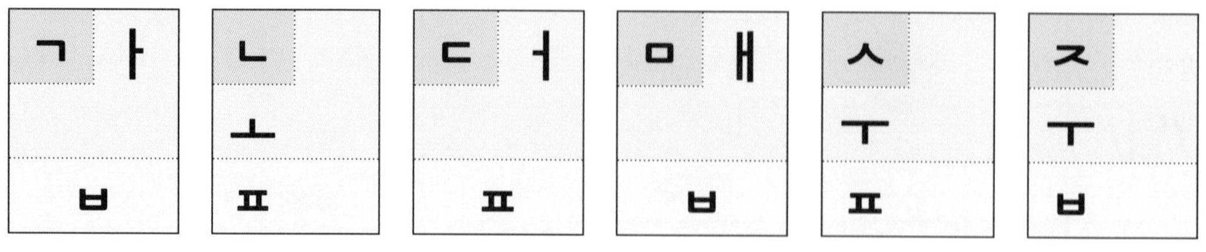

③ 다음절 낱말 해독하기

무릎, 배꼽, 높게, 춥다, 덮개
구급차, 앞치마, 늪지대, 옆구리, 엎드려

④ 다양한 받침이 포함된 낱말 해독하기

일곱, 앞뜰, 옆쪽, 헝겊, 팝콘

4단계

① 지팡이처럼 짚고 가기
② 높푸른 하늘 올려다보기
③ 뿌리가 깊고 튼튼한 느티나무
⑤ 여기서 수영을 하고 싶지만, 너무 차갑다.
⑤ 내가 아끼는 캐릭터 카드를 주고 싶다.

평가낱말

	목표 낱말	중재 전	중재 후		목표 낱말	중재 전	중재 후
1	앞			6	무릎		
2	옆			7	옆집		
3	우엎			8	앞치마		
4	피읖			9	드높게		
5	오랍			10	덮밥집		

연습

- 받침 'ㅂ, ㅍ'이 포함된 낱말을 듣고 받침을 써 보세요.
- 받침 'ㅂ, ㅍ'이 포함된 다음절 낱말을 읽어 보세요.
- 받침 'ㅂ, ㅍ'이 포함된 다음절 낱말을 듣고 철자쓰기를 해 보세요.
- 받침 'ㅂ, ㅍ'이 포함된 문장을 읽어 보세요.

2) 받침: ㄱ, ㅋ, ㄲ

(1) 회기 계획서

목표

받침소리가 포함된 낱말을 정확하게 해독하기

세부 목표

- 받침 'ㄱ, ㅋ, ㄲ'의 끝소리 규칙 이해하기
- 목표 받침소리를 알고 VC 음절 해독하기
- 목표 받침소리를 알고 CVC 음절 해독하기
- 목표 받침소리를 알고 다음절 낱말 해독하기
- 목표 종성이 포함된 짧은 문장 해독하기

① 목표 글자 소개하기

- 선생님은 '가족 받침'은 같은 소리가 나는 받침을 의미하며, /윽/ 가족 받침에 대해서 학습할 것을 소개한다.

② 소리-입모양-글자 연결

가. 선생님이 아동에게 "마지막(받침) 소리에서 /윽/ 소리가 나는 글자는 '기역'이에요. /윽/ 소리가 나는 가족 받침은 '기역'과 '키읔(/키윽/)' '쌍기역'이 있어요." 라고 설명한다.

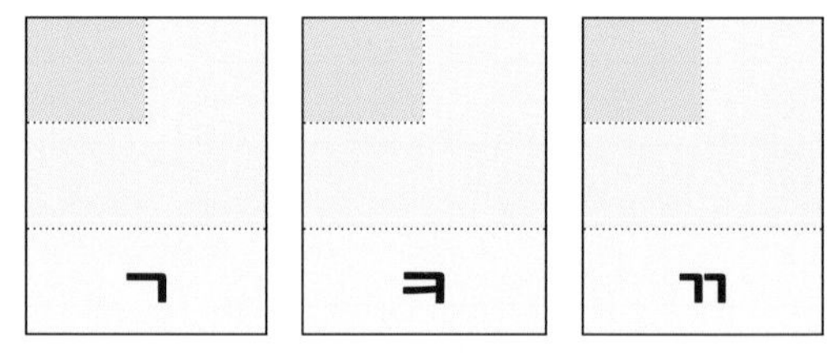

나. 엘코닌 상자의 받침 위치에 'ㄱ, ㅋ, ㄲ' 자석 글자를 올리며 '글자 이름이 같은 받침소리(/윽/)'로 끝나는 것을 강조해서 들려준다. 받침 위치에서 같은 소리가 나는 세 글자와 소리를 연결할 수 있도록 돕는다.

다. 아동이 엘코닌 상자의 받침 위치에 'ㄱ, ㅋ, ㄲ' 자석 글자를 각각 올리며 /윽/ 소리를 말하도록 하거나, 교사와 함께 글자를 가리키며 소리를 말하도록 한다.

라. 받침 위치의 'ㄱ, ㅋ, ㄲ'은 글자는 다르지만, 받침소리가 같음을 아동이 이해할 수 있도록 소리를 듣고 글자 찾기, 읽기, 쓰기를 반복할 수 있다.

③ 합성하여 해독하기

㉮ VC-1음절 낱말을 해독한다.

㉠ 단모음 글자와 받침 'ㄱ' 'ㅋ' 'ㄲ'을 차례로 짚으면서 소리 합성 과정을 설명한다. 소리에 해당하는 입모양 그림과 글자를 보여 주고 아동이 따라서 소리 낼 수 있도록 한다.

㉡ 입모양 그림 없이 VC 1음절 낱말을 보고 글자를 짚으며 아동 스스로 소리 내어 읽도록 한다.

㉯ CVC-1음절 낱말을 해독한다.

㉠ 선생님이 같은 소리가 나는 1음절 낱말에 해당하는 그림 두 개를 보여 주면 아동이 정확한 소리로 이름을 말한다. 아동이 의미가 다르지만, 같은 소리가 나는 끝소리 규칙을 설명하도록 기회를 제공하고, 소리와 낱말의 의미에 맞는 글자의 연결을 확인한다.

㉡ 아동이 CVC 1음절 낱말을 보고 글자를 짚으며 정확한 소리로 해독한다.

㉰ 다음절 낱말을 해독한다.

- 받침의 위치, 포함 개수, 음절 수 조절로 난이도를 확장하여 제시한다.

④ 낱말 해독 수행력 확인

- 아동이 오늘의 목표 가족 받침 글자 말소리 이해와 낱말 해독을 적절히 습득하였는지 보기 위해 목표 가족받침 글자가 포함된 낱말목록을 제시한다. 무의미 낱말도 함께 포함하여 추측해서 해독한 것인지, 소리-글자를 연결하여 해독한 것인지 확인한다. 목표 낱말은 오늘 학습한 받침 글자가 포함된 것으로만 구성한다. 아동의 수행력에 따라 먼저 학습한 받침 글자가 함께 포함된 낱말을 제공할 수 있다.

⑤ 문장 해독하기

- 목표 받침 글자가 포함된 낱말 단위에서 정확한 해독을 확인한 후, 문장 단위에서 해독한다. 아동이 읽는 동안 목표 받침이 정확하게 발음되는지 잘 듣고, 정확하게 읽지 못한 단어는 따로 기록해 두었다가 읽기, 쓰기를 반복하며 소리-받침 글자를 연결할 수 있도록 돕는다.

(2) 활동 내용

세부 목표

- 받침 'ㄱ, ㅋ, ㄲ'의 끝소리 규칙 이해하기
- 목표 받침소리를 알고 VC 음절 해독하기
- 목표 받침소리를 알고 CVC 음절 해독하기
- 목표 받침소리를 알고 다음절 낱말 해독하기
- 목표 종성이 포함된 짧은 문장 해독하기

1단계

소리	입모양	글자		
/윽/	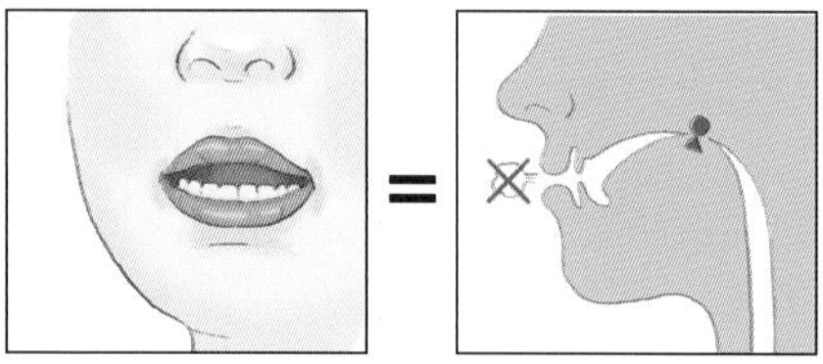 =	ㄱ	ㅋ	ㄲ

2단계

① VC 받침소리 확인하기

소리	입모양	글자		
/악/	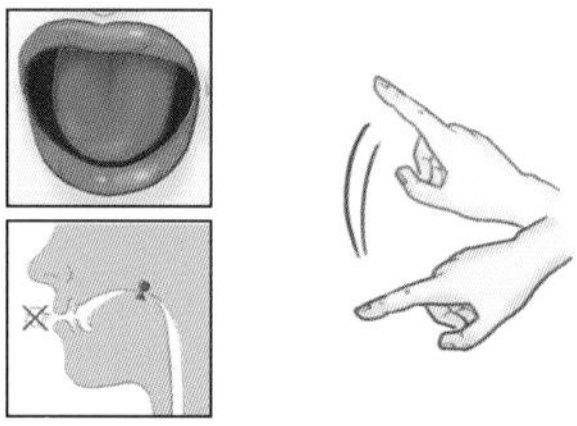	ㅇ ㅏ ㄱ	ㅇ ㅏ ㅋ	ㅇ ㅏ ㄲ

소리	입모양	글자		
/억/	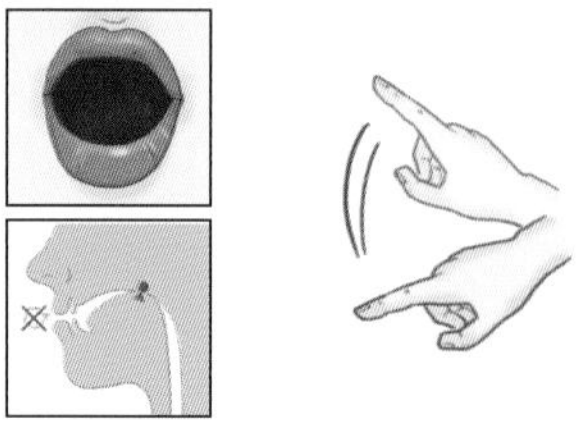	ㅇ ㅓ ㄱ	ㅇ ㅓ ㅋ	ㅇ ㅓ ㄲ

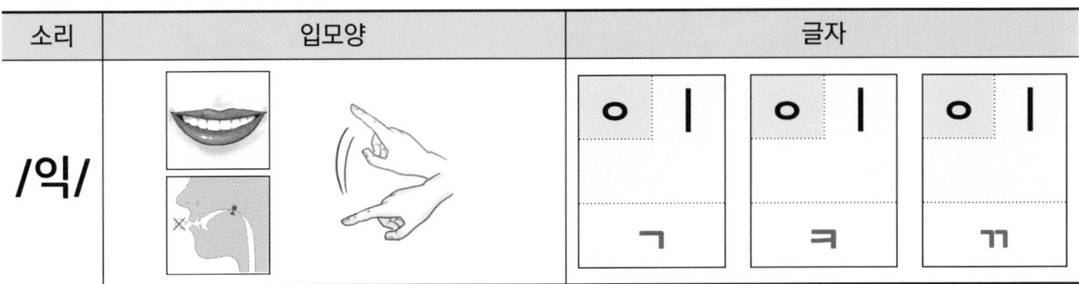

② VC 1음절 낱말 해독하기

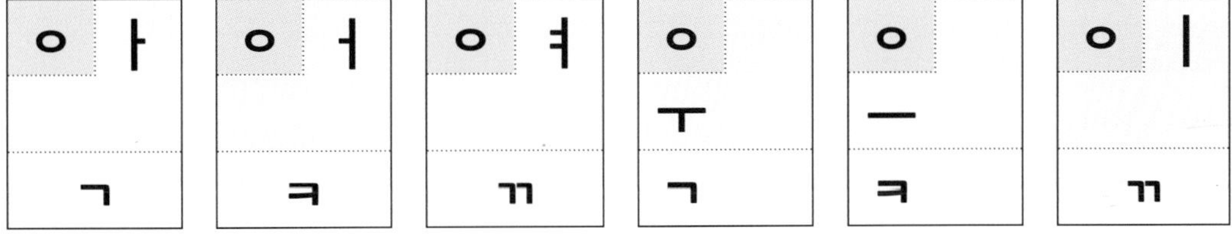

3단계

① CVC 1음절 낱말 소리-글자 연결 확인하기

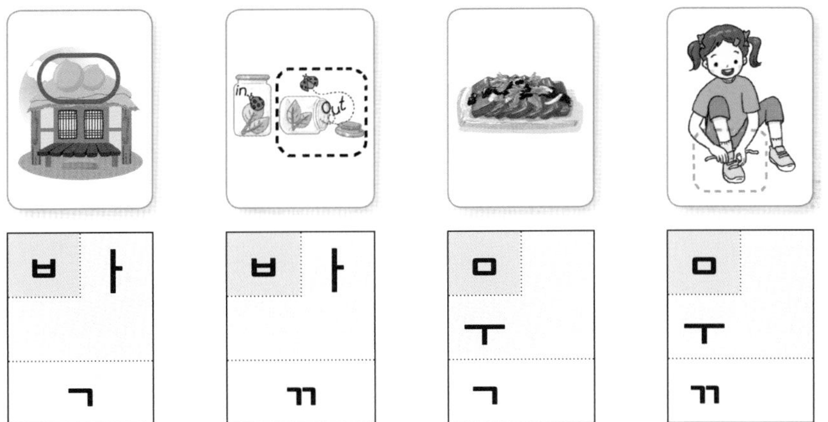

② CVC 1음절 낱말 해독하기

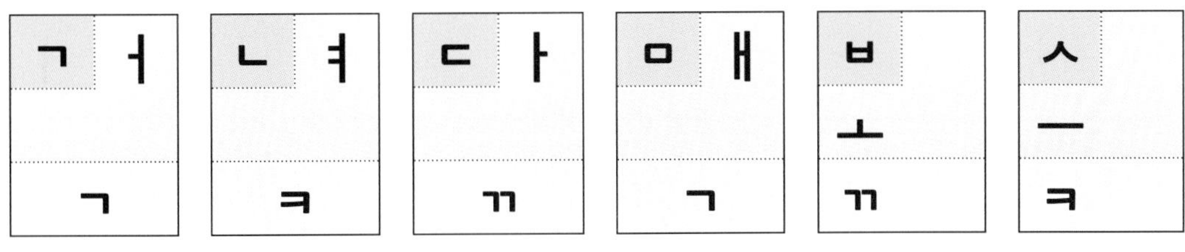

③ 다음절 낱말 해독하기

과녁, 부엌, 키읔, 서녘, 묶다
초록색, 낚시대, 꺾다가, 섞지마, 닦지마

④ 다양한 받침이 포함된 낱말 해독하기

동녘, 창밖, 아침녘, 부엌칼, 안팎

4단계

① 쑥쑥 자라난 고사리 꺾기.
② 눈물 닦고 다시 용기 내 볼까?
③ 키읔 쓰는 바른 순서 알기.
④ 창밖 서녘 풍경은 너무 아름다워.
⑤ 단정하게 머리를 묶고 요리하러 부엌 가요.

평가낱말

	목표 낱말	중재 전	중재 후		목표 낱말	중재 전	중재 후
1	앜			6	부엌		
2	엮			7	창밖		
3	이 엌			8	낚시터		
4	오 밖			9	볶다가		
5	엮다			10	뒤섞다		

연습

- 받침 'ㄱ, ㅋ, ㄲ'이 포함된 낱말을 듣고 받침을 써 보세요.
- 받침 'ㄱ, ㅋ, ㄲ'이 포함된 다음절 낱말을 읽어 보세요.
- 받침 'ㄱ, ㅋ, ㄲ'이 포함된 다음절 낱말을 듣고 철자쓰기를 해 보세요.
- 받침 'ㄱ, ㅋ, ㄲ'이 포함된 문장을 읽어 보세요.

3) 받침: ㄷ, ㅌ, ㅅ, ㅆ, ㅈ, ㅊ, ㅎ

(1) 회기 계획서

목표

받침소리가 포함된 낱말을 정확하게 해독하기

세부 목표

- 받침 'ㄷ, ㅌ, ㅅ, ㅆ, ㅈ, ㅊ, ㅎ'의 끝소리 규칙 이해하기
- 목표 받침소리를 알고 VC 음절 해독하기
- 목표 받침소리를 알고 CVC 음절 해독하기
- 목표 받침소리를 알고 다음절 낱말 해독하기
- 목표 종성이 포함된 짧은 문장 해독하기

① 목표 글자 소개하기

- 선생님은 '가족 받침'은 같은 소리가 나는 받침을 의미하며, /은/ 가족 받침에 대해서 학습할 것을 소개한다.

② 소리-입모양-글자 연결하기

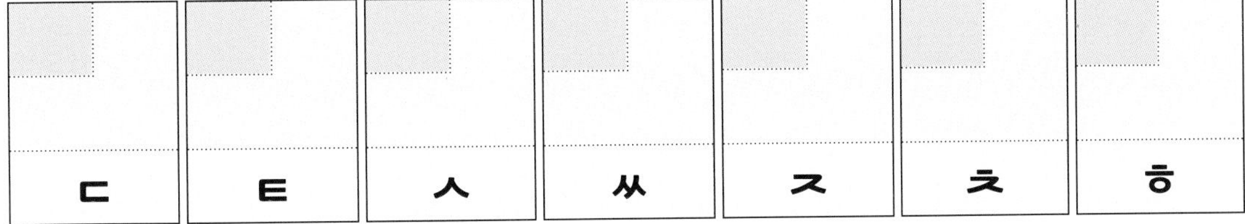

㉮ 선생님이 아동에게 "마지막(받침) 소리에서 /은/ 소리가 나는 글자는 '디귿'이에요. /은/ 소리가 나는 가족 받침은 '디귿'과 '티읕, 시옷, 쌍시옷, 지읒, 치읓 그리고 히읗(/히읃/)'이 있어요."라고 설명한다.

㉯ 엘코닌 상자의 받침 위치에 'ㄷ, ㅌ, ㅅ, ㅆ, ㅈ, ㅊ, ㅎ' 자석 글자를 올리며 '글자 이름이 같은 받침소리(/은/)로 끝나는 것을 강조해서 들려준다. 받침 위치에서 같은 소리가 나는 글자와 소리를 연결할 수 있도록 돕는다.

㉰ 아동이 엘코닌 상자의 받침 위치에 'ㄷ, ㅌ, ㅅ, ㅆ, ㅈ, ㅊ, ㅎ' 자석 글자를 각각 올리며 /은/ 소리를 말하도록 하거나, 선생님과 함께 글자를 가리키며 소리를 말하도록 한다.

㉱ 받침 위치의 'ㄷ, ㅌ, ㅅ, ㅆ, ㅈ, ㅊ, ㅎ'은 낱글자는 다르지만, 받침소리가 같음을 아동이 이해할 수 있도록 소리를 듣고 글자 찾기, 읽기, 쓰기를 반복할 수 있다.

③ 합성하여 해독하기

㉮ VC-1음절 낱말을 해독한다.

㉠ 단모음 글자와 받침 'ㄷ, ㅌ, ㅅ, ㅆ, ㅈ, ㅊ, ㅎ'을 차례로 짚으면서 소리 합성 과정을 설명한다. 소리에 해당하는 입모양 그림과 글자를 보여 주고 아동이 따라서 소리 낼 수 있도록 한다.

㉡ 입모양 그림 없이 VC 1음절 낱말을 보고 글자를 짚으며 아동 스스로 소리 내어 읽도록 한다.

㉯ CVC-1음절 낱말을 해독한다.

㉠ 선생님이 같은 소리가 나는 1음절 낱말에 해당하는 그림 세 개[낫-낮-낯, 갓-갖(다)-같(다)]를 보여 주면 아동이 정확한 소리로 이름을 말한다. 아동이 의미가 다르지만, 같은 소리가 나는 끝소리 규칙을 설명하도록 기회를 제공하고, 소리와 낱말 의미에 맞는 글자의 연결을 확인한다.

㉡ 아동이 CVC 1음절 낱말을 보고 글자를 짚으며 정확한 소리로 해독한다.

㉰ 다음절 낱말을 해독한다.

- 받침의 위치, 포함 개수, 음절 수 조절로 난이도를 확장하여 제시한다.

④ 낱말 해독 수행력 확인하기

- 아동이 오늘의 목표 가족 받침 글자 말소리 이해와 낱말 해독을 적절히 습득하였는지 보기 위해 목표 가족 받침 글자가 포함된 낱말목록을 제시한다. 무의미 낱말도 함께 포함하여 추측해서 해독한 것인지, 소리-글자를 연결하여 해독한 것인지 확인한다. 목표 낱말은 오늘 학습한 받침 글자가 포함된 것으로만 구성한다. 아동의 수행력에 따라 먼저 학습한 받침 글자가 함께 포함된 낱말을 제공할 수 있다.

⑤ 문장 해독하기

- 목표 받침 글자가 포함된 낱말 단위에서 정확한 해독을 확인한 후, 문장 단위에서 해독한다. 아동이 읽는 동안 목표 받침이 정확하게 발음되는지 잘 듣고, 정확하게 읽지 못한 단어는 따로 기록해 두었다가 읽기, 쓰기를 반복하며 소리-받침 글자를 연결할 수 있도록 돕는다.

(2) 활동 내용

세부 목표

- 받침 'ㄷ, ㅌ, ㅅ, ㅆ, ㅈ, ㅊ, ㅎ'의 끝소리 규칙 이해하기
- 목표 받침소리를 알고 VC 음절 해독하기
- 목표 받침소리를 알고 CVC 음절 해독하기
- 목표 받침소리를 알고 다음절 낱말 해독하기
- 목표 종성이 포함된 짧은 문장 해독하기

1단계

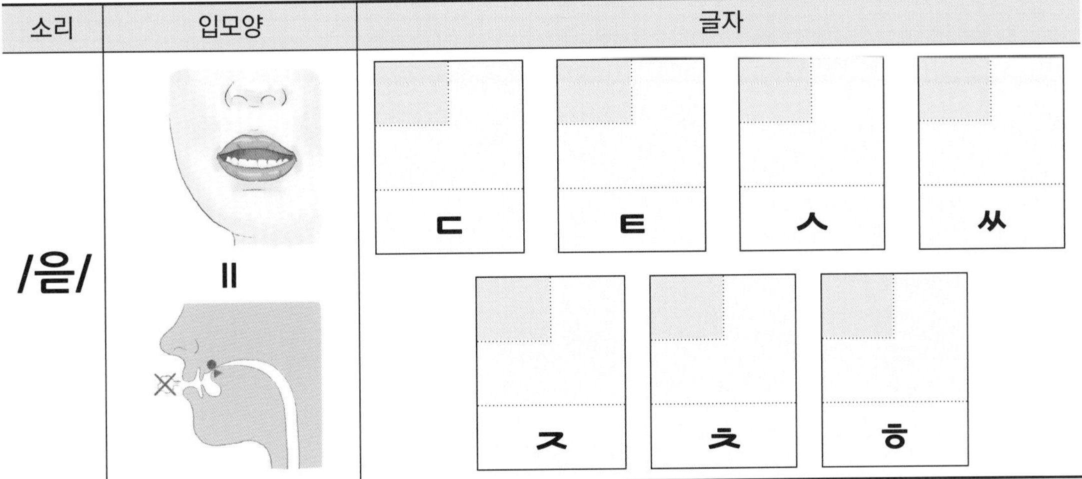

2단계

① VC 1음절 낱말 받침소리 확인하기

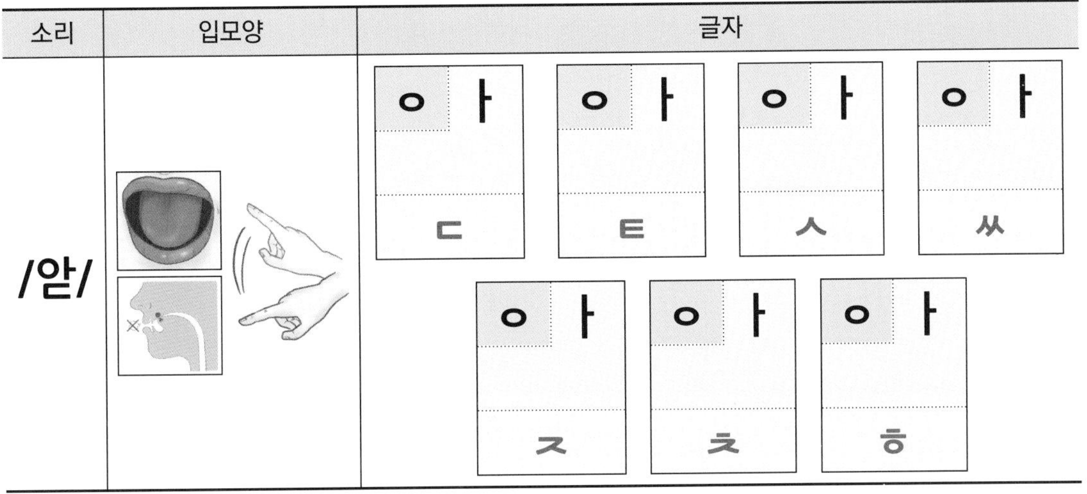

소리	입모양	글자
/앋/	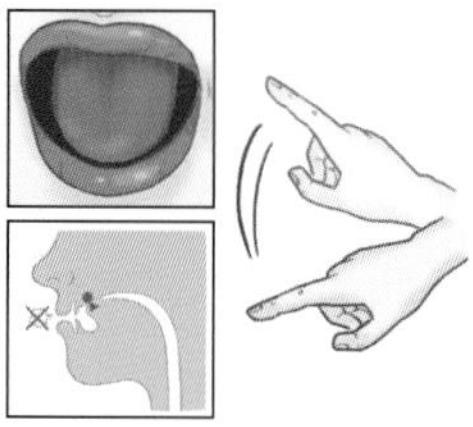	ㅇ ㅓ ㄷ / ㅇ ㅓ ㅌ / ㅇ ㅓ ㅅ / ㅇ ㅓ ㅆ / ㅇ ㅓ ㅈ / ㅇ ㅓ ㅊ / ㅇ ㅓ ㅎ

소리	입모양	글자
/앋/	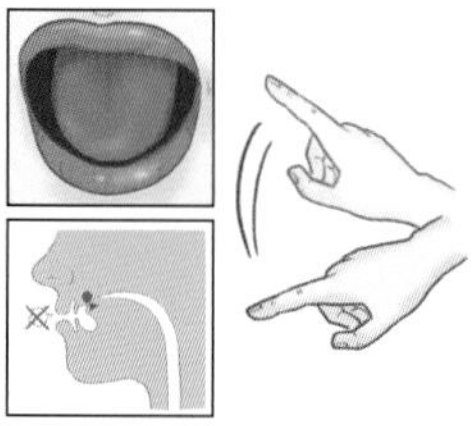	ㅇ ㅣ ㄷ / ㅇ ㅣ ㅌ / ㅇ ㅣ ㅅ / ㅇ ㅣ ㅆ / ㅇ ㅏ ㅈ / ㅇ ㅏ ㅊ / ㅇ ㅏ ㅎ

② VC 1음절 낱말 해독하기

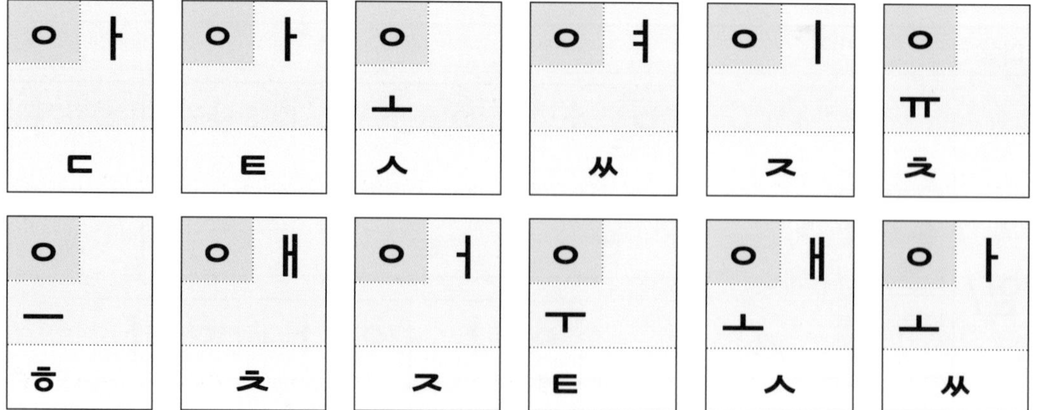

3단계

① CVC 1음절 낱말 소리-글자 연결 확인하기

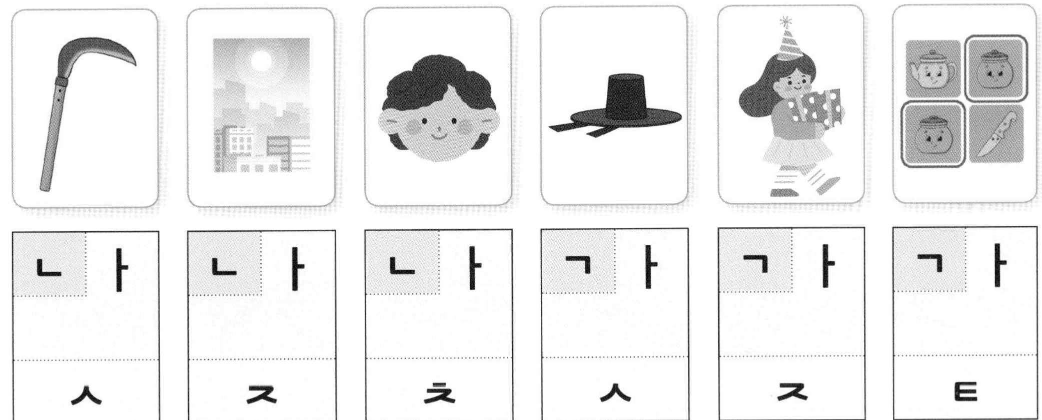

② CVC 1음절 낱말 해독하기

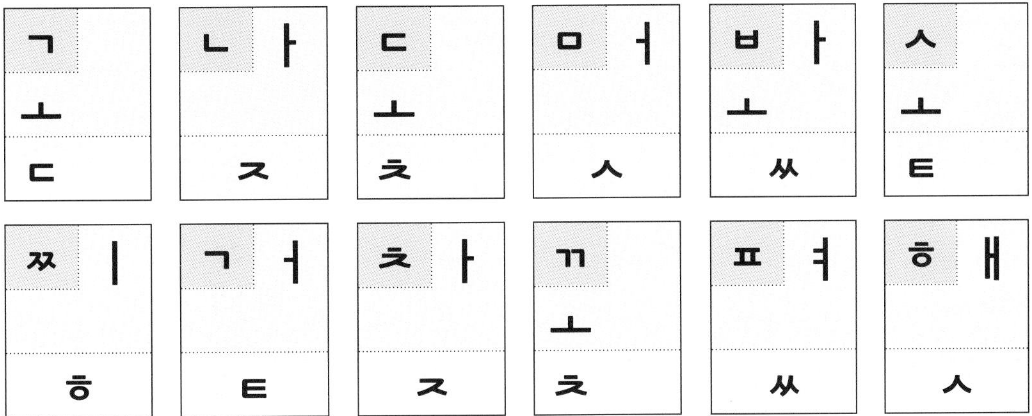

③ 다음절 낱말 해독하기

바깥, 히읗, 도넛, 받치다, 짖다, 쫓다, 갔다
머리빗, 튀었다, 곧바로, 맞추다, 쏟기다, 끝나다

④ 다양한 받침이 포함된 낱말 해독하기

늦잠, 칫솔, 밥솥, 들꽃, 잔디밭, 낯가림, 트럼펫

4단계

① 코코넛 도넛 파는 가게
② 기회를 빼앗겨서 너무 속상해.
③ 동그란 단팥 찐빵을 사러 갔다.
④ 인터넷 방송 기자가 되는 꿈꿨다.
⑤ 젖소 무늬 옷, 버섯 다섯 바구니를 샀다.

평가낱말

	목표 낱말	중재 전	중재 후		목표 낱말	중재 전	중재 후
1	있			6	젖소		
2	옻			7	탔다		
3	이 웃			8	송곳		
4	히읗			9	맞추다		
5	여섯			10	똑같다		

연습

- 받침 ‘ㄷ, ㅌ, ㅅ, ㅆ, ㅈ, ㅊ, ㅎ’이 포함된 낱말을 듣고 받침을 써 보세요.
- 받침 ‘ㄷ, ㅌ, ㅅ, ㅆ, ㅈ, ㅊ, ㅎ’이 포함된 다음절 낱말을 읽어 보세요.
- 받침 ‘ㄷ, ㅌ, ㅅ, ㅆ, ㅈ, ㅊ, ㅎ’이 포함된 낱말을 듣고 철자쓰기를 해 보세요.
- 받침 ‘ㄷ, ㅌ, ㅅ, ㅆ, ㅈ, ㅊ, ㅎ’이 포함된 문장을 읽어 보세요.

제 5 장

자소-음소 불일치 낱말 해독

1. 음운 규칙: 연음화

1) 회기 계획서

목표

목표 음운 규칙을 적용한 자소-음소 불일치 낱말 정확하게 해독하기

세부 목표

- 연음화를 이해하고 적용하여 낱말 해독하기
- 연음화를 적용하여 어절(낱말+조사, 어미) 해독하기
- 연음화를 적용하여 문장 해독하기

(1) 연음화 규칙 이해하기

- 목표 음운 규칙인 연음화를 명시적으로 알려 준다.

연음화

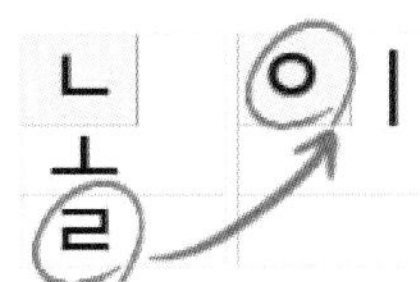

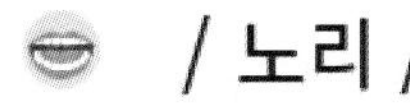

2음절 이상 구성된 낱말에서 뒤 음절의 첫소리가 모음으로 시작되면 앞 음절 받침이 뒤로 가서 소리 나는 현상을 '연음화'라고 한다.

- 음운 규칙에서 소리 나는 현상을 교사와 아동은 자석 글자를 사용해 함께 음소 조작을 해 본다.
- 아동의 이해를 돕기 위해 규칙의 이름은 다양하게 사용할 수 있다.
[예: 오늘 "연음화(구멍 소리, 구멍 막기, 넘어가는 소리 등)에 대해 알려 줄게요."라고 말한다.]

(2) 목표 음운 규칙을 적용하여 해독하기

- 목표 낱말을 글자 카드로 제시하여 읽도록 하고, 오반응 시 수정할 기회를 주고 해당 음운 규칙을 다시 한번 확인한다.
- 목표 음운 규칙이 포함된 낱말 해독 시 다양한 게임 규칙 및 보드게임 도구를 이용해 본다. (예: 빙고 게임, 기억력 게임, OX 맞춤법 퀴즈)
- 문장 수준에서 목표 음운 규칙이 포함된 낱말 또는 어절을 찾아 보고, 정확하게 읽을 수 있도록 한다.

2) 활동 내용

세부 목표

- 연음화를 이해하고 적용하여 낱말 해독하기
- 연음화를 적용하여 어절(낱말+조사, 어미) 해독하기
- 연음화를 적용하여 문장 해독하기

1단계

연음화 규칙 이해하기

그림을 보며 '무엇'을 하는지 확인한다. '카드 놀이, 공놀이, 모래 놀이 등' 목표 낱말(놀이/노리/)을 산출할 수 있도록 유도한다.

아동과 함께 낱자를 보면서 쓸 때와 소리가 날 때 다름을 이해하고 찾아본다.

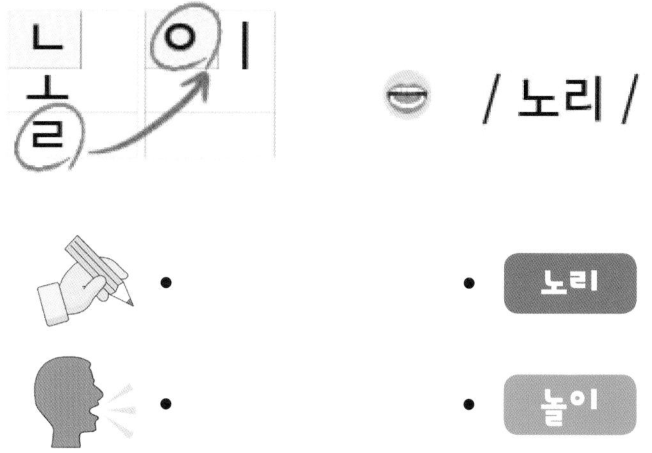

2단계

목표 음운 규칙을 적용하여 낱말 해독하기

- 아동이 낱말 해독 시 어려움을 보이면 자석 글자로 직접 음소를 조작하여 이해를 돕고 이후 정확하게 읽을 수 있도록 한다.
- 낱말 읽기 후 아동이 낱말의 의미를 정확하게 알고 있는지 어휘 확인을 한다(목표 낱말은 아동의 수준에 따라 변경한다).

① 2음절 낱말 해독하기

- 선생님과 아동이 엘코닌 상자와 자석 글자를 이용하여 조작해 본다.

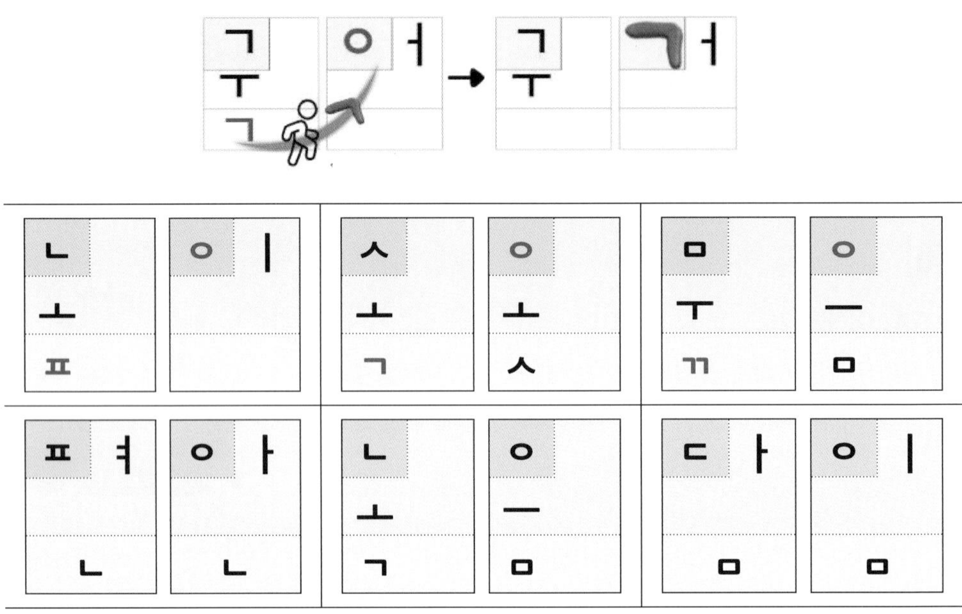

② 3음절 낱말 해독하기

- 선생님과 아동이 엘코닌 상자와 자석 글자를 이용하여 조작해 본다.

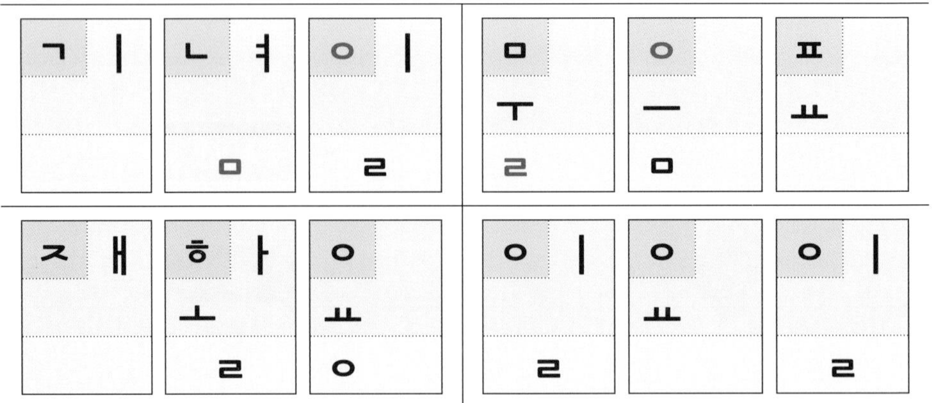

※ 연음화 적용된 낱말

2음절	집안, 확인, 출입, 입원, 할인, 범인, 참외, 환영

다음절	덮으면, 깨달음, 연예인 어린이날, 뽑아내다

3단계

목표 음운 규칙을 적용하여 어절(낱말+조사, 어미) 해독하기

① <1음절 낱말 + 조사>

낱말	+ 이	+ 은	+ 에	+ 을
산	산이	산은	산에	산을
집	집이	집은	집에	집을
팔	팔이	팔은	팔에	팔을

② <2음절 낱말 + 조사>

낱말	+ 이	+ 은	+ 에	+ 을
음식	음식이	음식은	음식에	음식을
물품	물품이	물품은	물품에	물품을
오늘	오늘이	오늘은	오늘에	오늘을

③ <어근 + 어미>

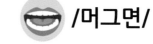

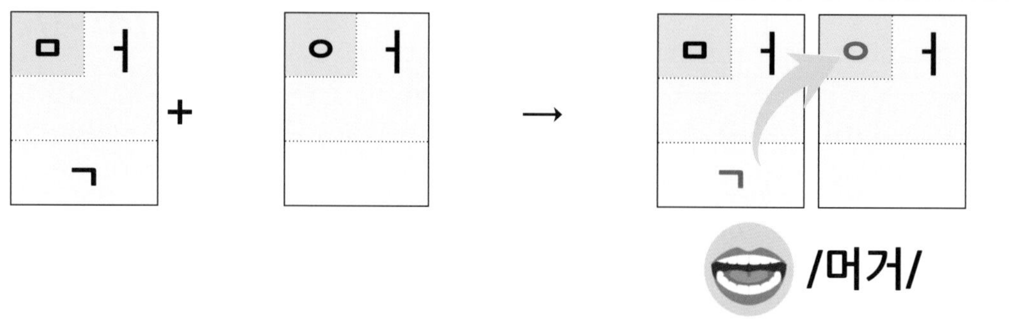

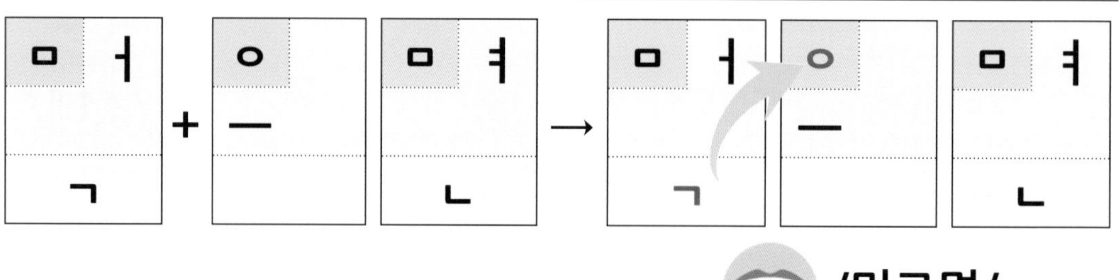

기본형	-아/-어	-으면	-어요/-아요	아서/어서
있다	있어	있으면	있어요	있어서
찾다	찾아	찾으면	찾아요	찾아서
같다	같아	같으면	같아요	같아서

4단계

① 목표 음운 규칙을 적용하여 문장 해독하기

- 문장에서 연음화를 적용한 낱말을 찾아 동그라미 하기
- 찾은 낱말 정확하게 읽기(어휘 확인하기)
- 목표 음운 규칙을 적용하게 어절 및 문장 정확하게 읽기(어절 및 문장 이해하기)

1. 고생 끝에 낙이 온다.

2. 관계자 외 출입금지

3. 하늘이 무너져도 솟아날 구멍이 있다.

② 들려주는 문장을 듣고 빈칸에 들어갈 낱말 쓰기

1. 고생 ☐ 에 ☐ 이 온다.

2. 관계자 외 ☐ ☐ 금지

3. ☐ ☐ 이 무너져도 ☐ 아날 ☐ ☐ 이 있다.

평가낱말

	목표 낱말	중재 전	중재 후		목표 낱말	중재 전	중재 후
1	문어 /무너/			6	학언 /하건/		
2	국어 /구거/			7	박알 /바갈/		
3	얼음 /어름/			8	참인/ 차민/		
4	단어 /다너/			9	욕아 /요가/		
5	목욕 /모곡/			10	감안 /가만/		

연습

① 연음화가 적용된 낱말을 읽기

② 연음화가 적용된 어절(낱말+조사/어미) 정확하게 읽기

③ 연음화가 적용된 낱말 및 어절(낱말+조사/어미)을 듣고 정확하게 쓰기

④ 연음화가 적용된 낱말 및 어절이 포함된 문장, 문단글 정확하게 읽기

2. 음운 규칙: ㅎ 탈락

1) 회기 계획서

목표

목표 음운 규칙을 적용한 자소-음소 불일치 낱말 정확하게 해독하기

세부 목표

- ㅎ 탈락을 이해하고 적용하여 낱말 해독하기
- ㅎ 탈락을 적용하여 어절(낱말+조사, 어미) 해독하기
- ㅎ 탈락을 적용하여 문장 해독하기

(1) ㅎ 탈락 이해하기

- 목표 음운 규칙인 ㅎ 탈락을 명시적으로 알려 준다.

ㅎ 탈락

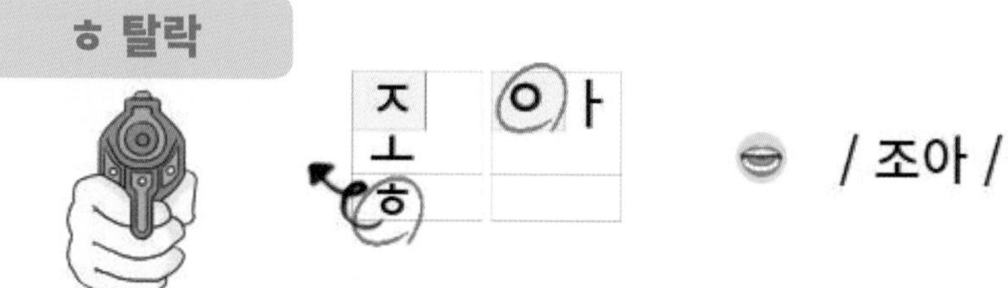

2음절 이상 구성된 낱말에서 첫음절 받침 'ㅎ'은 뒤 음절 첫소리가 모음으로 시작되면 받침 'ㅎ'은 탈락이 되어 소리가 나는데 이 현상은 'ㅎ 탈락'이라고 한다.

- 음운 규칙에서 소리 나는 현상을 교사와 아동은 자석 글자를 사용해 함께 음소 조작을 해 본다.
- 아동의 이해를 돕기 위해 규칙 이름을 다양하게 사용할 수 있다.

[예: 오늘 "ㅎ 탈락(뒤에 'ㅇ'가 모양이 비슷해서 탈락시켜, 나는 'ㅇ'을 도와주기 싫어 도망갈래. 흥! 등 또는 연음규칙과 비교하여 설명할 수 있다. 등)에 대해 알려 줄게요."라고 말한다.]

(2) 목표 음운 규칙을 적용하여 해독하기

- 목표 낱말을 글자 카드로 제시하여 읽도록 하고, 오반응 시 수정할 기회를 주고 해당 음운 규칙을 다시 한번 확인한다.
- 목표 음운 규칙이 포함된 낱말 해독 시 다양한 게임 규칙 및 보드게임 도구를 이용해 본다. (예: 빙고 게임, 기억력 게임, OX 맞춤법 퀴즈)
- 문장 수준에서 목표 음운 규칙이 포함된 낱말 또는 어절을 찾아보고, 정확하게 읽을 수 있도록 한다.

2) 활동 내용

세부 목표

- ㅎ 탈락을 이해하고 적용하여 낱말 해독하기
- ㅎ 탈락을 적용하여 어절(낱말+조사, 어미) 해독하기
- ㅎ 탈락을 적용하여 문장 해독하기

1단계

ㅎ 탈락 이해하기

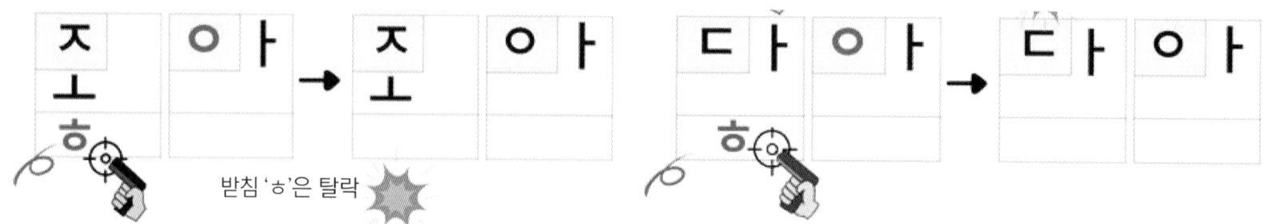

2단계

목표 음운 규칙을 적용하여 낱말 해독하기

- 선생님과 아동이 엘코닌 상자와 자석 글자를 이용하여 조작해 본다.

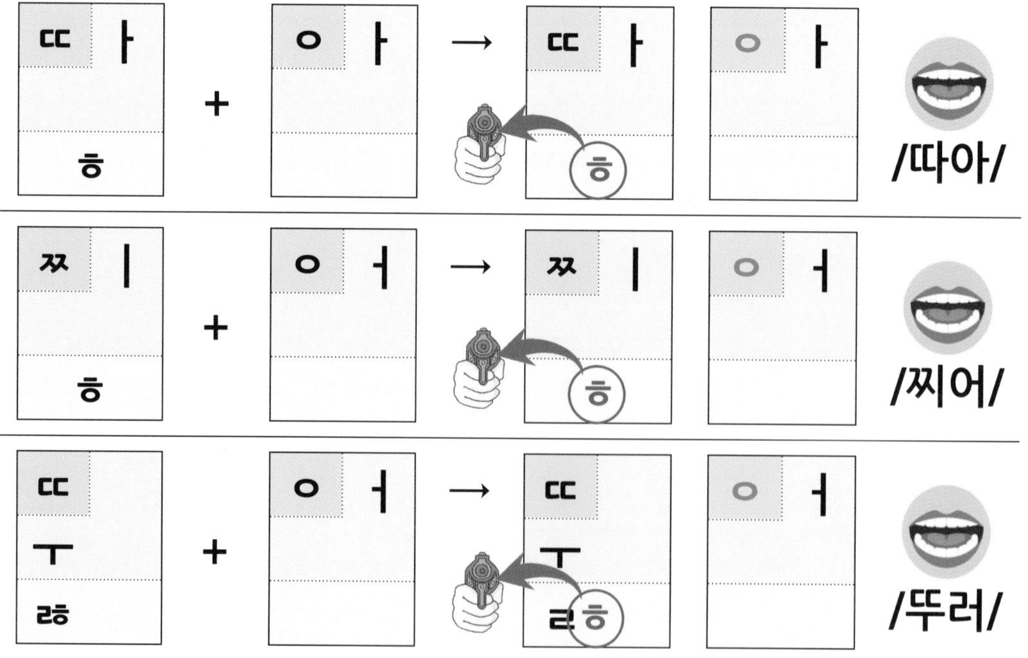

• 제시된 낱말을 정확하게 읽으면 어떤 소리가 나는지 보기에서 찾을 수 있도록 해 본다.

낱말읽기	제시된 낱말을 정확하게 읽으면 어떤 소리가 날까요?		
땋아	① 땋아	② 따하	③ 따아
찧어	① 찌허	② 찌어	③ 찡어
뚫어	① 뚤허	② 뚤어	③ 뚜러

• 아동이 낱말 해독 시 어려움을 보이면 자석 글자로 직접 음소를 조작하여 이해를 돕고 이후 정확하게 읽을 수 있도록 한다.

• 낱말 읽기 후 아동이 낱말의 의미를 정확하게 알고 있는지 어휘 확인을 한다(목표 낱말은 아동의 수준에 따라 변경한다).

3단계

목표 음운 규칙을 적용하여 어절(낱말+조사, 어미) 해독하기

<낱말 + 조사/어미>

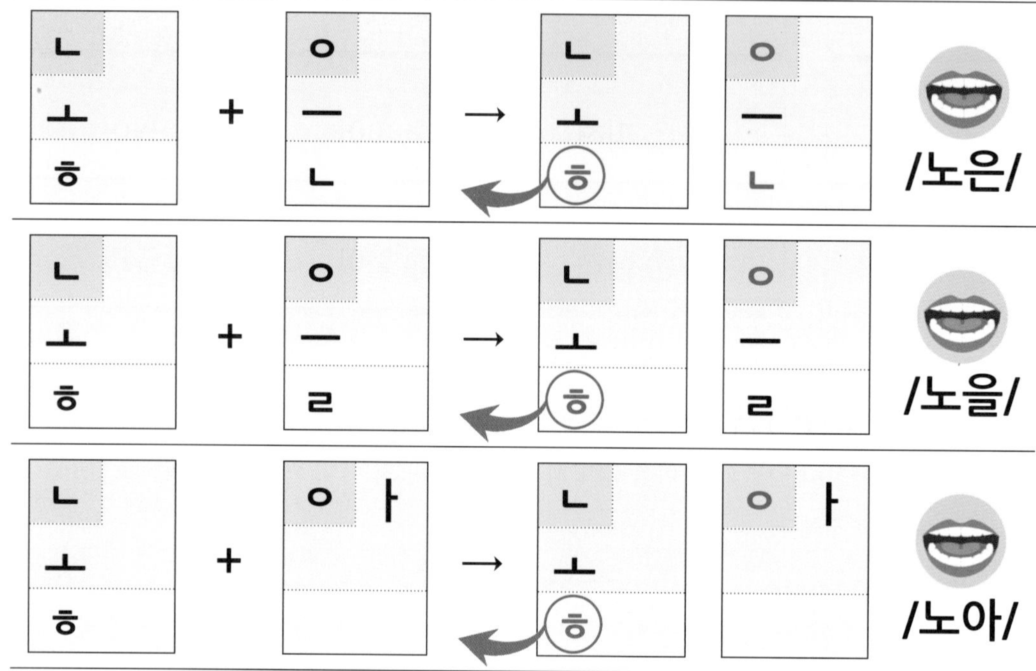

	+ 은	+ 을	+ 아 / 어	+ 으면	+ 아요 / 어요
좋-	좋은	좋을	좋아	좋으면	좋아요
쌓-	쌓은	쌓을	쌓아	쌓으면	쌓아요
많-	많은	많을	많아	많으면	많아요
뚫-	뚫은	뚫을	뚫어	뚫으면	뚫어요

4단계

① 목표 음운 규칙을 적용하여 문장 해독하기

- 문장에서 ㅎ탈락을 적용한 낱말을 찾아 동그라미 하기
- 목표 낱말 정확하게 읽기(어휘 확인하기)
- 목표 음운 규칙을 적용하게 어절 및 문장 정확하게 읽기(어절 및 문장 이해하기)

1. 물에 빠진 놈 건져 놓으니 보따리 내놓으라 한다.
2. 손을 놓으면 지는 거야.
3. 논이 쌓인 풍경
4. 빛을 잃은 밤
5. 혀가 코에 닿아요.

② 들려주는 문장을 듣고 빈칸에 들어갈 낱말 쓰기

1. 물에 빠진 놈 건져 [ ]으니 보따리 내[ ]으라 한다.
2. 손을 [ ]으면 지는 거야.
3. 논이 [ ]인 풍경
4. 빛을 [ ]은 밤
5. 혀가 코에 [ ]아요.

목표 낱말

	목표 낱말	중재 전	중재 후		목표 낱말	중재 전	중재 후
1	땋아 /따아/			6	곁어 /겨어/		
2	빻아 /빠아/			7	늫아 /느아/		
3	많이 /마니/			8	팧여 /파여/		
4	쌓여 /싸여/			9	켷이 /켜이/		
5	찧어 /찌어/			10	맣이 /마이/		

연습

① ㅎ 탈락을 적용한 낱말을 읽기

② ㅎ 탈락을 적용한 어절(낱말+조사/어미) 정확하게 읽기

③ ㅎ 탈락을 적용한 낱말 및 어절(낱말+조사/어미)을 듣고 정확하게 쓰기

④ ㅎ 탈락을 적용한 낱말 및 어절이 포함된 문장, 문단글 정확하게 읽기

3. 음운 규칙: 기식음화

1) 회기 계획서

목표

목표 음운 규칙을 적용한 자소-음소 불일치 낱말 정확하게 해독하기

세부 목표

- 기식음화를 이해하고 적용하여 낱말 해독하기
- 기식음화를 적용한 어절(낱말+조사, 어미) 해독하기
- 기식음화를 적용한 문장 해독하기

(1) 기식음화 규칙 이해하기

기식음화 규칙

1. 앞 음절의 받침 'ㅎ' 뒤에 'ㄱ, ㄷ, ㅈ'이 결합되는 경우에는, 뒤 음절 첫소리와 합쳐서 /ㅋ, ㅌ, ㅊ/로 발음한다.

- 목표 음운 규칙인 기식음화를 명시적으로 알려 준다.

기식음화 규칙

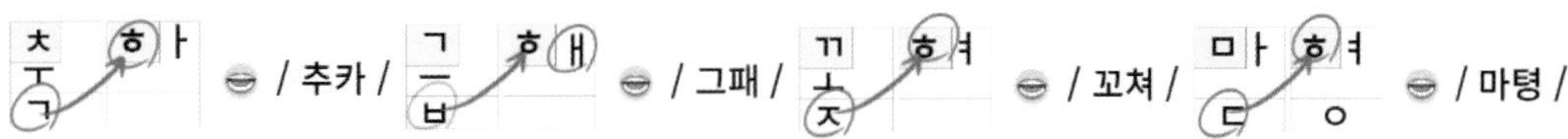

2. 앞 음절의 받침 'ㄱ, ㄷ, ㅂ, ㅈ' 뒤에 'ㅎ'이 결합되는 경우에는, 뒤 음절 첫소리와 합쳐서 /ㅋ, ㅌ, ㅍ, ㅊ/로 발음한다.

- 음운 규칙에서 소리 나는 현상을 교사와 아동은 자석 글자를 사용해 함께 음소 조작을 해 본다.
- 아동의 이해를 돕기 위해 규칙의 이름은 다양하게 사용할 수 있다[예: 오늘 "기식음화(바람가족, 바람소리 등)에 대해 알려 줄게요."라고 말한다].

(2) 목표 음운 규칙을 적용하여 해독하기

- 목표 낱말을 글자 카드로 제시하여 읽도록 하고, 오반응 시 수정할 기회를 주고 해당 음운 규칙을 다시 한번 확인한다.
- 목표 음운 규칙이 포함된 낱말 해독 시 다양한 게임 규칙 및 보드게임 도구를 이용해 본다. (예: 빙고 게임, 기억력 게임, OX 맞춤법 퀴즈)
- 문장 수준에서 목표 음운 규칙이 포함된 낱말 또는 어절을 찾고, 정확하게 읽을 수 있도록 한다.

2) 활동 내용

세부 목표

- 기식음화를 이해하고 적용하여 낱말 해독하기
- 기식음화를 적용한 어절(낱말+조사, 어미) 해독하기
- 기식음화를 적용한 문장 해독하기

1단계

기식음화 규칙 이해하기

1. 앞 음절의 받침 'ㅎ' 뒤에 'ㄱ, ㄷ, ㅈ'이 결합되는 경우에는, 뒤 음절 첫소리와 합쳐서 /ㅋ, ㅌ, ㅊ/로 발음한다.

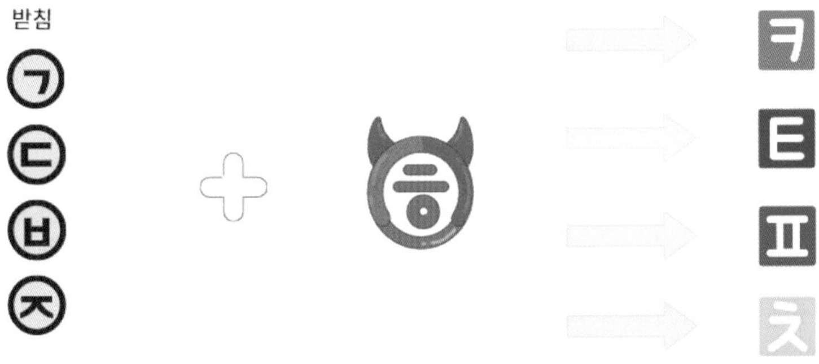

2. 앞 음절의 받침 'ㄱ, ㄷ, ㅂ, ㅈ' 뒤에 'ㅎ'이 결합되는 경우에는, 뒤 음절 첫소리와 합쳐서 /ㅋ, ㅌ, ㅍ, ㅊ/로 발음한다.

2단계

목표 음운 규칙을 적용하여 낱말 해독하기

- 아동이 낱말 해독 시 어려움을 보이면 자석 글자로 직접 음소를 조작하여 이해를 돕고 이후 정확하게 읽을 수 있도록 한다.
- 낱말 읽기 후 아동이 낱말의 의미로 정확하게 알고 있는지 어휘 확인을 한다(목표 낱말은 아동의 수준에 따라 변경한다).

① 받침 'ㅎ' + 'ㄱ , ㄷ, ㅈ'

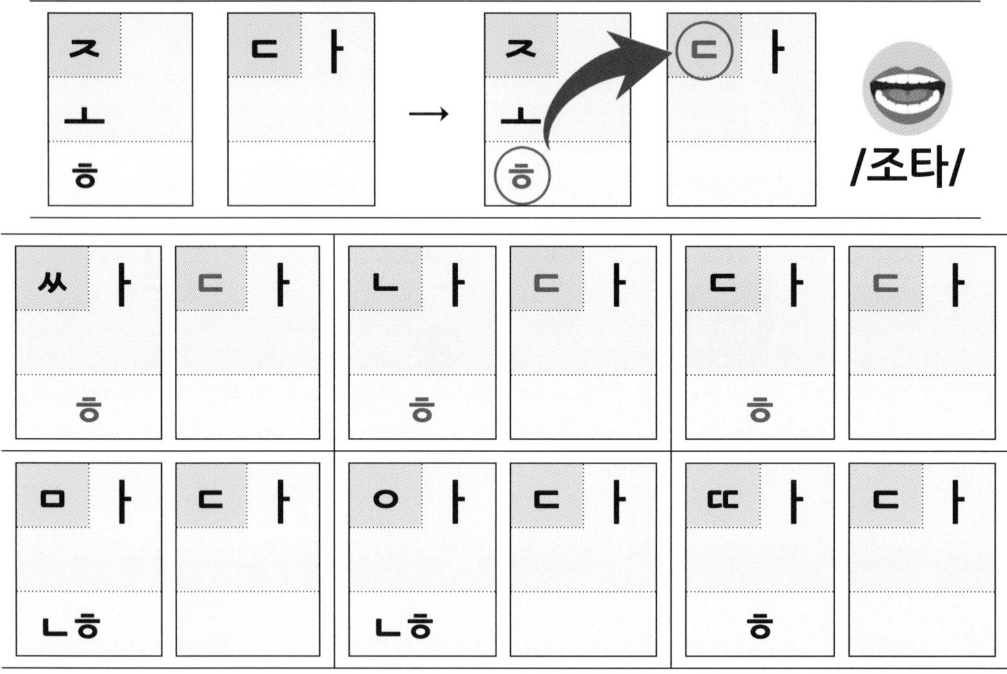

② 받침 'ㄱ, ㄷ, ㅂ, ㅈ' + 'ㅎ'

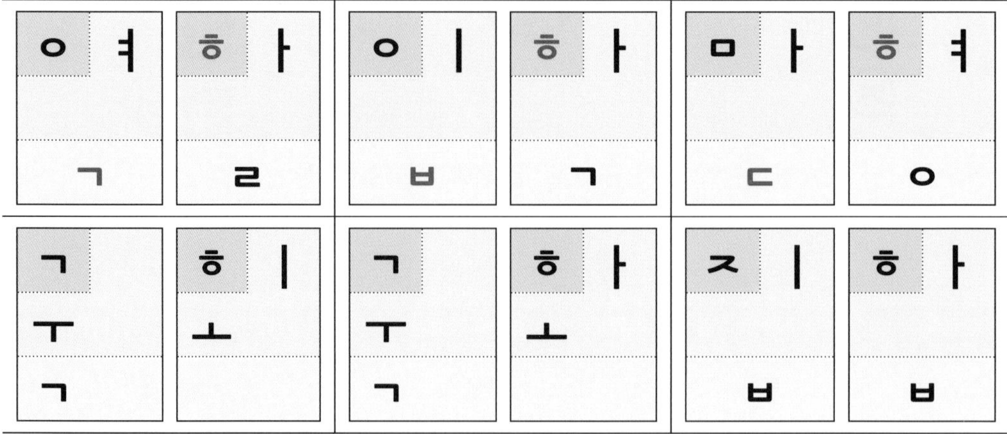

3단계

목표 음운 규칙을 적용하여 어간(어근+어미) 해독하기

① <어근 + 어미>

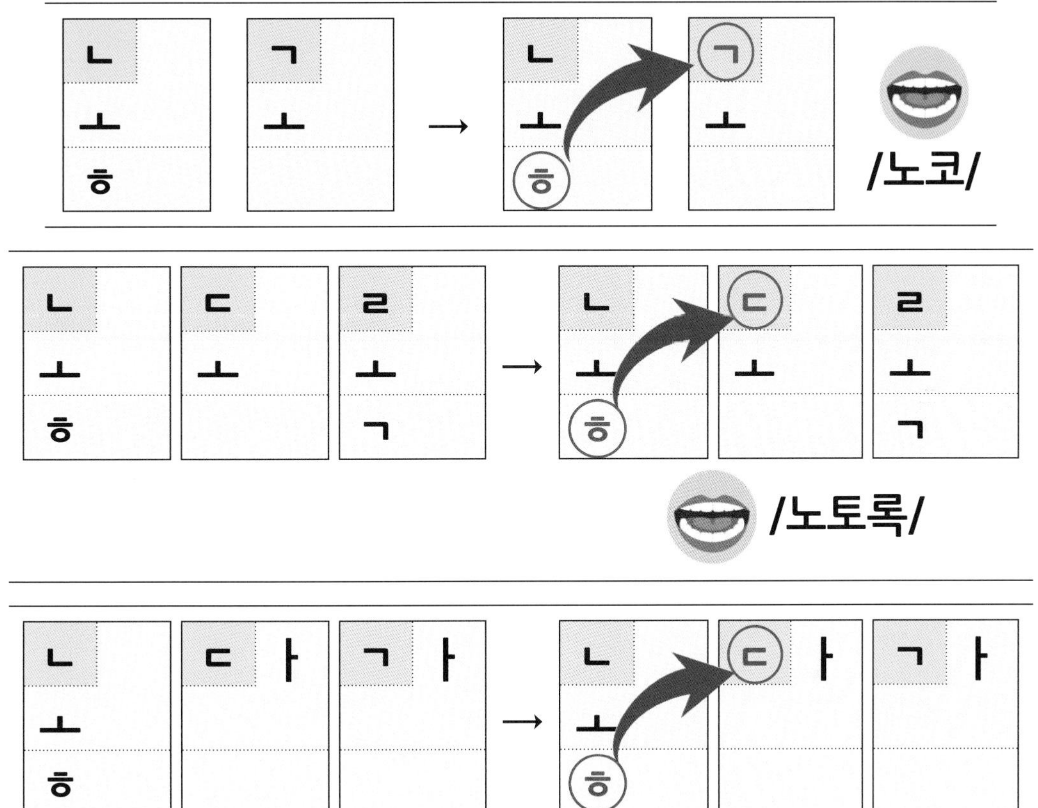

어근	- 고	- 지	- 도록	- 다가
좋-	좋고	좋지	좋도록	좋다가
쌓-	쌓고	쌓지	쌓도록	쌓다가
많-	많고	많지	많도록	많다가
않-	않고	않지	않도록	않다가

② <어근 + 어미>

어근	- 히	- 힌	- 혀서
맞다	맞히다	맞힌	맞혀서
익다	익히다	익힌	익혀서
막다	막히다	막힌	막혀서
뽑다	뽑히다	뽑힌	뽑혀서
잡다	잡히다	잡힌	잡혀서

4단계

① 목표 음운 규칙을 적용하여 문장 해독하기

- 문장에서 격음화를 적용한 낱말을 찾아 동그라미 하기
- 목표 낱말 정확하게 읽기(어휘 확인하기)
- 목표 음운 규칙을 적용하게 어절 및 문장 정확하게 읽기(어절 및 문장 이해하기)

1. 정답을 맞힌 사람
2. 피는 물보다 빨갛다.
3. 기둥뿌리가 뽑히다.
4. 각자 맡은 바 역할을 다하다.
5. 정확히 알고 있나요?

② 들려주는 문장을 듣고 빈칸에 들어갈 낱말 쓰기

1. 정답을 □□ 사람
2. 피는 물보다 □□□.
3. 기둥뿌리가 □□□.
4. 각자 맡은 바 □□을 다하다.
5. □□□ 알고 있나요?

평가낱말

	목표 낱말	중재 전	중재 후		목표 낱말	중재 전	중재 후
1	그렇게 /그러케/			6	삭히 /사키/		
2	맏형 /마텽/			7	밑호 /미토/		
3	입학 /이팍/			8	좋조 /조초/		
4	잡힌 /자핀/			9	닿도 /다토/		
5	역할 /여칼/			10	낟하 /나타/		

연습

① 기식음화를 적용한 낱말을 읽기

② 기식음화를 적용한 어절(낱말+조사/어미) 정확하게 읽기

③ 기식음화를 적용한 낱말 및 어절(낱말+조사/어미)을 듣고 정확하게 쓰기

④ 기식음화를 적용한 낱말 및 어절이 포함된 문장, 문단글 정확하게 읽기

4. 음운 규칙: 경음화

1) 회기 계획서

목표

목표 음운 규칙을 적용한 자소-음소 불일치 낱말 정확하게 해독하기

세부 목표

- 경음화를 이해하고 적용하여 낱말 해독하기
- 경음화를 적용하여 어절(낱말+조사, 어미) 해독하기
- 경음화를 적용하여 문장 해독하기

(1) 경음화 규칙 이해하기

- 목표 음운 규칙인 경음화를 명시적으로 알려 준다.

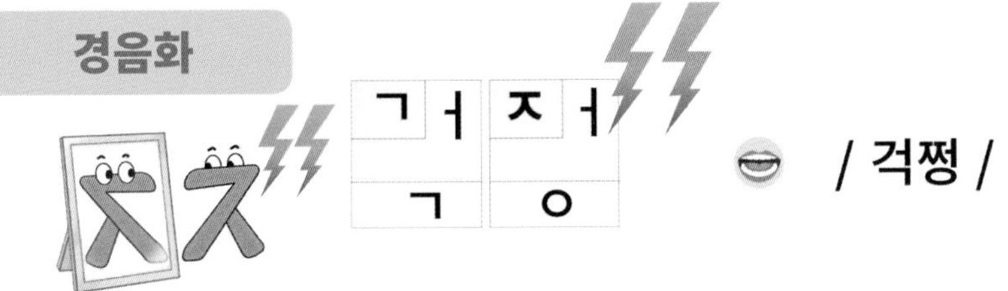

뒤 음절의 첫소리 'ㄱ, ㄷ, ㅂ, ㅅ, ㅈ'이 앞 음절의 받침소리에 영향을 받아 경음 /ㄲ, ㄸ, ㅃ, ㅆ, ㅉ/로 발음한다.

- 음운 규칙에서 소리 나는 현상을 교사와 아동은 자석 글자를 사용해 함께 음소 조작을 해 본다.
- 아동의 이해를 돕기 위해 규칙의 이름은 다양하게 사용할 수 있다.
  [예: 오늘 "경음화 규칙(쌍둥이 가족, 번개소리, 분신술 등)에 대해 알려 줄게요."라고 말한다.]

(2) 목표 음운 규칙을 적용하여 해독하기

- 목표 낱말을 글자 카드로 제시하여 읽도록 하고, 오반응 시 수정할 기회를 주고 해당 음운 규칙을 다시 한번 확인한다.
- 목표 음운 규칙이 포함된 낱말 해독 시 다양한 게임 규칙 및 보드게임 도구를 이용해 본다. (예: 빙고 게임, 기억력 게임, OX 맞춤법 퀴즈)
- 문장 수준에서 목표 음운 규칙이 포함된 낱말 또는 어절을 찾아 보고, 정확하게 읽을 수 있도록 한다.

2) 활동 내용

세부 목표

- 경음화를 이해하고 적용하여 낱말 해독하기
- 경음화를 적용하여 어절(낱말+조사, 어미) 해독하기
- 경음화를 적용하여 문장 해독하기

1단계

경음화 규칙 이해하기

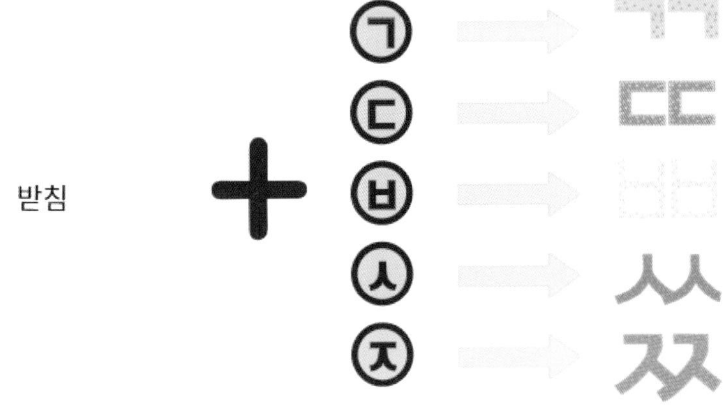

뒤 음절의 첫소리 'ㄱ, ㄷ, ㅂ, ㅅ, ㅈ' 이 앞 음절의 받침소리에 영향을 받아 경음 [ㄲ, ㄸ, ㅃ, ㅆ, ㅉ]로 발음된다.

2단계

목표 음운 규칙을 적용하여 낱말 해독하기

- 아동이 낱말 해독 시 어려움을 보이면 자석 글자로 직접 음소를 조작하여 이해를 돕고 이후 정확하게 읽을 수 있도록 한다.
- 낱말 읽기 후 아동이 낱말의 의미를 정확하게 알고 있는지 어휘 확인을 한다(목표 낱말은 아동의 수준에 따라 변경한다).

① 2음절 낱말 해독하기

- 선생님과 아동이 엘코닌 상자와 자석 글자를 이용하여 조작해 본다.

② 3음절 낱말 해독하기

• 선생님과 아동이 엘코닌 상자와 자석 글자를 이용하여 조작해 본다.

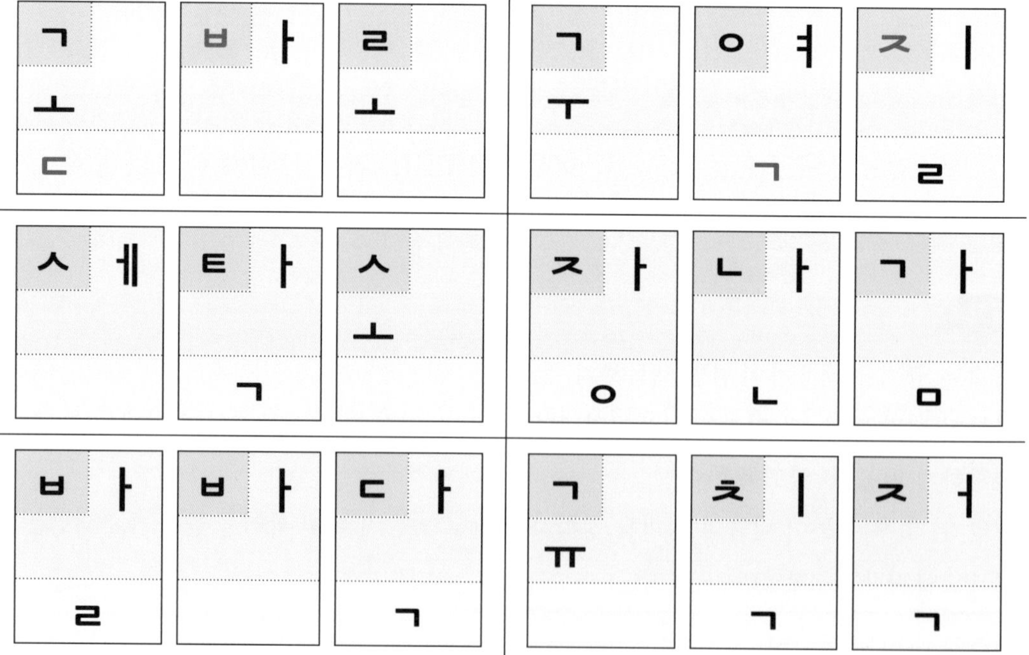

※ 경음화 규칙이 적용된 낱말 해독하기

2음절	결석, 각자, 눈병 눈빛, 늦잠, 복습

다음절	갖가지, 다음번, 봄바람 보름달, 빗방울, 순식간

3단계

목표 음운 규칙을 적용하여 어절(낱말+조사, 어미) 해독하기

① <1음절 낱말 + 조사>

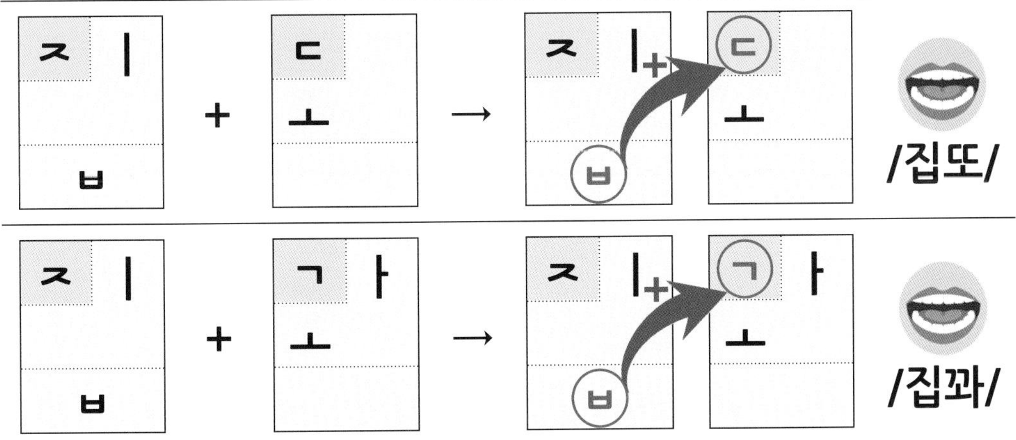

낱말	+ 부터	+ 도	+ 과
옷	옷부터	옷도	옷과
밭	밭부터	밭도	밭과
떡	떡부터	떡도	떡과
밥	밥부터	밥도	밥과

② <어근 + 어미>

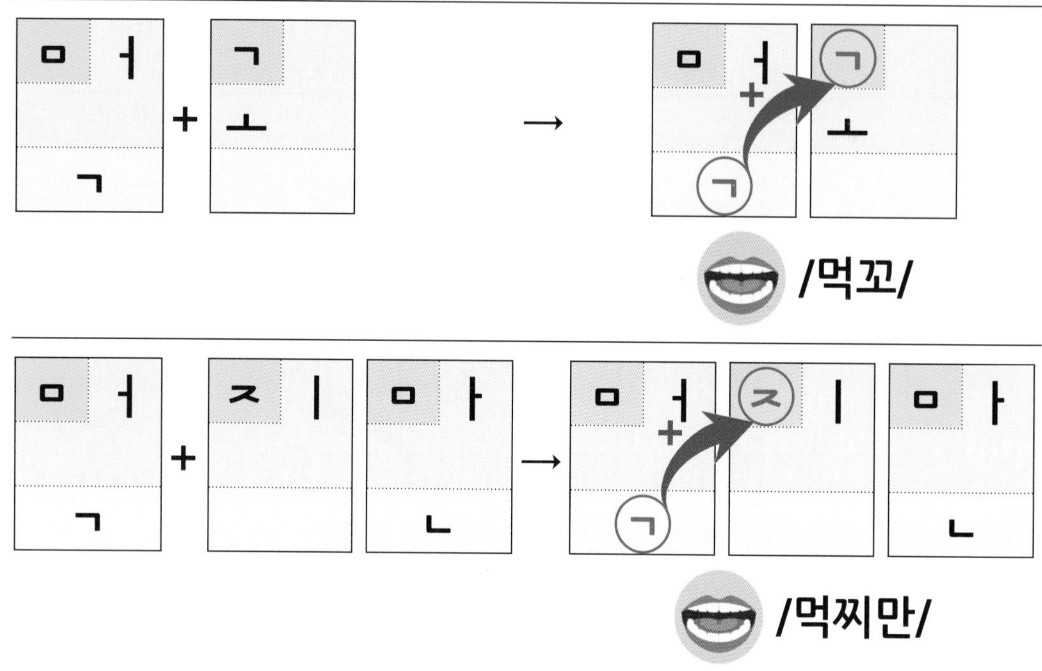

	-고	-지만	-도록	-습니다
먹다	먹고	먹지만	먹도록	먹습니다
있다	있고	있지만	있도록	있습니다
찾다	찾고	찾지만	찾도록	찾습니다
좁다	좁고	좁지만	좁도록	좁습니다
같다	같고	같지만	같도록	같습니다

4단계

① 목표 음운 규칙을 적용하여 문장 해독하기

- 문장에서 경음화를 적용한 낱말을 찾아 동그라미 하기
- 목표 낱말 정확하게 읽기(어휘 확인하기)
- 목표 음운 규칙을 적용하게 어절 및 문장 정확하게 읽기(어절 및 문장 이해하기)

1. 우리 약국은 12시까지 영업합니다.
2. 오늘 급식 메뉴 어때?
3. 햇빛과 물이 없으면 식물은 잘 자라지 못해.
4. 지어낸 괴담 같지만 실제 있었던 일이다.
5. 그저 웃기만 했다.

② 들려주는 문장을 듣고 빈칸에 들어갈 낱말 쓰기

1. 우리 □ □ 은 12시까지 영업합니다.
2. 오늘 □ □ 메뉴 어때?
3. □ □ 과 물이 없으면 식물은 잘 자라지 못해.
4. 지어낸 괴담 □ □ 만 실제 있었던 일이다.
5. 그저 □ □ 만 했다.

평가낱말

	목표 낱말	중재 전	중재 후		목표 낱말	중재 전	중재 후
1	약국 /약꾹/			6	극가 /극까/		
2	곶감 /곧깜/			7	옷간 /옫깐/		
3	물감 /물깜/			8	산기 /산끼/		
4	인기 /인끼/			9	악지 /악찌/		
5	낙지 /낙찌/			10	몹시 /몹씨/		

연습

① 경음화 규칙이 적용된 낱말을 읽기

② 경음화 규칙이 적용된 어절(낱말+조사/어미) 정확하게 읽기

③ 경음화 규칙이 적용된 낱말 및 어절(낱말+조사/어미)을 듣고 정확하게 쓰기

④ 경음화 규칙이 적용된 낱말 및 어절이 포함된 문장, 문단 글 정확하게 읽기

5. 음운 규칙: 구개음화

1) 회기 계획서

목표

목표 음운 규칙을 적용한 자소-음소 불일치 낱말 정확하게 해독하기

세부 목표

- 구개음화를 이해하고 적용하여 낱말 해독하기
- 구개음화를 적용한 어절(낱말+조사, 어미) 해독하기
- 구개음화를 적용한 문장 해독하기

(1) 구개음화 규칙 이해하기

- 목표 음운 규칙인 구개음화를 명시적으로 알려 준다.

구개음화

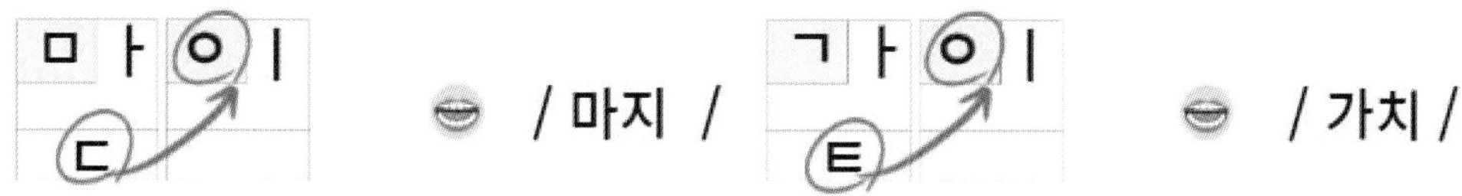

받침 'ㄷ, ㅌ'가 조사나 접미사의 모음 'ㅣ' 'ㅕ(ㅣ+ㅓ)'와 만나면 /ㅈ, ㅊ/로 발음된다.

- 음운 규칙에서 소리 나는 현상을 교사와 아동은 자석 글자를 사용해 함께 음소 조작을 해 본다.
- 아동의 이해를 돕기 위해 규칙의 이름은 다양하게 사용할 수 있다[예: 오늘 "구개음화 규칙(예: 디디디~지지지♪, 변신 등)에 대해 알려 줄게요."라고 말한다].

(2) 목표 음운 규칙을 적용하여 해독하기

- 목표 낱말을 글자 카드로 제시하여 읽도록 하고, 오반응 시 수정할 기회를 주고 해당 음운 규칙을 다시 한번 확인한다.
- 목표 음운 규칙이 포함된 낱말 해독 시 다양한 게임 규칙 및 보드게임 도구를 이용해 본다. (예: 빙고 게임, 기억력 게임, OX 맞춤법 퀴즈)
- 문장 수준에서 목표 음운 규칙이 포함된 낱말 또는 어절을 찾아보고, 정확하게 읽을 수 있도록 한다.

2) 활동 내용

세부 목표

- 구개음화를 이해하고 적용하여 낱말 해독하기
- 구개음화를 적용한 어절(낱말+조사, 어미) 해독하기
- 구개음화를 적용한 문장 해독하기

1단계

구개음화 규칙 이해하기

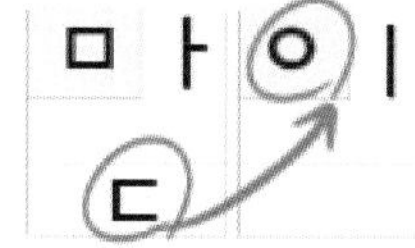

2단계

목표 음운 규칙을 적용하여 낱말 해독하기

- 선생님과 아동이 엘코닌 상자와 자석 글자를 이용하여 조작한다.

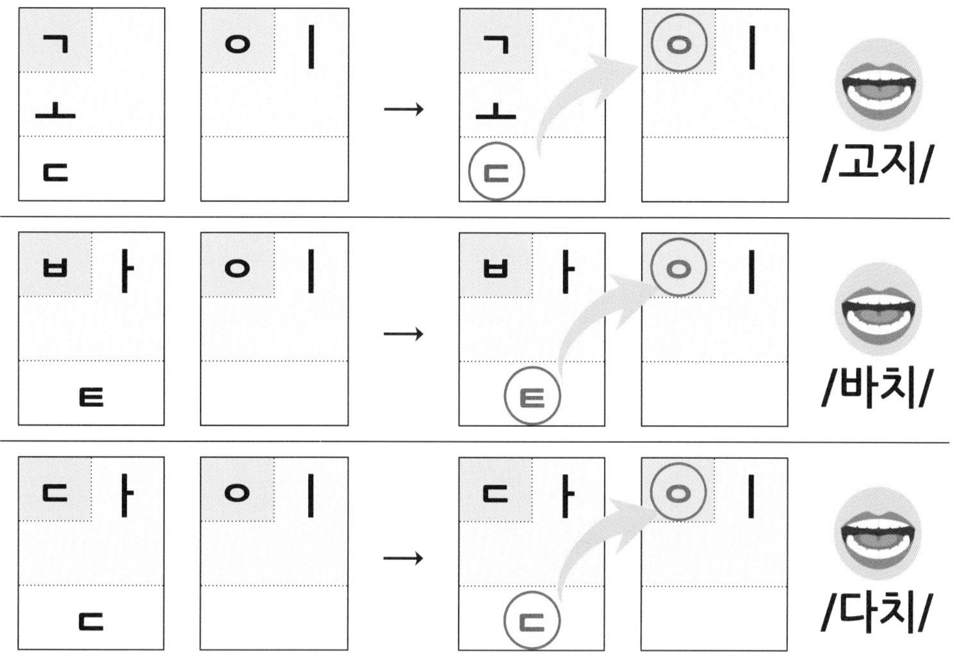

- 낱말 읽기 후 낱말의 의미를 정확하게 알고 있는지 어휘 확인이 필요하다(목표 낱말은 아동의 수준에 따라 변경한다).
- 제시된 낱말을 정확하게 읽으면서 어떤 소리가 나는지 찾을 수 있도록 한다.

낱말읽기 제시된 낱말을 정확하게 읽으면 어떤 소리가 날까요?

곧이	① 고디	② 고이	③ 고지
밭이	① 바지	② 바치	③ 바티
닫이	① 다지	② 다디	③ 다치

- 아동이 낱말 해독 시 어려움을 보이면 자석 글자로 직접 음소를 조작하여 이해를 돕고 이후 정확하게 읽을 수 있도록 한다.

3단계

목표 음운 규칙을 적용하여 어절(낱말+조사, 접미사) 해독하기

① <받침 'ㄷ' + 조사/접미사 -히->

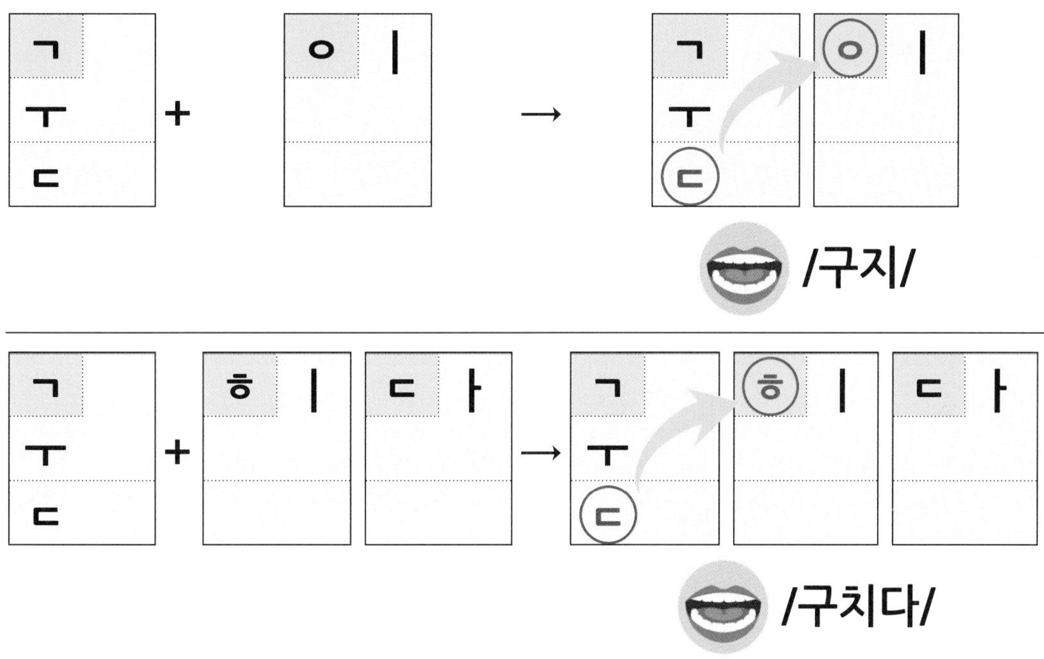

	+ 이	- 히 -
굳다	굳이	굳히다
닫다	닫이	닫히다
묻다	묻이	묻히다
받다	받이	받히다

② <받침 'ㅌ' + 조사 '이'>

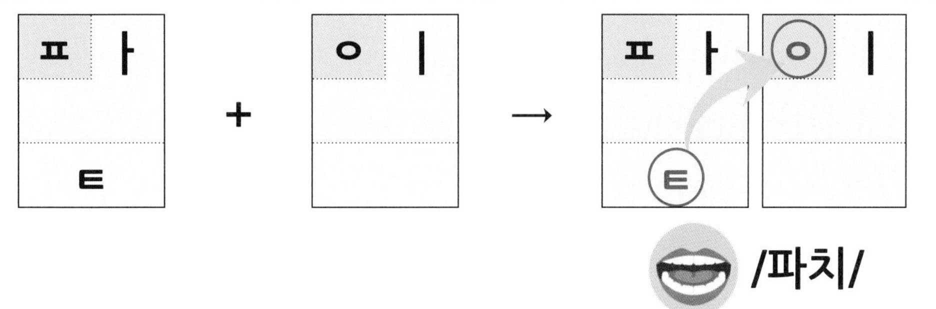

	+ 이
팥	팥이
겉	겉이
바깥	바깥이
햇볕	햇볕이

4단계

① 목표 음운 규칙을 적용하여 문장 해독하기

- 문장에서 구개음화 규칙을 적용한 낱말을 찾아 동그라미 하기
- 찾은 낱말 정확하게 읽기(어휘 확인하기)
- 목표 음운 규칙을 적용하게 어절 및 문장 정확하게 읽기(어절 및 문장 이해하기)

1. 우리 같이 웃어요. 하하하 호호호
2. 따사로운 햇볕이 뜨거워요.
3. 굳이 따라가야겠어.
4. 식물의 꽃가루받이
5. 등잔 밑이 어둡다.

② 들려주는 문장을 듣고 빈칸에 들어갈 낱말 쓰기

1. 우리 □ □ 웃어요. 하하하 호호호
2. 따사로운 □ □ □ 뜨거워요.
3. □ □ 따라가야겠어.
4. 식물의 꽃가루 □ □
5. 등잔 □ □ 어둡다.

평가낱말

	목표 낱말	중재 전	중재 후		목표 낱말	중재 전	중재 후
1	같이 /가치/			6	낱이 /나치/		
2	갇이 /가지/			7	닫이 /다지/		
3	밭이 /바치/			8	몯이 /모지/		
4	맏이 /마지/			9	춛이 /추지/		
5	굳이 /구지/			10	맡이 /마치/		

연습

① 구개음화를 적용한 낱말을 읽기
② 구개음화를 적용한 어절(낱말+조사/어미) 정확하게 읽기
③ 구개음화를 적용한 낱말 및 어절(낱말+조사/어미)을 듣고 정확하게 쓰기
④ 구개음화를 적용한 낱말 및 어절이 포함된 문장, 문단글 정확하게 읽기

6. 음운 규칙: 비음화

1) 회기 계획서

목표

목표 음운 규칙을 적용한 자소-음소 불일치 낱말 정확하게 해독하기

세부 목표

- 비음화를 이해하고 적용하여 낱말 해독하기
- 비음화를 적용한 어절(낱말+조사, 어미) 해독하기
- 비음화를 적용한 문장 해독하기

(1) 비음화 규칙 이해하기

- 목표 음운 규칙인 비음화를 명시적으로 알려 준다.

비음화

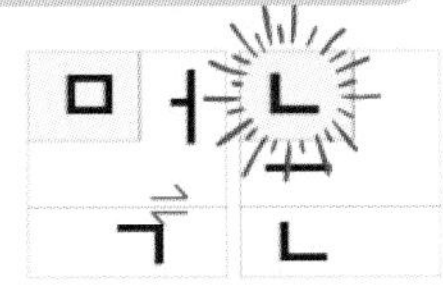

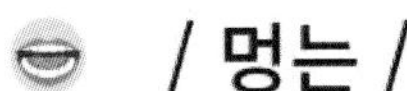

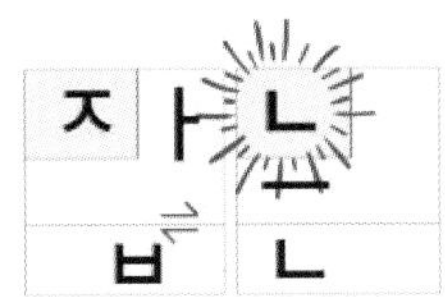

/ 잠는 /

/ 단는 /

받침 'ㄱ, ㄷ, ㅂ'은 'ㄴ, ㅁ' 앞에서 /ㅇ, ㄴ, ㅁ/로 발음한다.

- 음운 규칙에서 소리 나는 현상을 교사와 아동은 자석 글자를 사용해 함께 음소 조작을 해 본다.
- 아동의 이해를 돕기 위해 규칙의 이름은 다양하게 사용할 수 있다[예: 오늘 "비음화규칙(예: 콧소리, 코빵빵, 선수교체 등)에 대해 알려 줄게요."라고 말한다].

(2) **목표 음운 규칙을 적용하여 해독하기**

- 목표 낱말을 글자 카드로 제시하여 읽도록 하고, 오반응 시 수정할 기회를 주고 해당 음운 규칙을 다시 한번 확인한다.
- 목표 음운 규칙이 포함된 낱말 해독 시 다양한 게임 규칙 및 보드게임 도구를 이용해 본다. (예: 빙고 게임, 기억력 게임, OX 맞춤법 퀴즈)
- 문장 수준에서 목표 음운 규칙이 포함된 낱말 또는 어절을 찾아 보고, 정확하게 읽을 수 있도록 한다.

2) 활동 내용

세부 목표

- 비음화를 이해하고 적용하여 낱말 해독하기
- 비음화를 적용한 어절(낱말+낱말/낱말+조사, 어미) 해독하기
- 비음화를 적용한 문장 해독하기

1단계

비음화 이해하기

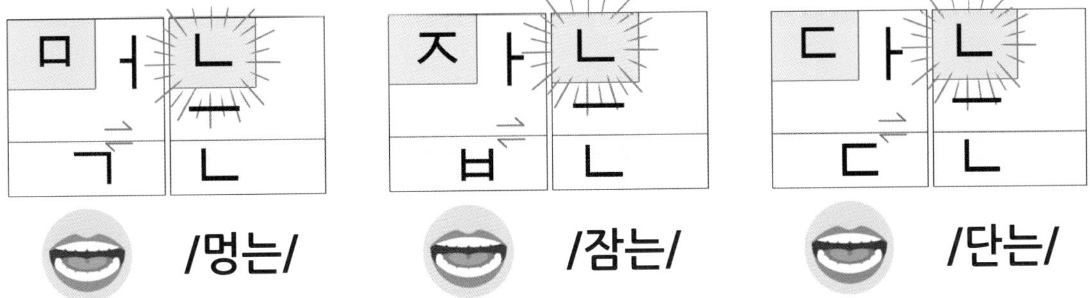

- 가족 받침이 있는 받침 'ㄱ, ㄷ, ㅂ' + 비음 'ㄴ, ㅁ, ㅇ'이 만나면 비음(콧소리, 코빵빵) 받침소리가 모두 비음(콧소리, 코빵빵)으로 발음한다.

2단계

목표 음운 규칙을 적용하여 낱말 해독하기

- 선생님과 아동이 엘코닌 상자와 자석 글자를 이용하여 조작한다.

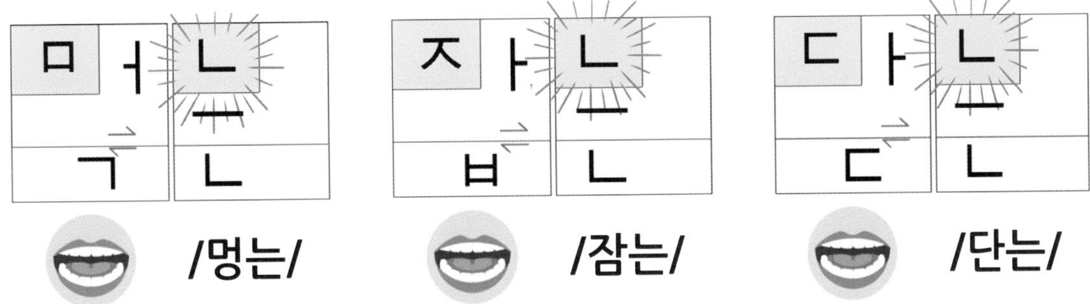

- 제시된 낱말을 정확하게 읽으면 어떤 소리가 나는지 보기에서 찾을 수 있도록 한다.
- 아동이 낱말 해독 시 어려움을 보이면 자석 글자로 직접 음소를 조작하여 이해를 돕고 이후

정확하게 읽을 수 있도록 한다.

- 낱말 읽기 후 아동이 낱말의 의미를 정확하게 알고 있는지 어휘 확인을 한다(목표 낱말은 아동의 수준에 따라 변경한다).

3단계

목표 음운 규칙을 적용하여 낱말 및 어절(낱말+어미, 조사) 해독하기

① 낱말 + 낱말

낱말읽기 제시된 낱말을 정확하게 읽으면 어떤 소리가 날까요?

낱말	① 낟말	② 난말	③ 낭말
옆문	① 연문	② 영문	③ 염문
곡물	① 공물	② 곤물	③ 곰물

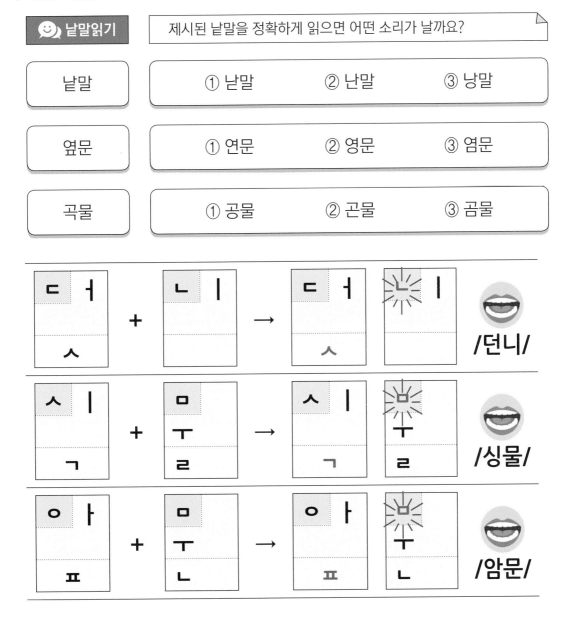

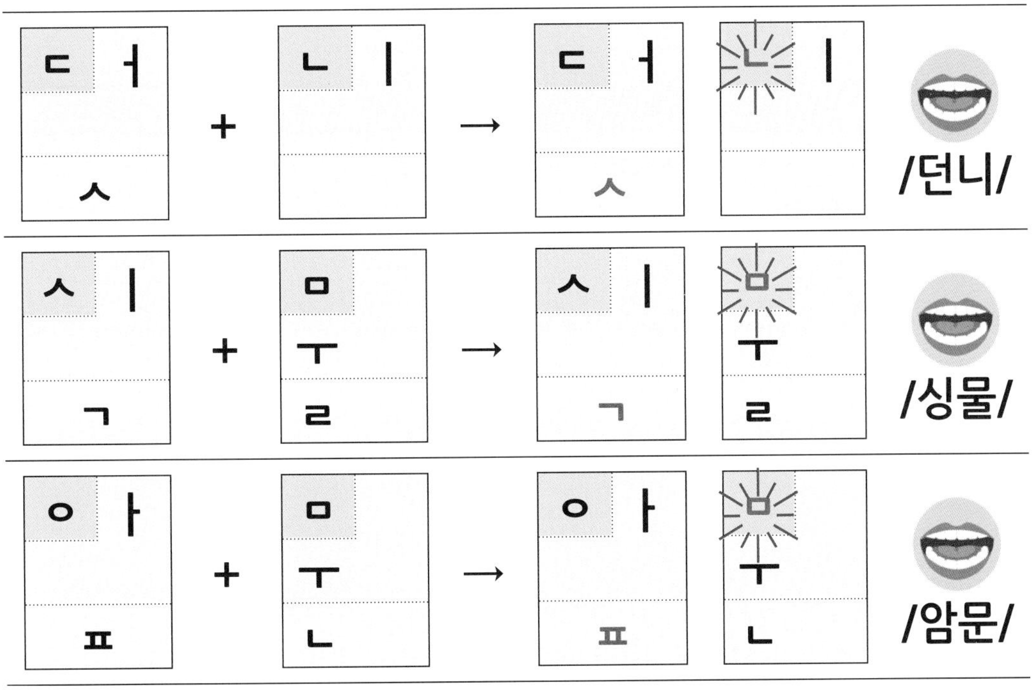

ㄷ ㅓ ㅅ + ㄴ ㅣ → ㄷ ㅓ ㅅ ㄴ ㅣ /던니/

ㅅ ㅣ ㄱ + ㅁ ㅜ ㄹ → ㅅ ㅣ ㄱ ㅁ ㅜ ㄹ /싱물/

ㅇ ㅏ ㅍ + ㅁ ㅜ ㄴ → ㅇ ㅏ ㅍ ㅁ ㅜ ㄴ /암문/

② 낱말 + 어미

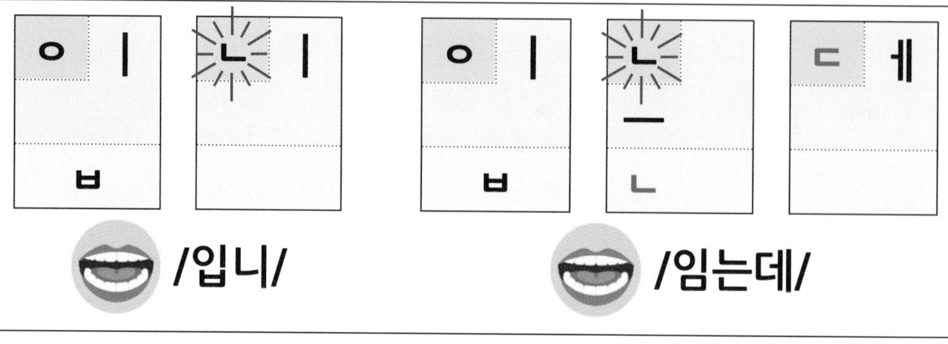

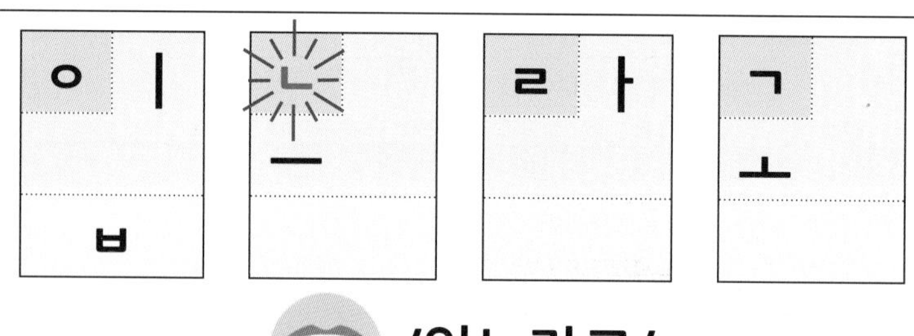

	-는데	-니	-느라고
속다	속는데	속니	속느라고
웃다	웃는데	웃니	웃느라고
잡다	잡는데	잡니	잡느라고
넣다	넣는데	넣니	넣느라고

③ 낱말 + 조사

	+ 만	+ 마다	+ 마저
집	집만	집마다	집마저
햇빛	햇빛만	햇빛마다	햇빛마저
바깥	바깥만	바깥마다	바깥마저
부엌	부엌만	부엌마다	부엌마저

4단계

① 목표 음운 규칙을 적용하여 문장 해독하기

- 문장에서 비음화를 적용한 낱말을 찾아 동그라미 하기
- 목표 낱말 정확하게 읽기(어휘 확인하기)
- 목표 음운 규칙을 적용하게 어절 및 문장 정확하게 읽기(어절 및 문장 이해하기)

1. 지금은 거짓말같이 날씨가 화창하다.
2. 너의 앞날을 응원할게.
3. 제주에서 가본 박물관 이름을 말해 줘.
4. 젓가락 잡는 방법
5. 요즘 콧물이 점점 심해져요.

② 들려주는 문장을 듣고 빈칸에 들어갈 낱말 쓰기

1. 지금은 □□□ 같이 날씨가 화창하다.
2. 너의 □□을 응원할게.
3. 제주에서 가본 □□□ 이름을 말해 줘.
4. 젓가락 □□ 방법
5. 요즘 □□이 점점 심해져요.

목표 낱말

	목표 낱말	중재 전	중재 후		목표 낱말	중재 전	중재 후
1	첫눈 /천눈/			6	직만 /징만/		
2	톱나 /톰나/			7	덥는 /던는/		
3	국민 /궁민/			8	돗밀 /돈밀/		
4	촛농 /촌농/			9	읍는 /음는/		
5	속마다 /송마다/			10	폭민 /퐁미/		

연습

① 비음화를 적용한 낱말을 읽기

② 비음화를 적용한 어절(낱말+낱말/낱말+조사,어미) 정확하게 읽기

③ 비음화를 적용한 낱말 및 어절(낱말+조사/어미)을 듣고 정확하게 쓰기

④ 비음화를 적용한 낱맡 및 어절이 포함된 문장, 문단글 정확하게 읽기

부록

엘코닌 상자 쓰기 노트

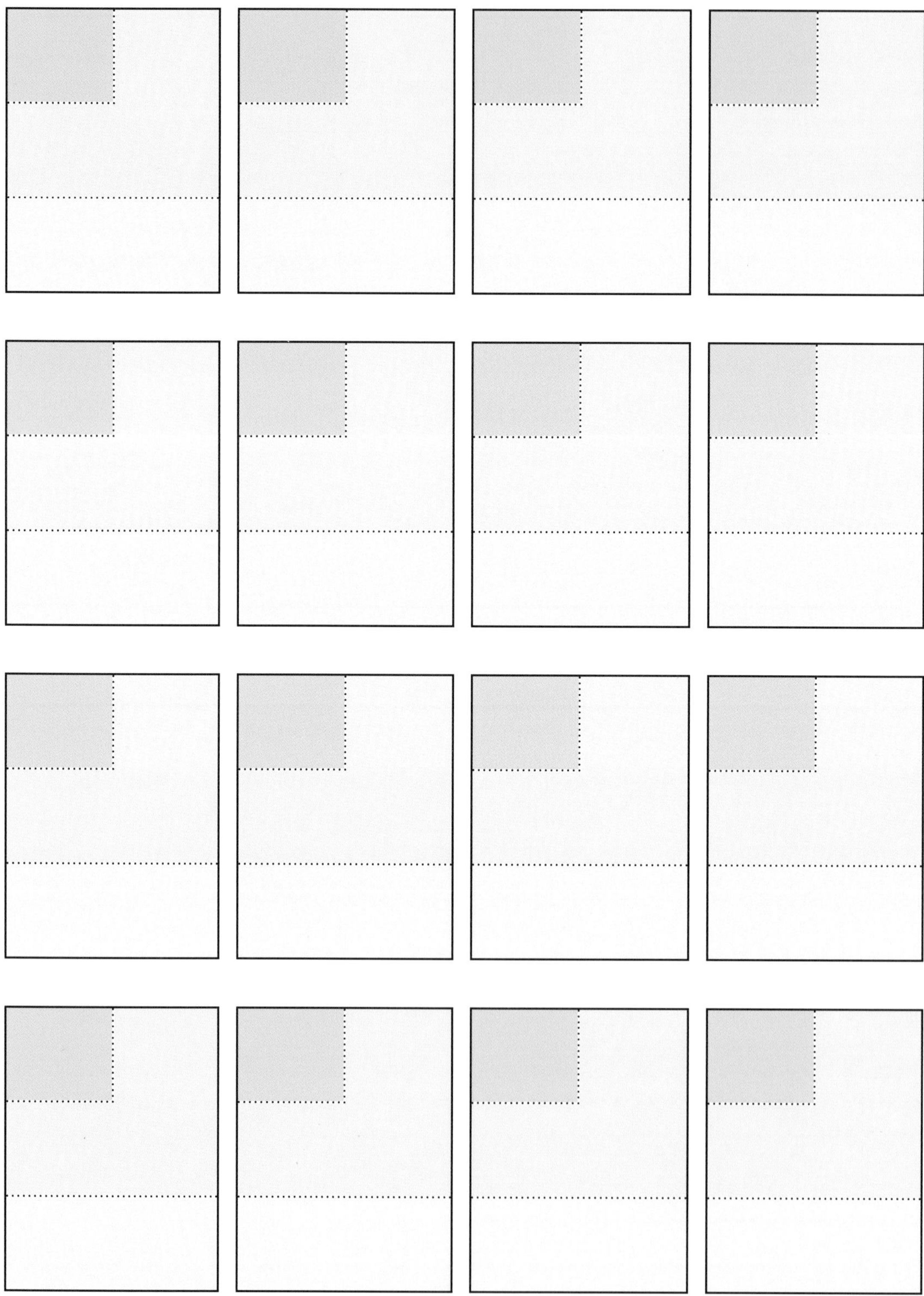

참고문헌

한국교육과정평가원(2017). 한글 해득 수준 진단 도구. 한국교육과정평가원.

정재석, 이춘화, 장현진, 곽신실(2014). 읽기 자신감 세트: 체계적 한글 문해 프로그램. 좋은교사.

Chall, J. S. (1983). *Stages of Reading Development*. McGraw-Hill.

National Institute of Child Health and Human Development (NICHD) (2000). Report of the National Reading Panel. *Teaching Children to Read: An Evidence-Based Assessment of the Scientific Research Literature on Reading and Its Implications for Reading Instruction* (NIH Publication No. 00-4769). Washington, DC: U.S. Government Printing Office.

찾아보기

ㅈ

ㅍ

ㅎ

기타

저자 소개

강은희(Kang Eun Hee)

대구대학교 대학원 재활과학과 언어치료전공 이학박사
현) 제주국제대학교 언어치료학과 교수

〈저서〉

의사소통장애 진단 및 재활 실습(공저, 학지사, 2024)
의사소통장애 진단평가(공저, 학지사, 2019)

〈논문〉

초등학교 저학년 아동의 읽기장애 유형에 따른 낱말해독 예측 요인(공동, 언어치료연구, 2024)
초등2학년 난독 아동의 형태소인식 특성 연구(공동, 언어치료연구, 2023)
지적장애 및 자폐범주성장애 아동의 단어의미추론 특성 비교(공동, 언어치료연구, 2021)

이지윤(Lee Ji Yun)

대구대학교 대학원 재활과학과 언어치료전공 이학박사
현) 제주국제대학교 언어치료학과 교수

〈저서〉

조음 · 음운장애(공저, 학지사, 2023)
언어재활현장실무(공저, 학지사, 2019)

〈논문〉

초등 2학년 난독 아동의 이야기 표현 특성(공동, 언어치료연구, 2024)
학령기 지적장애 아동의 모음 음향학적 변수와 말 명료도 및 말 용인도 간의 상관관계
(공동, 언어치료연구, 2024)
초등 2학년 난독 아동의 형태소인식 특성연구(공동, 언어치료연구, 2023)

김민지(Kim Min Ji)

제주국제대학교 사회복지임상치료대학원 언어치료학과 석사
현) 제주언어학습지원연구소 연구원

〈논문〉

학령전기 아동의 자극제시 조건에 따른 작업기억 및 음운인식 능력의 특성
(단독, 제주국제대학교 사회복지임상치료대학원 석사학위논문, 2023)

김도열(Kim Do Yeol)

제주국제대학교 사회복지임상치료대학원 언어치료학과 석사

현) 제주언어학습지원연구소 연구원

〈논문〉

2,3학년 읽기부진 아동의 생성이름대기와 작업기억 특성
(단독, 제주국제대학교 사회복지임상치료대학원 석사학위논문, 2021)

강수미(Kang Su Mi)

제주국제대학교 사회복지임상치료대학원 언어치료학과 석사

현) 제주언어학습지원연구소 연구원

〈논문〉

학령기 지적장애 아동의 모음 음향학적 변수와 말 명료도 및 말 용인도 간의 상관관계
(공동, 언어치료연구, 2024)

학령기 지적장애 아동의 모음 음향학적 변수와 말명료도 및 말용인도 간의 상관관계
(단독, 제주국제대학교 사회복지임상치료대학원 석사학위논문, 2022)

김소미(Kim So Mi)

제주국제대학교 사회복지임상치료대학원 언어치료학과 석사

현) 제주언어학습지원연구소 연구원

차곡차곡 한글 파닉스

Korean Phonics

2025년 1월 10일 1판 1쇄 인쇄
2025년 1월 20일 1판 1쇄 발행

지은이 • 강은희 · 이지윤 · 김민지 · 김도열 · 강수미 · 김소미
펴낸이 • 김진환
펴낸곳 • (주) 학지사
04031 서울특별시 마포구 양화로 15길 20 마인드월드빌딩
대 표 전 화 • 02)330-5114 팩스 • 02)324-2345
등 록 번 호 • 제313-2006-000265호

홈 페 이 지 • http://www.hakjisa.co.kr
인스타그램 • https://www.instagram.com/hakjisabook/

ISBN 978-89-997-3262-1 03370

정가 34,000원